『일본 근대작가 · 작품론』

−로카 · 도손 · 소세키 · 아쿠타가와−

김 난 희 지음

지식과교양

저자 서문

일본 근대문학과 관련하여 강의한 지가 30여년이 되었다. 대학원 시절 수업에서 처음 만난 근대 작가는 나쓰메 소세키였다. 소세키의 『나는 고양이로소이다』를 읽었을 때의 첫인상은 당혹감이었다. 평소 즐겨 읽었던 서양의 고전문학작품과 달리 진지하지 못하고 말장난으로 가득 차 있었기 때문이다. 그래서 품격이 낮은 작품이라고 생각했다. 나중에 소세키 문학을 보다 깊숙이 연구하게 되면서 나의 판단이 피상적이고 겉멋에 찬 것이었음을 깨닫게 되었다.

일본 근대문학은 서양의 영향 하에 이루어졌으나 소세키는 이러한 맹목적 서양 추종이라는 시류에 저항했으며 일본적 정체성과 자신의 글쓰기 방법에 심각하게 고뇌한 작가였음을 알게 되었다. 당시 일본의 에크리튀르(文)는 정립되지 못했으며 장르 개념도 혼돈의 상태였다. 이러한 시기에 창작을 시작한 소세키는 자신만의 글쓰기에 치열하게 고심했던 작자이며 『나는 고양이로소이다』는 '사생문'이라는 문체실험 끝에 나온 작품이라는 것을 알게 되었다.

소세키로부터 연구를 시작한 필자는 자연스럽게 아쿠타가와의 연구로 이행하게 되었다. 아쿠타가와는 소세키가 아끼고 주목한 만년의 문하생이기도 하다. 그의 문장 속의 촌철살인 같은 경구와 번득이는 예지는 매력적이었다. 무엇보다도 학부생을 대상으로 한 수업의 교재로 삼기에 작품의 분량이 적절해서 선호하게 되었다. 다만 작가가 세상과 인간을 바라보는 비전이 어두워서 청년들에게 좋지 않은 영향을 주는 건 아닐까 염려스러웠다. 이 또한 아쿠타가와가 성장한 가정환경과 암울한 시대상황이 한몫하고 있음을 이해하게 되면서 학생들과 함께 '환경과 인간' '시대와 인간'을 고민하는 진지한 시간을 가지게 되었다.

아쿠타가와의 작품은 언뜻 보기에 차가운 빛을 띠고 있으나 그 속은 여리고 따뜻하다. 그의 자연 관찰과 인간 관찰은 그의 휴머니즘을 빼고는 설명할 수 없다. 남다른 성장과정과 대역사건으로 표상되는 암울한 시대 속에서 그는 데카당스한 유럽의 '세기말 문학'에서 위안을 얻고 자신만의 은신처를 발견한 것임을 알게 되었다. 이시카와 다쿠보쿠의 표현을 빌리자면 '시대 폐색(時代閉塞)'이라는 서슬이 퍼런 탄압정치 하에서 청년기를 거친 예민한 인간이 찾아낸 하나의 탈출구였던 것이다. 이러한 암울한 시대상황 속에서도 목소리를 냈던 용기 있는 작가가 있었다. 그는 도쿠토미 로카이다. 공교롭게도 아쿠타가와가 일고(一高) 1학년에 재학 당시 로카가 일고에서 학생들을 대상으로 시국강연을 했는데, 이것이 「모반론」이라는 제하(題下)의 강연이다. 아쿠타가와는 "나는 메이지 시대의 기독교 작가들은 좋아하지 않는다. 로카만은 예외이다"라고 말한 적이 있는데 어쩌면 이 시국강연과도 연관이 있다고 생각된다. 로카는 평생 일관되게 자신은 기독교인임을 표방했다. 그는 워즈워스 · 에머슨 · 칼라일 · 톨스토이에 경도한 작가이며, 자연 속에서 신(神)을 느끼고 위안을 받았다. 그리고 평민주의와 자연예찬의 태도를 일생 견지했다. 로카는 권력에 굴하지 않고 불의를 참지 못했다. 그런 그의 강직한 성품은 「모반론」 『흑조』 등 사회를 향한 비판을 담은 작품을 창출했다. 소위 행동하는 지식인이라고 할 수 있겠다. 그의 자연에 대한 예찬은 『자연과 인생』이라는 수필로 나왔다. 기독교 휴머니즘과 서구 낭만주의의 영향 하에서 로카의 문학은 형성되었음을 알 수 있다.

로카와 동일한 배경 하에서 출현한 문학자로는 시마자키 도손은 들 수 있다. 로카와 도손은 서로 왕래하며 교류도 했다. 로카의 비사교적인 성격 때문에 그들의 교제는 오래 지속되지는 못했으나 서로에 관해 쓴 글들이 남아 있다. 도손 또한 기독교의 영향을 받은 작가이며 미션스쿨인 메이지학원에서 수학했다. 도손은 재학시절 세례를 받고 크리스천이 되었으나 얼마 후 기독교에서 이탈하고 만다. 로카와 마찬가지로 도손 역시 워즈워스 · 셰익스피어 · 번즈 등 서구 낭만주의 문학에 심취한 작가이다.

도손의 성장과정과 청년시절을 잘 알 수 있는 작품으로는『버찌 익을 무렵』이 있다. 이 안에는 어린 시절 나가노(長野) 산촌을 떠나와 도쿄에서 입신양명을 꿈꾸며 학업에 전념하다가 문학의 길에 들어간 과정이 상세히 나와 있다. 도손의 간난신고의 삶을 들여다볼 수 있는 자전적 성장소설이다.

졸저『일본 근대작가 · 작품론』에서 다룬 네 명의 작가는 일본 근대문학사에 굵은 족적을 남긴 작가들이다. 메이지 시대에 태어나 격동의 시대를 몸소 체험하고 시대와 인간에 대해 깊이 고뇌하고 성찰한 작가들이라는 공통점이 있다. 이들은 남다른 감수성으로 개성적인 문학작품을 남겼으며 일본 국내외에 폭넓은 독자층을 형성하고 있다. 이는 그들의 작품이 시공을 넘어 공감할 수 있는 보편적 주제를 담아냈기 때문이라고 생각한다.

필자는 소세키로부터 시작하여 아쿠타가와를 거쳐 로카와 도손에 이르게 되었다. 실타래가 풀리듯이 자연스럽게 외연이 확장되면서 관심을 지니게 되었다. 이들 네 작가와 작품 연구를 통해 세상을 바라보는 시야가 넓어지고 삶의 지평을 얻게 되었다. 그래서 틈틈이 연구하고 발표한 논문들을 수정 가필하여 한권의 책자로 엮게 되었다. 이 책에서 다루는 작가의 순서는 창작활동을 한 순서에 따랐음을 말해둔다.

2019년 1월 저자 씀

| 차례 |

일본 근대작가 · 작품론

로카 · 도손 · 소세키 · 아쿠타가와

도쿠토미 로카의 「모반론」
-모든 새로운 것은 모반이다-

1. 머리말

「모반론(謀叛論)」은 도쿠투미 로카(德富蘆花 : 이후 로카)가 1911년(明治44) 2월1일 제일고등학교(舊制)에서 행한 강연의 초고(草稿)이다. 1910년 고토쿠 슈스이(幸德秋水)를 포함한 24명의 무정부주의자들을 검거하여 그 중 12명을 대역죄라는 명목으로 처형시킨 일본근대사에 오명(汚名)을 남긴 이른바 '대역사건(大逆事件)'과 관련된 피고인 변호 강연이다.

로카는 일본 근대문학사에서 '사회소설' 작가로 분류된다. 청일전쟁을 거치면서 일본사회는 심각한 모순을 드러내게 되고 이무렵 심각소설 · 관념소설[1]이 출현하게 된다. 이를 계승해 개인과 사회 사이에 발

1) 청일전쟁 후 급격한 자본주의 발전과 더불어 차츰 심각해져가는 사회적 모순의 어두운 점에 착안한 소설군을 말한다. 히로쓰 류로 『헤메덴(変目伝)』 『검은 도마뱅(黑蜥蜴), 이즈미 교카 『야행순사(夜行巡査)』, 가와카미 비잔 『서기관(書記官)』등

생하는 문제를 다룬 것이 소위 '사회소설'이다.

로카는 기독교 문학자[2]라는 신념을 일생동안 견지한 매우 이례적인 작가다. 서구의 새로운 문물과 함께 근대교육은 기독교 계통의 학교[3]가 담당했다. 로카는 '구마모토 양학교(熊本洋學校)'와 '동지사 영어학교(同士社英學校)'에서 수학했으며 성서에도 조예가 깊었다. 로카의 작품에 기독교 휴머니즘과 평등사상이 저변에 깔려 있는 것은 이와 무관하지 않다. 그래서 서슬이 퍼런 삼엄한 시대에 '대역사건'처리 과정의 부당성을 학생들에게 피력할 수 있었다고 생각된다.

당시의 시대분위기를 감안할 때 대단한 용기였다. 강연 후 일고는 사건 후유증으로 교장과 주임교수가 견책처분을 당했다.[4] 당시 대역사건에 대한 비판적 언급으로는 이시카와 다쿠보쿠(石川啄木)의 「시대폐색의 상황 (時代閉塞の現狀)」(1910.8)[5] 정도가 있을 뿐, 메이지 정부의 부당한 탄압에 당대 지식인들 거의가 침묵했다. 당시 나쓰메

이 있다.

2) 로카는 1906년 1월 러시아에 있는 톨스토이 앞으로 편지에서 "종교상의 신앙으로는 기독교도, 직업상으로는 서투른 소설가, 사회적 신조로는 사회주의신도" 라고 자기소개를 했다.『現代日本文學大系』9. p.421

3) 미션스쿨(mission school)을 말하며 선교사들이 선교사업의 일환으로 설립한 학교이다. 로카가 다닌 구마모토양학교, 동지사영학교, 시마자키 도손과 관련이 깊은 메이지학원 등이 있다. 이들 기독교계 학교는 많은 인재들을 배출하였으며, 이들은 사회 다방면에서 활약했다.

4) 교장은 니토베 이나조(新渡戸稲造)였으며 변론부장은 구로야나기 구니타로(畔柳都太郎)였다. 구로야나기의 사회로 로카가 단상에 오fms다.

5) 다쿠보쿠는 「我が最新の興味」(1910.6.4)에 이어서 「時代閉塞の現狀」을 쓴다. 이글은 당국의 검열을 피하기 위해 평론가 우오즈미 세쓰로(魚住折蘆 : 1883-1910)를 비판하는 '자연주의론'으로 위장해야 했다. 일본인들이 막연히 생각하는 구니(國)가 아닌 '국가=강권'이라는 의미로 쓰고 있다는 것이 특기할 사항이다.『石川啄木事典』p.66

소세키는「아사히 신문사」 전속 소설기자로서 '아사히 문예란(朝日文藝欄)'[6] 을 담당하고 있었고『문(門)』을 집필 중이었다. 그러나 이에 대해 언급한 기록이 없다. 그렇다면 왜 로카는 이 사건을 예의주시하고 공개적으로 말할 수 있었을까? 로카가 이런 행동을 취할 수 있었던 것은 그가 사숙한 에머슨 · 졸라 · 위고 · 톨스토이 등 서구 지성들의 영향과 당대 저널리즘의 최고봉에 있었던 형 소호의 비호라는 관점에서 해석할 수 있다. 하지만 이처럼 선각적인 로카의 글에도 위화적인 요소가 발견되는데, 그것은 메이지천황에 대한 인식이다. 로카는 메이지천황을 도덕적 윤리적 화신으로 인식하고 천황의 자비심에 호소하여 피고인들을 구명(求命)하려 한 다. 이는 상당히 당혹감이 생기는 대목이며「모반론」글 전체의 흐름으로 미루어볼 때도 부자연스럽다. 여기에 로카의 한계가 있다고 말할 수 있다. 여기서는 로카의 강연초고「모반론」이 나오게 된 시대적 배경, 내용의 선견성, 그리고 작가의 한계에 대해 다각적으로 고찰하고자 한다.

「모반론」에 관한 선행연구는 세키구치 야스요시(關口安義)의「쓰네토 쿄와 아쿠타가와 류노스케-로카「모반론」을 개재로-」[7]와 야마구치 리카(山口りか)의「『모반론』을 읽다」[8]가 있다. 이 논문들은 로카의「모반론」 강연이 당시 청중 학생들에게 끼쳤을 영향 등, 아쿠타가와 류노스케(芥川龍之介)도 들었을 것이라는 전제 하에 '아쿠타가와

---

6) 소세키는 1909년 11월 25일 '아시하 문예란'을 개설하여 제자 모리타 소헤이(森田草平)를 사설 편집원으로 기용하여 집에서 편집을 담당하게 한다. 瀬沼茂樹『夏目漱石』pp.176-7

7) 關口安義(2010)「恒藤恭と芥川龍之介──「謀叛論」を介在して」大阪市立大学紀要, pp.40-55

8) 山口りか(1992)「「謀叛論」を讀む」『文学と教育』159, pp.29-38

의 문학 이념의 원천으로 로카의 강연을 들고 있다. 아쿠타가와의 『라쇼몽(羅生門)』에서 하인이 취하는 행동의 반전(反轉)은 로카의 「모반론」과 상통한다는 관점이다.

또 다른 논문 오니시 야스미쓰(尾西康充)의 「도쿠토미 로카 「모반론」-야노 류케이(矢野龍溪) 「새로운 사회」의 영향-」[9]이 있다. 이 논문은 민권론자(民權論者)인 야노 류케이의 저술 「새로운 사회」를 청년기에 읽은 로카에 초점을 맞췄다. 전체보다는 개인을 중시하는 '개(個)'이념을 일찍이 내면화한 로카는 「모반론」에서도 개인존중 이념을 피력했다고 고찰한 것이다.

2. 「모반론」 탄생의 시대적 배경

먼저 대역사건을 둘러 싼 시대적 배경을 살펴보자. 청일전쟁(1894-5)을 전후해서 일본은 근대적 산업사회 체제를 정비하여 비약적으로 발전한다. 청(淸)으로부터 받은 배상금으로 야하타(八幡)제철소 건설 등 산업자본으로 활용했다. 면방적업 등 공업생산이 급증하고 해외시장에 대한 수출도 증가해서 산업혁명 단계에 이르게 된 것이다.

이 무렵 가난한 소작농의 자녀들이 공장노동자로 유입된다. 여공(女工)[10]과 청년 노동자들[11]은 극단적인 저임금과 열악한 노동조건에

---

9) 尾西康充(2010)「徳富蘆花「謀叛論」一矢野竜渓「新社会」からの影響他一」, 『民主文學』pp.95-105

10) 제사(製絲)공장과 면방적(綿紡績)공장의 여공들은 소작인들의 딸로서 그들의 노동력으로 일본은 산업혁명을 견인해나갔다. 대부분이 해외로 수출되었으며, 이들의 노동력의 대가로 부모는 생계를 이어나갈 수 있었다.

서 시달렸으며 자립이 힘들었다. 이에 각지에서 처우개선과 임금인상을 요구하는 공장노동자의 파업이 본격화되고, 노동조합 · 철공조합 등 숙련공들이 단결하여 자본가에 대항하는 움직임이 일어난다. 초기사회주의가 등장한 것이다. 초기사회주의는 정치적 측면보다는 사회문제 해결에 목적을 두었다. 이에 맞서 야마가타 아리토모(山縣有朋) 내각(2차)은 1900년 치안경찰법을 제정하고 단결권 · 파업권을 제한하는 등 노동운동을 초기부터 탄압했다.

사회주의는 노동운동의 전개에 따라 활력을 더해갔다. 이에 고토쿠 슈수이 등은 '사회주의연구회'를 만들었으며, 러일전쟁이 끝난 후인 1906년에는 일본사회당이 결성되기에 이른다. 그러나 이듬해 해산명령이 내려졌으며, 그래도 운동의 열기는 식지 않았다. 1908년 무렵부터 일본경제는 더욱 불안해진다. 러일전쟁에서는 이겼으나 그 동안의 전쟁비용 부담으로 농촌은 힘겨웠다. 농촌의 불황, 도시노동자의 파업 등으로 노동운동과 사회주의는 더욱 맹렬해져 갔다. 고토쿠 슈수이를 비롯한 행동파들은 의회주의[12]를 배격하고 '무정부 공산'을 외치면서 언론활동을 전개했다. 1908년 7월 성립된 가쓰라 타로(桂太郞) 내각은 '사회주의 절멸(絶滅)'을 주요 공약으로 내세우게 되는데 이 연장선에서 터진 것이 1910년의 대역사건이다. 누적된 체제위기를 타파하고자 모든 반체제세력을 천황암살이라는 대역죄[13]에 결부시켜 음

---

11) 청년노동자는 대부분 탄광에서 일했는데 식산 흥업정책으로 광산이 많이 개발되었다.

12) 정당은 번벌세력과 결탁하였으며 동향(同鄕)의 부호들로부터 정치자금을 지원받았다. 여기서 정상(政商)이 출현하게 된다. 이들은 정부로부터 특혜를 받아 이권을 챙기고 재벌로 급성장한다.

13) 형법73조에 근거한 대역죄는 천황과 직계에 대해 위해를 모의한 것만으로도 처벌

모 · 조작 · 처벌한 계획적인 국가폭력사건이다. 이것이 「모반론」이라는 강연원고가 나오게 된 대략적인 시대적 배경이라고 말할 수 있다.[14] 로카는 이처럼 강압적으로 사회주의자를 탄압하고 내몰았기 때문에 천황암살기도 같은 불온한 사태가 일어난 것이라며 당국을 규탄한다. 인위적으로 막았다고 해서 사회주의 운동이 절멸되지는 않는 사례로 졸라의 『제르미날』[15]의 내용을 소개한다.

1910년 대역사건이 발생하자 당국은 일사천리로 처리한다(1911. 12. 1. - 29). 변호인 측의 증인소환은 한건도 허용되지 않은 비공개 재판이었다. 이러한 상황 속에서 일고 변론부 학생들[16]이 로카에게 강연을 의뢰한 것이다. 4년 전에도 로카는 일고학생들을 대상으로 「승리의 비애(勝の哀)(1906.12)」라는 연제(演題)로 강연을 한 바 있다.

로카는 일찍이 톨스토이의 인도주의에 경도했으며 톨스토이와 마찬가지로 사형제도 폐지를 주장했다. 「모반론」에는 인간이 인간을 심판할 수 없으며 하느님만이 최후의 심판을 할 수 있다고 설파한다. 로

하며 형량은 사형뿐이다. 이 사건의 단초는 1910년 5월25일 '明科製材所'의 직공 미야시타 다키치(宮下太吉)가 천황암살을 계획한 '폭발물법위반' 용의자로 체포되면서 시작된다. 치안당국은 이 사건과 관계없는 반체제 세력을 결부시켜 한꺼번에 제거해 버린다.

14) 일본사학회 (2011) 『아틀라스일본사』사계절, pp.162-3 참조. 하종문(2014) 『일본사여행』 역사비평사, pp.371-3 참조

15) 졸라의 『르콩 마카르총서』20권중 13번째 작품. 프랑스북부 탄광촌 노동자들의 비참한 현실을 그렸다.

16) 일고는 '문학부' '변론부' '수영부' '검도부' 등 여러 학생동아리가 있었다. '변론부 학생'이란 가와카미 죠타로(河上丈太郎 1889-1965)이며, 1910년 1월22일 강연을 의뢰하러 로카를 방문한다. 로카는 총리대신 등에게 대역사건에 대한 항의문을 쓰고 있었다.(山口りか p.29) 가와카미는 동대졸업 후 정치가가 된다. 무산운동에 참가했으며, 제1회 보통선거에서 일본노동당으로 당선된다.

카는 형 소호가 창립한 '민우사(民友社)'에서 기자생활을 했다[17]. 로카는 외신(外信)을 번역하여 '잡록란(雜錄欄)'에 지속적으로 실었으며 이 때 함양한 저널리즘 정신이 로카의 문체를 객관적이며 사실을 중시하는 태도를 견지하도록 했다고 가늠해본다. '민우사' 기자시절 로카는 톨스토이 평전[18]을 담당했는데 이것은 일본 최초의 톨스토이 평전이다. 1906년에는 러시아에서 톨스토이를 방문하고 귀국했다. 이 강연은 톨스토이를 만나고 얼마 지나지 않은 시점이라서 로카의 사상에는 톨스토이적인 신념이 두드러진다. '민우사' 시절 그가 사숙했던 문인 중에는 에머슨도 있다. 에머슨은 목회직을 그만 둔 후에 강연과 저술을 하며 경세가(警世歌)로서 활동했다. 로카에게서 다분히 톨스토이와 에머슨의 삶의 태도를 엿볼 수 있다.

또 「모반론」 초고에는 성서의 가르침이 저변에 깔려있다. '마태복음' 구절(마태 : 10 : 18) "몸은 죽여도 영혼은 능히 죽이지 못하는 자들을 두려워 말고 오직 몸과 영혼을 능히 지옥에 멸하는 자를 두려워하라" 는 구절이 한 실례다. 권력자인 인간이 죽일 수 있는 것은 한갓 육체에 불과하며, 정신까지 죽일 수는 없다. 하느님만이 우리 존재 전체를 멸할 수 있다. 육체의 죽음은 별 것 아니다. "한 알의 밀알이 땅에 떨어져 죽지 아니하면 한 알 그대로 있고 죽으면 많은 열매를 맺느니라.(요한 : 12 : 24)"와 맥락을 같이하는 문장도 보인다[19]. 이는 성서의

17) 1889년부터 1902년까지 '민우사'에 근거지를 두며 창작활동을 했다. 로카 나이 22세부터 35세까지다.

18) '민우사'는 '12문호시리즈'를 발간하는데, 6명의 서양인과 6명의 일본인을 선정했다. 「칼라일(1892)」 「워즈워스」(1893) 「괴테」(1893) 「에머슨」(1894) 「위고」(1895) 「톨스토이」(1897) 등이다.

19) "無神無霊魂を標榜した幸徳らこそ真の永生の信者である"라며 그들은 죽었으나

가르침이 로카의 정신 깊숙이 각인되어 있다는 증거이다. 에머슨 · 톨스토이 등 혁신적인 기독교 정신을 지닌 문인들로부터 로카는 행동하는 지성을 계승했다고 생각된다. 성서의 가르침과 에머슨 · 톨스토이 · 졸라 · 위고 등 서구 문인[20]들의 실천적 지성이야말로 「모반론」 탄생의 배경이 되고 있다고 말할 수 있겠다.

에머슨은 교회의 권위주의에 반기를 들고 성서를 통해 하느님과 직접 만나는 개인적 신앙을 설파했다. 당시 교회는 성직자만이 하느님과 신자를 매개한다면서 도그마적 권위를 내세울 때였다. 에머슨의 사상은 당시로서는 급진적이고 파격이었다.

졸라는 드레퓌스 사건에서 보듯이 억울하게 희생양이 된 드레퓌스 대위의 무죄를 서명운동 등으로 집요하게 추적하여 불의를 고발하고 정의를 세웠다. 1898년 1월13일 졸라는 「나는 고발한다」라는 제목으로 「여명(L'Aurore)」지(誌)에 공개서한을 보내고 국민적 관심을 이끌어 냈다. 이 사건은 결국 재심을 하게 되고 드레퓌스는 무죄로 판명된다(1894-1906년). 반유대주의와 민족주의 분위기 속에서 부당한 재판을 한 군부의 부조리를 파헤친 사건이다. 이 사건은 국가안보냐? 개

그들의 정신은 씨를 뿌림으로써 영생한다고 말한다.

20) 로카는 사회소설 『흑조(黑潮)』 서문에 「소호 형님에게」라는 제목의 글을 넣고 있다. 형과의 결별을 선언하는 내용이다. 그것은 선천적으로 기질이 다르게 태어남으로 인해 서로 지향하는 바가 다르다는 것을 전제하고 있다. 로카는 "대저 사람의 운명은 태어나면서부터 정해져 있는 것이다. 솔방울은 소나무가 되고 도토리는 떡갈나무가 되는 것과 같은 이치이다. (중략) 강한 형은 스스로의 강한 힘에 동정하고, 약한 나는 스스로의 나약함에 동정한다.(중략) 형은 국력의 팽창에 중점을 두어 제국주의를 지지하였고, 나는 위고 · 톨스토이 · 졸라 등의 인도주의 유파의 큰 인물들의 대의와 나 자신의 사회주의를 지지하고 있다." 라고 쓰고 있다. 손동주외역(2010) 『흑조』 부경대학교출판부, p.9

인의 자유냐? 라는 양분된 의견 속에서 사회적 물의를 빚었고 민심은 분열되었다. 졸라는 드레퓌스 사건에서 국가보다는 개인의 자유를 소중히 여기는 프랑스 지성의 표본을 보여 주었다. 로카의 강연 초고에는 졸라의 『제르미날』이 에피소드로 소개되고 있다.

한편 톨스토이는 제정 러시아 혁명기에 황제를 암살하려 한 청년의 구명을 촉구했다. 또한 전 재산을 농노에게 나눠주려다 가족에게도 외면당한 채 객사했다. 이처럼 불의를 보고 침묵하거나 타협하지 않는 행동하는 지성들의 모습에서 로카도 자신의 방향성을 찾았다고 생각된다. 로카의 약자에 대한 연민은 무정부주의자 · 사회주의자에 대한 심정적 공감으로 나타났으며 사해동포주의라는 인류의 이상을 추구하게 된다. 다음은 「모반론」의 한 구절이다.

> 세계의 큰 물결은 쉬지 않고 넘쳐 흐르고 있다. 그것은 인류가 하나가 되려는 경향이다. 사해동포의 이상을 실현하려는 인류의 마음이다. 오늘의 세계는 어떤 의미에서는 오륙십년 전의 도쿠가와의 일본이다. 모든 나라가 육해군을 증강하고, 세관의 장벽을 만들고, 형제는 커녕 적과 아군이 되어 오른손으로 악수하고 왼손으로는 주머니 속에서 피스톨을 쥐는 시대이다. (중략) 인류의 커다란 이상은 일체의 장벽을 걷어내고 하나가 되지 않으면 안 된다. 하나가 되려고 발버둥을 친다. 국가 간, 인종 간, 계급 간, 성과 성 간에, 종교와 종교 간에, 헤아리자면 끝이 없다. (중략) 때가 되면 왕이 왕관을 내던지고, 부자가 금고를 팽개치고, 전사가 칼을 내던져, 지우강약(智愚强弱) 일체의 차별을 잊고 청천백일하에 서로 포옹악수하며 기뻐서 춤추는 찰나가 오지 않을까. 어쩌면 꿈이리라. 꿈이라도 좋다. 인간은 꿈꾸지 않고는 살 수 없다. 그 시

절은 반드시 온다.

（世界の大潮流は、倦まず息まず澎湃として流れている。それは人類が一にならんとする傾向である。四海同胞の理想を実現せんとする人類の心である。今日の世界はある意味において五六十年前の徳川の日本である。どの国もどの国も陸海軍を拡げ、税関の隔てあり、兄弟どころか敵味方、右で握手して左でポケットの短銃を握る時代である。(中略)人類の大理想は一切の障壁を推倒して一にならなければ止まぬ。一にせん、一にならんともがく。国と国との間もそれである。人種と人種の間もその通りである。階級と階級の間もそれである。性と性の間もそれである。宗教と宗教――数え立つれば際限がない。(中略)いつか王者その冠を投出し、富豪その金庫を投出し、戦士その剣を投出し、智愚強弱一切の差別を忘れて、青天白日の下に抱擁握手抃舞する刹那は来ぬであろうか。あるいは夢であろう。夢でも宜い。人間夢を見ずに生きていられるものでない。――その時節は必ず来る。）

위의 글에서 보듯이 로카는 무정부주의자들이 꿈꾼 차별이 없는 평등한 이상사회가 실현되기를 고대한다. 사회주의자들의 신념에 공감하고, 인류의 이상을 사해동포주의에 두고 있다. 당시 세계정세는 전운이 감돌고 국가 간의 신뢰를 상실한 채 제국주의로 치닫고 있음을 비판적으로 바라보고 있다. 근대는 인류가 진보한 것이 아니라 퇴행했다고 진단한다. 이를 극복할 때 인류의 이상을 실현할 수 있음을 미래 세대에게 설파한다. 로카는 자신의 소망이 낭만적 이상주의라는 것도 잘 알고 있다. 그러나 인간은 꿈을 꾸는 존재요. 꿈을 꾸기 때문에 실현시킬 수 있다는 결론을 도출한다. 이로써 로카의 꿈은 황당무

계한 것이 아니라 실현을 위한 준비단계라는 것을 확인할 수 있다. 이런 열띤 강연은 혈기왕성하고 전도양양한 젊은 학생들에게 크게 공명했음을 가늠하게 한다.

3. 「모반론」에 나타난 로카의 휴머니즘

「모반론」의 문체는 문학적 이미지가 풍부하고 비유가 생동감으로 넘친다. 이 글의 도입부를 보면 로카의 소설가적인 상상력이 여실히 발휘되고 있다. 이 시기 로카는 도쿄 교외 무사시노(武藏野) 가스야(粕谷)에 거주하고 있었다.[21] 무사시노 인접한 곳에 '고토쿠지(豪德寺)'라는 절이 있는데 막말(幕末)의 정치가 이이 나오스케(井伊直弼)가 묻혀있는 곳이다. 언덕 하나를 두고 쇼인(吉田松蔭)을 모신 요시다 신사(吉田神社)가 있다. 로카는 격동기를 살았던 두 사람의 관계를 회상하면서 「모반론」을 시작한다.

요시다 쇼인은 안세이 대옥(安政の大獄)[22] 때 이이 나오스케에 의해 처형당했다. 로카는 이이 나오스케와 요시다 쇼인의 관계를 불구대천(不倶戴天)의 원수라고 규정한다. 그러나 로카의 초점은 두 사람의 지향점은 애국이라는 점에서 등가(等價) 라고 위상을 정한다. 역사라는 프리즘으로 들여다보면 두 사람 모두 각자의 위치에 서서 나라

21) 1906년 순례여행을 떠난 로카는 귀국길에 톨스토이를 만나고 온다. 귀국직후 1907년 2월부터 가스야(粕谷)에 거주하게 된다.

22) 안세이(安政)5년에서 6년까지 大老 이이 나오스케가 정쟁(政爭)의 반대파를 탄압한 사건이다. 요시다 쇼인 등 다수의 존왕양이파 인사들이 투옥되거나 옥사했다.

를 걱정한 애국지사라고 결론내린다. 그리고 나서 대역사건에서 처형된 무정부주의자들에 대해서도 같은 견해를 피력한다. 이들 또한 일본이라는 나라를 걱정한 지사(志士)들이라고 규정함으로써 듣는 이의 허를 찌른다. 각자 방향은 다르지만 애국이라는 점에서는 일치한다고 객관적으로 치우침 없이 평가한다.

그들은 난신적자가 아니다. 지사이다. (중략) 그들은 죽었다. 죽음은 그들의 성공이다. 패러독스같지만 인간사의 법칙은 지는 것이 이기는 것이다. 죽는 것이 사는 것이다.

(彼らは乱臣でもない、賊子でもない、志士である。（中略）彼らは死んだ。死は彼らの成功である。パラドックスのようであるが、人事の法則負くるが勝である。死るが生きるのである。)

"한 방향으로 가지런히 피어있는 억새꽃, 바람이 불면 흐트러진다." 처럼, 유사시에 국민의 발걸음을 일치시키는 것은 옆에서 보기에 훌륭해 보인다. 그러나 당국자는 기억해야 한다. 강제적 일치는 자유를 죽이는 것이며 자유를 죽이는 것은 곧 생명을 죽이는 것이라는 것을.

(一方に靡きそろひて花すゝき、風吹く時そ乱れざりける」で、事ある時などに国民の足並の綺麗に揃うのは、まことに余所目立派なものであろう。しかしながら当局者はよく記憶せなければならぬ、強制的の一致は自由を殺す、自由を殺すはすなわち生命を殺すのである。)

나라를 걱정하는 방법이 다르고 마음에 들지 않는다고 제거하는 것은 부당하다는 인식을 분명히 한다. 이러한 인식은 오늘날 강조되고 있는 '차이의 인정' '가치의 다양성'을 존중하는 선견성이라 말할 수 있다. 로카는 개인의 자유와 개성을 존중하는 한편 당국의 획일화 정책에는 저항하고 있다. 사상의 자유와 생명의 존엄에 대한 확고한 신념을 지니고 있었기에 사형수들을 구명하기 위해 위험을 무릅쓰고 백방으로 노력할 수 있었다. 비록 결실을 거두지 못했으나 강연과 청중의 증언을 통해 로카의 행동하는 지성은 오늘날 까지 전해지고 있다.

그들은 원래 사회주의자였다. 부의 분배가 불평등한 것에 사회의 결함을 보고 생산기관의 공유를 주장했다. 사회주의가 뭐가 두려운가? 세계 어디에나 있다. 그런데 협량하고 신경질적인 정부가 매우 거슬려서, 특히 사회주의자가 러일전쟁에 비전론을 외치자 갑자기 압박을 강하게 함으로써(중략)관권과 사회주의자는 마침내 견원지간이 되고 말았다. 여러분, 최상의 모자는 머리 위에 있다는 것을 잊게 하는 모자다.

(彼らはもと社会主義者であった。富の分配の不平等に社会の欠陥を見て、生産機関の公有を主張した、社会主義が何が恐い？世界のどこにでもある。しかるに狭量神経質の政府は、ひどく気にさえ出して、ことに社会主義者が日露戦争に非戦論を唱うるとにわかに圧迫を強くし(中略))官権と社会主義者はとうとう犬猿の間となってしまった。諸君、最上の帽子は頭にのっていることを忘るる様な帽子である。

로카는 준엄하게 메이지 정부 관료들이 행하는 시대착오적 발상을 비판한다. 당시로서는 매우 앞선 사고이다. 가치의 다양성이 인정되지 않으면 그 사회는 폭력적이 될 수밖에 없다는 것을 통찰하고 있다. 메이지 정부가 무정부주의자들을 죽인 것은 천황제 절대주의 국가 존립에 반하는 세력은 악이라고 규정했기 때문이다. 날조된 '대역사건'은 국민일체화를 위해 방해가 되는 세력을 제거한 국가가 행사한 폭력이다. 살아남은 나머지 12명도 위협하며 사회로부터 격리시킴으로써 '국가'라는 것이 오히려 국민에게 거추장스러운 모자가 되었다고 개탄한다. 국가는 모자처럼 국민의 머리 위에 놓여있으나 국민을 짓눌러서는 안 된다. 이런 국가는 차라리 없는 것이 낫다고 무정부주의자들과 심정적 공감을 하고 있다. 로카는 「모반론」에서 격앙된 어조로 당국을 규탄한다. 특히 주목되는 것은 로카가 내리는 '모반(謀叛)' 에 대한 파격적인 정의다. "모든 새로운 것은 모반이다." "새로운 사상을 도입한 난학자(蘭學者)들, 국면타파를 도모한 근왕양이(勤王洋夷) 처사(處士)들 역시 당시 권력자 측에서 보면 '모반인'이었다." "제군(諸君)! 모반을 두려워하지 마라." 라고 말한다. 로카의 격정적 기질과 강렬한 개성을 엿볼 수 있는 대목이다. "인간이 깨달음을 얻을 때는 고통이 따른다. 그러나 그것은 유쾌함이기도 하다." 라는 인식에서 작가의 내공을 엿볼 수 있다. 일본이 메이지유신을 성공시키고 자유평등한 통일국가가 된 것은 선각자들의 고통과 희생이 있었기에 가능했다고 인식함으로써 고토쿠 슈스이 등의 희생 또한 일본의 앞날을 위한 의미 있는 희생이 될 것임을 예언한다.

바야흐로 세계의 대세는 인도주의를 지향한다고 전망함으로써 로카는 인류의 미래를 낙관한다. 로카는 「모반론」에서 깨달음(해탈)과 인격수양을 수차례 강조한다. 대역사건을 처리한 메이지 관료들의 무교양과 미숙한 인격이 급기야 메이지천황에게까지 누를 끼치게 되었다고 격앙한다. "인간은 꿈을 꾸면서 살아가는 존재다" "수확은 짧고 준비는 길다." 라고 하면서 현실에 입각한 이상을 품고 일본사회의 미래를 준비할 것을 청년들에게 촉구한다.

「모반론」 강연 원고는 오늘날 오히려 빛을 발할 수 있는 선견성을 보이고 있으며, 그래서 일본의 명수필로 소개되고 있다고 말할 수 있겠다.

4. 로카의 메이지 천황에 대한 인식

로카는 1868년생으로 메이지유신이 일어난 해에 태어났다. 따라서 메이지 연호와 로카의 나이는 같다. 로카의 조부(祖父)는 매일 천황을 향해 절을 했으며 유년기 때부터 생활 속에서 천황의 존재를 공기처럼 자연스럽게 느끼며 성장했다. 이것이 로카로 하여금 천황 혹은 천황제에 대한 매몰(埋沒)로 이끈 하나의 이유라고 생각된다.

그의 수필 『지렁이의 헛소리(みみずのたわごと)』에 「메이지 천황 붕어 전후」라는 글이 있다.

> 7월 30일. 울적하고 슬픈 날. 신문들은 모두 검은 테를 둘렀다. 우연히 '무쓰히토(睦仁)' 두 글자를 발견했다. 밑에 '선제의 글씨(手迹)' 라고 쓰여 있다. 고메이천황의 필적인가 생각했던 것은 한 순간, 폐하는 이미 선제가 되신 것이다. 새 폐하의 황위계승이 있었다. 메이지라는 연호는 영원히 계속될 것처럼 느꼈다. 나는 메이지 원년 10월생이다. 즉 메이지천황폐하께서 즉위식을 올리신 해. 처음으로 교토에서 도쿄로 행차하신 그 달 도쿄 서남쪽 삼백리, 사쓰마에 가까운 히고아시키타(肥後葦北) 미나마타(水俣)라는 마을에서 태어난 것이다. 나는 메이지의 나이를 나의 나이로 생각하며 메이지와 동갑이라고 긍지를 지니는 한편 수줍어하기도 했다.
>
> 폐하의 붕어는 메이지 역사(明治史)의 한 막이 내린 것이다. 메이지

가 다이쇼로 되니, 나는 나의 생애가 중단된 것처럼 느껴졌다. 메이지 천황이 나의 반생을 가지고 가서 다 끝난 것처럼 느꼈다. (『지렁이의 헛소리』「메이지천황 붕어 전후」(4)

(七月三十一日。欝陶しく、物悲しい日。新聞は皆黒縁だ。不図新聞の一面に「睦仁」の二字を見つけた。下に「先帝御手跡」とある。孝明天皇の御筆かと思うたのは一瞬時、陛下は已に先帝とならせられたのであった。新帝陛下の御践祚があった。明治と云う年号は、昨日限り「大正」と改められる、と云う事である。陛下が崩御になれば年号も更る。其れを知らぬではないが、余は明治と云う年号は永久につゞくものであるかの様に感じて居た。余は明治元年十月の生れである。即ち明治天皇陛下が即位式を挙げ玉うた年、初めて京都から東京に行幸あった其月東京を西南に距る三百里、薩摩に近い肥後葦北の水俣と云う村に生れたのである。余は明治の齢を吾齢と思い馴れ、明治と同年だと誇りもし、恥じもして居た。陛下の崩御は明治史の巻を閉じた。明治が大正となって、余は吾生涯が中断されたかの様に感じた。明治天皇が余の半生を持って往っておしまいになったかの様に感じた。)

위의 글에서 보듯이 로카는 메이지천황에 대한 각별한 애착을 보이고 있다. 자신이 태어난 해가 메이지 원년이기에 메이지천황의 궤적을 추적하며 애틋하게 회상한다. 그리고 메이지천황의 죽음으로 자신의 반생이 사라졌다고 할 만큼 비통해 한다. 마치 세상이 끝난 것 같은 상실감을 토로하고 있다. 이는 비단 로카뿐만이 아니다. 그 당시 작가들에게 보이는 공통된 상념이다. 나쓰메 소세키의 『마음(こころ)』의 '선생'은 메이지천황이 붕어하자 메이지시대에 순사(殉死)한다고 하

면서 스스로 목숨을 끊는다. 자신의 시대는 끝났으며 새로운 시대가 시작되었다고 선언한다. 메이지천황은 일본근대의 집단무의식의 정점에 있음을 확인할 수 있다.

또 하나는 메이지 신정부의 천황제절대주의 전략과 무관하지 않다는 점을 들 수 있겠다. 부국강병을 지향한 메이지 신정부는 기존의 신불습합(神佛習合)에서 불교를 분리 제거하여 국가신도를 전면에 내세웠다. 온 국민이 천황가의 시조(始祖)를 신앙하게 했으며 제정일치(祭政一致) 노선을 지향했다. '교육칙어(敎育勅語)[23]'와 '군인칙유(軍人勅諭)[24]'를 통해 천황을 구심점으로 한 국민일체화 전략을 구사했다. 국민 전체를 대상으로 어릴 때부터 세뇌교육을 했으며 황군(皇軍)을 만들려고 획책한 것이다.「모반론」에는 다음과 같은 대목이 있다.

여러분, 우리들의 혈관에는 자연스레 근왕의 피가 흐르고 있습니다. 나는 천황폐하가 참으로 좋습니다. 천황폐하의 강건 성실하심은 실로 일본남아의 표본이라고 말할 만한 분이십니다.

(諸君、我々の脈管には自然に勤王の血が流れている。僕は天皇陛下が大好きである。天皇陛下剛健質実, 実に日本男児の標本たる御方である。)

인용에서 보듯이 천황은 도덕적 완전성을 체현한 존재로서 일본인

---

23) 메이지천황의 이름으로 국민도덕의 근원과 국민교육의 기본이념을 제시한 칙어로서 1890년 10월30일 발포되었다. 초상화(御眞影)와 함께 천황제 교육추진의 근간이 되었으며 국가축일에는 낭독이 의무화되었다.

24) 1882년 1월4일 메이지천황이 육 · 해군인에게 내린 교시(勅諭)이다. 군대가 천황 직속임을 알리며, 구(舊) 군대의 정신교육의 기초가 되었다.

이 지향할 목표다. 이것이 발전하여 현인신(現人神) 개념이 대두된다. 로카는 사회의식을 지닌 명석한 저널리스트임에도 불구하고 위의 글을 보면 천황을 절대화하고 있다. 또 기독교 문인을 자처하고 스스로 사회주의자고 규정하면서도 천황제와 일본제국주의 노선에 대한 근원적 비판의식이 보이지 않는 것은 아이러니하다.

로카의 「모반론」이 지닌 가치의 다양성의 시각은 오늘날 읽어도 참신하다. 그러나 천황 혹은 천황제에 대한 인식에서는 당혹감과 골계가 생겨난다. 메이지시대 천황제 국가전략이 국민으로 하여금 초등학교 교육과정 등을 통해 내면화된 무의식을 지니게 했음을 본다.

대역사건에 연루되어 12명이 처형되기에 이른 것은 천황폐하가 비정한 때문이 아니라 신하가 보필을 잘못했기 때문이라고 로카는 주장한다. "가까이에 충의경골(忠義鯁骨)한 신하가 있어, 그들(대역죄인 : 필자주)도 폐하의 자식임에 틀림없다. 부디 24명 모두를 죄의 경중을 묻지 말고 용서해 주시고 반성개오(反省改悟)의 기회를 주십사고 간곡하게 간하는 자가 있었다면 폐하께서도 수긍하셨을 것이고, 그들도 죽지 않았을 것이다."라고 천황의 자비심에 기대하고 있다.

이는 로카의 순진한 판단이다. 러일전쟁 이후 피폐된 삶 속에서 국민들의 불만은 고조되었으며 사회는 혼란스러웠다. 당국은 공포정치로 사회기강을 다잡고 국면을 타개할 필요를 느꼈다. 희생의 제물이 필요한 것이지 주변에 강직한 충신이 없었기 때문이 아니다. 또 충의경골한 신하의 예로서 야마오카 뎃슈(山岡鐵舟[25]), 기도 다카요시(木

25) 야마오카 뎃슈 (1836-1888) : 검도(劍道)의 일파인 무도류(無刀流)의 창시자로서 검술 · 선(禪) · 서(書)에 능통했다. 사이고 다카모리를 설득해서 가쓰 가이슈와의 회담을 성사시켰으며 메이지천황의 시종이 된다.

戶松菊)[26], 이토 히로부미(伊藤博文)[27], 모토다 나가자네(元田永孚)[28]를 거명하고 있는 것도 납득할 수 없는 부분이다. 이들은 강력한 군주국 일본을 만들기 위해서는 유약한 천황은 곤란하다는 판단 하에 강한 군주가 되라고 천황께 직소하고 간언을 한 것이다. 메이지 천황 또한 서양의 절대왕정이 무너지고 공화정이 들어선 역사의 과정을 배움을 통해 알았기에 신하들의 말을 따를 수밖에 없었다.

로카는 탁월한 어학력(英語)을 바탕으로, 서구 정치가들의 평전을 간추려 신문과 잡지에 게재했다. 또 외신으로 받은 당시 시사문제 등을 실시간으로 번역 · 소개했던 엘리트 지식인이다. 프랑스 시민혁명과 영국의 민주주의 발전사에 대해 모를 리가 없다. 그러나 자국의 천황에 대한 인식에서는 전근대성을 탈피하지 못했음을 확인할 수 있다. 로카의 또 다른 글「국가와 개인(國家と個人)」[29]에도 이와 비슷한 표현이 나온다. 청일전쟁이 끝나고 대원수(大元帥)가 히로시마(廣島)에서 신바시(新橋)정류장에 도착하는 날, 개선군인들을 보려고 신바시 정류장은 인산인해를 이루고 있다. 이 틈에 끼어있는 여위고 초라한 굶주린 짐꾼을 발견하고 "천황의 자식을 굶기지 마라"고 일갈한다.

내 뒤에 짐꾼이 하나 서 있다. 머리도 수염도 덥수룩하니 엉클어지고

---

26) 기도 다카요시(木戶孝允 : 1833-1877)를 말한다. 개혁파의 중심으로서 판적봉환 · 폐번치현에 힘썼다.

27) 이토 히로부미(1841-1909 : 조슈번 출신으로 쇼카손숙(松下村塾)에서 수학했다. 유신 후 세력을 키웠으며 헌법제정의 중심이 된다. 수상 · 추밀원의장 · 귀족원의장 등의 요직을 역임했다.

28) 모토다 나가자네(1818-1891) : 유학자 · 교육가로서 구마모토 출신. 궁중고문관을 지냈으며「교육칙어」기초에 참여했다.

29) 『自然と人生』의「寫生帖」중에 '國家と個人'이라는 글이 있다. pp.122-3

검붉은 색 얼굴은 게다가 납빛을 띠며 기이하게 빛난다. 광대뼈가 튀어 나오고 움푹 파인 눈은 멍하니 굶주린 늑대처럼 무서운 광채를 띤다. 걸레를 이어놓은 것 같은 홑옷에 가슴팍이 드러나고 새끼줄 허리띠를 맨 채 맨발이다. 군중 속에 어린 애가 있다. 먹던 만두를 마침내 떨어뜨리고 만다. 이 사내가 달려들어 줍자마자 먹어치운다. 그는 정말 굶주린 것이다. 아이는 화낸다. 군중은 웃는다. 나는 울고 싶다. 굶주림만큼 비참하고 무서운 것은 없다. 인육을 먹게 한 것은 굶주림이다. 바스티유를 부순 것도 굶주림이다. (중략) 바라옵건대 폐하의 아이를 굶기지 마라.

(余が背後に立てるは、立ちん坊一人なるべし。髪も髭もほうぼうと打かぶり、渋紙色の顔は更に青黒き色を帯びて怪しく光り、頬骨高く露はれ、恐ろしく窪みたる眼は惘々としたる中に餓狼の如き凄まじき光を帯びたり、雑巾を綴り合わしし様なる単衣の胸も露はに、縄の帯して、跣足なりき。群衆の中に子供あり、食ひかけし饅頭をとうとう落しぬ。彼の縄帯の男、飛びかかりて取るより早く忽ち食ひ尽しつ。彼は実に飢へたるなり。子供は怒りぬ。群衆 は笑ふ。余は哭せんとす。飢えほど悲しきはなく、飢えほど恐ろしきはなし。人肉を食はすは飢な。バスチールを毀たしめしものも飢えなり。（中略）願くば陛下の赤子をして飢へしむる勿れ。)

로카는 '국가'라는 것은 백성 '개개인'을 굶주림으로부터 지켜낼 때 존립할 수 있다는 것을 프랑스대혁명과 결부시켜 말한다. 굶주린 백성들이 먹을 것을 달라고 외치며 '바스티유 감옥'을 부수면서 프랑스 시민혁명이 일어난 것을 상기한 것이다. 기아는 인륜도 저버리게 만들고 왕정도 무너뜨린 것을 역사적 사실을 근거로 해서 밝히고 있다.

로카는 메이지왕정이 존속하기 위해서는 굶주린 백성이 없어야 한다고 판단한다. 로카에게 메이지천황은 절대적 존경과 경외를 표할만한 신뢰하는 존재다. 따라서 메이지 천황국가의 존속은 자명한 것이라는 무의식을 엿볼 수 있다. 서구의 근대는 절대왕정이 무너지고 시민혁명을 통해 달성되었다. 그러나 일본의 근대는 왕정복고이며 '국가신도'라는 제정일치사회를 지향하는 역수순을 밟았음에도 로카는 이러한 모순을 감지하지 못한다. 그것은 메이지유신이 '존왕양이(尊王攘夷)'를 슬로건으로 막부를 타도한 것에도 기인할 것이다. '존왕'은 급기야 국가신도로 이어지고 천황은 '현인신(現人神)'으로 역사에 등장하게 된 것이다. 로카는 메이지 정부의 전략에 매몰된 지식인이라는 한계를 드러내고 말았다.

5. 마무리

「모반론」은 앞서 말했듯이 일본의 명수필(名隨筆)로 소개되는 글이다.[30] 삼엄한 시절 목숨을 걸어야 발표할 수 있었던 위험한 내용의 글이다. 로카가 이런 글을 쓸 수 있었던 것은 일찍 받아들인 기독교 휴머니즘정신과 톨스토이 · 위고 · 졸라 등 서구 지성들로부터 사숙한 정의에 대한 공명이었다고 고찰했다. 로카가 받아들인 기독교 휴머니즘정신은 핍박받는 자와 약자에 대한 연민을 보였으나 거시적인 사회적

30) 青空文庫.에서 공개하는 「謀叛論」은 『日本の名随筆 別巻 91』作品社(1998)을 底本으로 하고 있다.

시야에는 이르지는 못했다. 로카의 텍스트는 약자에 대한 연민과 메이지 신정부의 부패와 타락을 고발하는 내용이 상당부분 있다. 이러한 요소 때문에 로카의 소설은 사회소설로 분류되며, 사회주의자들이 로카한테 기대를 걸었다. 그러나 정작 본인은 명문가 출신으로 엘리트교육을 받았으며 태생적으로 사회주의자가 될 수 없는 신분이었다. 그래서 로카는'나의 사회주의(自家社會主義)'라는 조어(造語)를 쓴 것으로 해석된다. 성서 · 졸라 · 위고 · 톨스토이 등으로부터 휴머니즘과 정의감을 배우고 사회의 모순을 직시하는 시각을 획득했으나 실천적으로 배우지 못한 한계를 드러냈다.

로카는 사회주의에 대한 심정적인 공감을 했지만 그들과 실천적 행동을 함께 할 수는 없었기에 다분히 관념적이라고 말할 수 있다. 로카의 「모반론」도처에 성서의 성구가 나오는 것은 그의 내면에 각인된 기독교 정신이다. 로카는 기독교 휴머니즘을 토대로 인류가 하나가 되어야 한다는 사해동포의 이상을 표방하면서도 일본이 지향하는 제국주의 노선과 천황절대주의가 불가분의 관계에 있다는 인식에는 이르지 못했음이 한계다. 동시대를 살았던 고토쿠 슈수이 등 무정부주의자 · 사회주의자들은 천황제가 제국주의노선을 수행하는데 이용되고 있음을 보고 "제국주의는 시대의 괴물"이라고 일갈했다. 이 점을 감안할 때 로카의 「모반론」은 사회적 시야가 넓지 못하고 그들의 죽음을 감상적으로 변호하는데 그쳤다고 할 수 있다. 동시대의 무정부주의자들이 천황제의 본질을 직시하고 통찰했다는 것을 감안할 때 상대적으로 로카의 사회의식은 한계를 드러냈다고 말할 수 있겠다.

도쿠토미 로카『흑조(黑潮)』고찰
-메이지 신정부의 암부 폭로-

1. 머리말

도쿠토미 로카는 일본 근대문학 여명기에 독자적인 사회의식을 보인 작가다. 로카는 메이지유신 이후 근대화를 추진하고 있는 메이지 신정부를 향해 신랄하게 비판한다. 앞의 논문에서 밝혔듯이 1910년 대역사건(大逆事件)때는 삼엄한 시기에 사형집행이 선고된 피고인들을 구명하기 위해 백방으로 노력을 기울이는 용기를 보였다.[1)]

---

1) 「모반론(謀叛論」은 이와 관련하여 제일고등학교(一高)에서 행한 연설의 초고(草稿)이다. 대역사건은 1910년 고토쿠 슈스이(幸德秋水)를 포함한 24명의 무정부주의자들을 검거하여 그 중 12명을 대역죄의 명목으로 재판도 없이 처형한 날조된 사건이다. 이에 격분한 로카는 변론부 학생 가와카미 조타로(河上丈太郎 : 1889-1965)의 강연 제의를 수락하여 1911년 2월1일 시국연설을 함으로써 학생들에게 큰 영향을 끼쳤다. 당시 1학년에는 아쿠타가와 류노스케(芥川龍之介)등이 재학 중이었으며, 가와카미는 동대 졸업 후 제1회 보통선거에서 노동당 소속으로 당선된다. 아쿠타가와의 글에는 로카에 대해 호의적으로 묘사되고 있는데 이와 무관하지 않아 보인다.

원래 도쿠토미 집안은 구마모토(熊本)의 유서 깊은 호농(豪農)사족(士族) 집안으로서 요코이 쇼난(横井小楠)[2]의 개화사상을 수용하였다. 이러한 개명된 분위기 속에서 소호와 로카 형제는 평민주의 인도주의에 일찍 눈을 떴다.[3]

로카는 22세에 상경하여 형 소호(蘇峰)가 운영하는 잡지사'민우사(民友社)'에 입사하게 된다. 이 때 해외의 사정을 알리는 각종 영문(英文)기사를 일본어로 번역하는 일을 담당하면서 저널리스트적인 시야를 기르게 된다.[4] 민우사에 몸을 담은 14년 동안(22세-35세)의 기자(記者)생활은 당대 다른 작가들에 비해서 첨예한 사회의식을 지니게 된 하나의 동인이라고 생각된다.

로카의 『흑조』는 일본 근대문학에서는 정면으로는 다루어지지 않은 영역인 메이지 신정부의 암부(暗部)를 비판한 사회소설이다. 로카는 당시 지배층의 부패상과 맹목적인 서구추종, 그리고 제국주의로 치닫는 행태를 직시하면서 이런 현실이 일본국민에게 고통을 주고 있다고 통렬하게 비판한다.

---

2) 요코이 쇼난(1809-1869) : 구마모토 번사(藩士). 막말의 유학자 · 개국론자이다. 메이지유신 10걸 중의 1명이다. 메이지 신정부의 '참여(参與)'가 되었으나 기독교 신자라는 이유로 암살당한다. 요코이 쇼난의 아내는 로카의 이모 쓰세코(津世子)이다. 로카의 제자인 마에다가와(前田河)는 로카의 도의적 문학관에는 쇼난의 사상이 흐르고 있다고 말한다. (前田河 : 1938, p.388)

3) 로카는 18세 때 어머니를 따라 교회에 다니게 되고 기독교 세례를 받는다. 기독교의 일부일처의 도덕은 로카의 어머니와 그 자매들 까지도 기독교 세례를 받도록 인도한다.

4) 로카는 형 소호의 지침에 따라 평민주의를 표방한 19세기 영국정치가 『존 브라이트』와 『리차드 곱든』을 소개하는 글을 '민우사'에서 간행, 그밖에도 서구의 저명인사를 소개하는 기사를 써 왔다. 또 일본에서는 최초로 톨스토이 평전 『톨스토이』를 저술했다. (『톨스토이』는 '민우사'가 기획한 12문호 시리즈 중 1권임)

이 작품은 발표당시 실존인물의 부패상을 해부한 것이어서 여러 사람을 불편하게 했던 문제작이다. 그래서「국민신문(國民新聞)」(1902년. 1.26 ~ 6.29)에 연재할 당시 세간의 평이 좋지 않았다. 이에 로카는 자신이 직접'흑조사(黑潮社)라는'출판사를 설립하고 1권(1903년)을 자비로 간행한다. 총6권 계획으로 집필을 시작했으나 1권만을 간행한 채 후속 작품은 중단하고 만다.[5] 이는 집필이 진행되는 과정에서 로카의 심경에 갈등을 일으켰기 때문이라고 생각된다. 하지만『흑조』는 1권만으로도 그 안에 들어있는 로카의 시대인식과 사상을 엿볼 수 있는 중요한 작품이다. 작품의 권두에는 2개의 독립된 글이 놓여 있다. 하나는 꿈의 형식을 빌린 글이고 또 하나는 형에게 보내는 결별의 편지글이다. 본고는 편의상 이를 두 개의「서문」이라고 칭하기로 한다. 이「서문」에는 작가의 집필의도와 향후 일본의 지향점이라는 작가의 비전이 나타나 있어 주목된다.

본고는 먼저「서문」에 나타난 작가의 육성으로 전하는 시대인식과 함께 소설『흑조』의 등장인물이 전하는 시대인식을 살펴보고자 한다. 그리고 메이지초기 일본사회가 안고 있는 모순을 작가는 어떻게 파악하고 있는지, 그 한계는 무엇인지 분명히 할 필요를 느낀다. 여기서는 작품 속에 나타난 로카의 사회비판 양상을 맹목적인 서구화정책 · 정경유착과 정언유착 · 축첩제도로 대별해 보았다.

선행연구로는 최근『흑조』가 한국어로 번역[6]되면서 한국 신소설

5) 『흑조』 제2권은 1905년 12월에 기독교 계통 잡지「신기원(新紀元」에 발표를 시작했으나 중단하고 만다.

6) 손동주 외 번역(2010)『흑조』, 부경대학교출판부

『은세계(銀世界)』와의 비교연구[7]가 나왔다. 이 논문은 한국과 일본의 근대 작품 속에 나타난 역사적 사실과 인물을 비교한 연구이다. 본고는『흑조』 텍스트 자체를 면밀히 분석한 것으로서 이들과 차별화된다.

로카는 일찍 한국에 알려진 작가로 로카에 대한 초창기 연구는『불여귀』로부터 시작되었다.『불여귀』는 일제강점기인 1900년에 일재(一齊)조중환(趙重桓)이『불여귀』(1912)라는 제목으로 번역 출간한 바 있으며 신파연극으로도 상연되어 큰 인기를 얻은 작품이다.『불여귀』와 관련한 한국의 연구는 주로 한국 신소설(新小說)과의 연관성 또는 문체(文體)에 관한 연구[8]가 주종을 이루고 있다.

여기서 다루는 로카의『흑조』(1903)는『불여귀』(1900)의 연장선에 있는 사회소설이며, 사회의식 면에서 볼 때『불여귀』보다 더욱 구체적이고 날카로운 비판을 담은 작품이다. 본고의 텍스트는 〈로카전집 간행회〉에서 1928년에 펴낸 도쿠토미 겐지로(德富健次郎)저『黑潮』(蘆花全集7권)를 사용했으며 번역본[9]을 참조했다.

2. 두 개의「서문」에 나타난 시대인식

로카의『흑조』는 메이지 사회를 해부한 사회소설이다. 이 작품은 메이지 일본사회의 부조리를 고발하고, 약자에 대한 연민을 보이며, 제

---

7) 서은선 · 윤일(2009)「일본사회소설『흑조』와 한국 신소설『은세계(銀世界)』비교연구」『동북아문화연구』제21집(1) 제25집(2)

8) 洪善英(2002)「德富蘆花『不如歸』と韓国の翻案小説との比較考察」『日語日文學研究』43집,

9) 손동주 외 번역(2010)『흑조』, 부경대학교출판부

국주의에 대한 저항을 표출하고 있다. 로카는 이 작품의 앞부분에 30여 분 동안 꾼 강렬한 꿈을 전하는 짧은 글[10]과 형 소호에게 보내는 편지 글을 배치했다. 이 두 개의 권두 글을 통해 로카는 이 작품의 방향을 제시하고 있다. 첫 번째, 꿈의 형식인 「서문」에서는 향후 일본이 나아가야 할 방향으로 인도주의를 제시한다. 두 번째, 형에게 보내는 편지[11]글에서는 사상가인 형(소호)과 문학가인 자신은 지향점이 다름을 밝히면서 결별을 고한다.

로카는 스스로를 톨스토이와 위고와 같은 인도주의를 따르는 소설가라는 자각 하에 이 작품을 쓰고 있음을 밝힌다. 앞으로의 세상은 인도주의의 물결로 넘쳐날 것이며 일본 또한 이에 합류해야 한다는 로카의 시대인식을 「서문」을 통해 확인할 수 있다.

다음은 『흑조』표지의 「서문」으로서 국민의 계몽을 촉구하고 있는 글이다.

> 쿠로시오가 우리 해안을 쓸어버리듯이 인도의 흐름으로 우리나라를 쓸어버려라. 로마는 하루에 이루어지지 않았다. 우리 일본의 전도는 멀다. 그 국민의 성장에는 반드시 국민의 해탈이 동반되어야 한다. 소설 쿠로시오는 이제 모든 방면에서 해탈하려고 고뇌하는 우리 일본을 주인공으로 해서 조금이라도 그 소식을 전하고 그 앞날의 명운을 그려내려고 시도한 작품이다. 모두 여섯 편으로 구성할 것이다. 지금 제1편을 발간한다. 다행히도 강호군자의 일독을 기원하게 되었다.

---

10) 이 부분은 초판 인쇄에서는 실었다가 나중에 삭제했는데 로카의 갈등을 발견할 수 있다.

11) 「소호 형에게」라는 제목으로 형에 대한 복잡한 심경을 토로하고 있다. 『흑조』는 본문보다 이 편지글 때문에 세인의 주목을 받았다.

黒潮の我岸を洗ふ如く、人道の流れをして我邦を洗わしめよ。羅馬は一日にして成らず。我日本の前途は遠し。夫れ国民の成長は必ずや国民の解脱に伴わざるべからず。小説黒潮は今やすべての方面に解脱をなさむとして苦悶せる我日本を主人公として聊か其の消息を傳へ其の前途の命運を描かむと試みたるものなり。全部六巻よりなる。今第一篇を発刊す。幸に江湖君子の一読を祈る。(序文 : p. 223)

위의 글로부터 작품의 제목'흑조' 즉 '쿠로시오'가 지닌 상징적 이미지를 도출할 수 있다. 쿠로시오는 큰 위용을 지닌 거대한 규모의 해류이다[12]. 로카는 위의 글에서 먼저 거대한 시대정신으로 인도주의를 제시하고 있는데 그 심상(心象)으로 채택한 것이 쿠로시오라는 해류이다. 로카는 인도주의라는 거대한 시대정신을 표상하기 위해 쿠로시오라는 제목을 붙였다. 『흑조』의 서문은 일본국민이 각성되어야 한다는 것을 강조하고 있다. 국민의 각성이야말로 자유를 얻는 길이라고 역설한다. 일본국민의 각성이 선행되어야 향후 일본의 발전을 도모할 수 있음을 설파하면서 로카는 일본인이 세계시민으로 나아가기를 희망한다. 그리고 그 토대는 휴머니즘이 되어야한다고 강조한다. 다음은 「소호 형님께(蘇峯家兄)」라고 형에게 책을 헌정하며 결별을 고하는 편지글이다.

이 소설을 민우사에서 출판할 때 형님께 바치겠다고 결심했다. 지금은 내가 민우사를 떠나 있지만 결국 이 소설을 바칠 사람은 형님 뿐

12) 쿠로시오는 일본근해를 흐르는 난류로 프랑크톤이 적어 투명도가 높으며 검푸른 색을 지녔다. 그래서 흑조라는 이름이 붙었다. 세계 최대 규모의 해류로 분류된다. 『위키백과』'쿠로시오'

이다. (중략) 메이지 22년 처음 민우사에서 출판한『브라이트전』은 형님이 직접 첨삭도 해주었다. 메이지35년에 국민신문에 연재를 시작한『흑조』제1편의 일부분은 그대에게 힌트를 얻었다. (중략) 형님은 국력의 팽창에 중점을 두어 제국주의를 지지하였으며, 나는 위고 톨스토이 졸라 등의 인도주의 유파의 대의와 나 자신의 사회주의를 지지한다. 이것은 결코 내가 옳고 형이 그르다는 문제가 아니다. 진리의 산에는 봉우리가 많다. (중략) 서로가 추구하는 취미, 착안점, 동정심이 쏠리는 곳, 요컨대 그 동기가 서로 다르다는 것은 결코 숨길 수 없다.

初 斯小説を民友社より出す時、君に献ぜんと思ひたり。今や余は民友社を去りぬ。然も斯小説を献ずべき者は、竟に君ならざるを得ず。(中略) 明治二十二年に初めて民友社より出版せしブライト傳は、君自ら筆をとって添削せり。明治三十五年に國民新聞に載せ始めし小説黒潮の第一篇は,實に其の一部のヒントを君に得たり。(中略) 君は國力の膨脹に重きを置きて帝國主義を執り、余はユゴー、トルストイ。ゾラ諸大人の流れを汲むで人道の大義を執り, 自家の社会主義を執る。余は決して君を非とし、自ずからを是とせず。眞理の山には峰多し。(中略) 我等が趣味の傾く所、着眼の向く所、同情の注ぐ所、要するに其動機の相同じからざあるは、断じて掩ふ能はず。(「蘇峯家兄」pp.3-4)

소호는 일찍이 평민주의에 입각하여 계몽적 글을 써온 저널리스트이다. 자신이 설립한 잡지사 민우사의 기관지인 「국민신문」의 지면을 통해 일본청년을 고무시키는 글들을 지속적으로 써 온 논단의 기수였다[13]. 로카 형제는 출발점은 같았으나 차츰 멀어져간다. 소호의 경우,

---

13) 도쿠토미 소호(1863-1957) : 1887년 민우사(民友社)를 설립 「國民の友」「國民新

메이지 유신은 풍전등화의 일본을 구하기 위해 절체절명의 위기에서 일으킨 거사였다는 인식의 전환이 이루어진다. 그래서 소호는 로카에게 메이지 신정부에 반감을 품고 죽은 지사(志士)의 자식이 처음에는 정부와 싸우지만 시대가 바뀌고 그 자식 또한 각성하게 됨으로써 반감은 사라진다는 구상과 함께 연애를 보탠 이야기를 쓴다면 재미있을 거라고 조언을 했다.[14] 소호는 『불여귀』라는 통속소설을 써서 유명해진 동생의 필력에 기대어 일본이 나아갈 방향을 제시하려 한 것으로 보인다. 이처럼 『흑조』가 나오게 된 배경에는 형 소호의 조언이 있었으며 로카 또한 이 작품의 일부분은 형에게서 힌트를 얻었다고 서문에서 밝히고 있다.

그러나 로카는 소호가 조언과는 달리 메이지 신정부가 추진하는 정책이 백성의 삶과 괴리되고 오히려 백성을 도탄에 빠뜨리고 있음을 고발하는 데에 많은 분량을 할애한다. 로카는 신정부에 대한 불만과 일본의 장래에 대한 우려를 표출하는 시점인물을 내세워 자신의 생각을 대신하고 있다. 이 역할을 수행하는 인물은 히가시 사부로(東三郎, 이후 히가시)라는 몰락한 사족출신 노인이다. 히가시에게는 로카의 심경이 짙게 투영되어 있다. 작품의 시점인물 히가시는 다케다 신겐(武田信玄)[15]의 영지인 고후(甲府 : 지금의 야마나시 현)출신으로 나온다. 메이지 20년인 1887년 4월에 히가시는 20년 만에 상경한다. 다

聞』을 발행한다. 처음에는 평민주의를 제창하였으나 청일전쟁 이후 제국주의를 고취시키는 글을 써서 당시 청년들에게 큰 영향을 주었다. 저술 『吉田松陰』 『近世日本國民史』가 있다.

14) 『富士』 ()

15) 武田信玄(1521-1573)은 전국시대의 무장으로서 오다 노부나가(織田信長)와 자웅을 겨루었다.

케다 가(武田家)의 가문(家紋)이 새겨진 복장을 하고 왼 쪽 눈에는 붕대를 감은 60대 중반으로 보이는 초라한 행색의 노인이다. 히가시 노인은 유신 이후 삿초(薩長)정부에 대한 울분을 품고 20년 동안 고후(甲府)에 은거해 글방 운영과 농사를 지으며 근근이 살고 있었으나 영국에서 유학 중인 외동아들 스스무(晉)의 학자금을 마련하기 위해 관직에 출사할 생각으로 상경한 것이다.

여기서 주목되는 것은 히가시 노인이 메이지 유신을 감행한 주체를 바라보는 시각이다. 메이지 유신은 사쓰마 번(薩摩藩)과 초슈 번(長州藩)이 주축이 되어 성공시킨 혁명이다. 이들은 나중에 신정부의 유력자가 되어 국가를 경영한다. 로카의 출신지는 구마모토 번(熊本藩)으로 고후(甲府)출신인 히가시의 경우처럼 혁명의 중심세력이 되지 못하고 소외된 세력이라는 공통점을 지녔다. 소외된 구마모토 번은 일찍이 서양의 선진문물과 학문을 수용함으로써 뒤처진 초조함을 만회하려 했는데 그 하나가 서양의 선진문물을 배울 수 있는 양학교(洋學校)의 설립이었다. 히가시 노인이 자식을 영국으로 유학보내 선진문물을 배우게 한 것과 일맥상통한다. 구마모토 번은 서양인 교육자를 초빙하여'구마모토 양학교(熊本洋學校)'[16]를 설립했으며, 이 학교에서 로카의 누나와 형 그리고 사촌들이 수학한다.[17] 로카와 소호(蘇峰)형제는 일찍이 기독교 휴머니즘에 토대한 평민주의 사상을 흡수했다. 그러나 청일전쟁을 기점으로 소호는 일본이 제국주의 노선을 지향

16) 1871년 구마모토 성 (熊本城)안에 설립된 번립(藩立)학교이다. 요코이 쇼난의 조카인 요코이 다이헤이(橫井大平)가 미국에서 귀국한 후 서양문화를 들여오고 인재양성을 목적으로 진언하여 설립하게 되었다. 수업은 영어로 이루어지고 연설교육도 행해졌다.

17) 細見典子(2015) pp. 13-4 참조

하는데 편승하게 되고, 로카는 인도주의의 토대에서 약자를 대변하는 휴머니즘의 경향이 강화된 것이다. 소호와 로카 형제는 도도히 흐르는 시대의 물결 속에서 각각 다른 길을 지향하고 결별하게 된 경위를 알 수 있다. 형제의 기질의 상이함은 『흑조』의 등장인물인 사부로(三朗)와 주로(十郞)형제에게서도 발견된다. 실생활에서 로카 형제의 기질의 상이함은 작중 인물 사부로와 주로에 고스란히 투영되어 있다.

당초 『흑조』를 전체 여섯 편으로 구상하여 제1편을 발표하였으나, 나머지는 완성하지 못한 것은 집필 과정에서 생긴 로카의 사상의 혼란과 관련이 있다고 보인다. 이 작품은 로카라는 구마모토 번 출신 작가가 주변인의 시각으로 바라본 권력 핵심에 대한 비판이다. 하지만 로카 역시 신정부가 한 일을 총체적으로 부정할 수는 없다는 데에 고뇌했음을 알 수 있다. 이 점이 로카에게 갈등을 일으키게 했으며 작품을 중단하게 된 하나의 원인이라고 추론한다.

메이지 유신을 결행했던 세력은 일본이 직면한 위기를 돌파해 낸 우국충정의 세력이라는 것을 로카 또한 부인할 수 없었다. 로카의 글에는 메이지 천황에 대한 외경심이 넘치며 메이지 천황에 대한 각별한 애정을 보여 왔다[18]. 그래서 근대 일본이 취한 천황제와 제국주의가 불가분의 관계에 있다는 근원적인 문제의식을 발견하지 못한다. 이러한 모호한 시대인식이 이 작품을 장편으로 진행시키는데 저해 요소가 되었을 것으로 생각되며 나중에 간행된 전집에서 쿠로시오가 일

---

18) 1868년생인 로카는 메이지 연호와 함께 시작하는 자신의 나이에 긍지를 느끼고 살아왔는데 1912년 메이지천황이 서거하자 자신의 인생이 중단된 듯한 상실감을 느꼈다는 소회를 수필 『지렁이의 헛소리(みみずのたわ言)』에 남기고 있다. 『みみずのたわ言』

본 열도를 휩쓰는 꿈 이야기부분의 서문을 삭제하게 된 이유라고 본다.

시점인물 히가시 노인은 권력의 핵심세력과 출신지가 다르다. 그는 고슈(甲州)에 오랜 동안 은거하고 있는 아웃사이더이다. 작가는 이 작품에서 유신의 주체와 유신의 주변을 대비함으로써 상대주의적 시선을 고수한다. 하지만 양쪽 모두가 일본이라는 한 나라를 구성하고 있으며 자국의 발전을 희구한다는 점에서는 지향점이 같다고 결론을 내림으로써 내적 갈등을 해소한다. 이는 너무 안이하게 해소되는 것이 아닌가 생각된다.

제국주의라는 광포한 시대의 흐름 앞에서 소호는 국가주의를 표방하게 되고 로카는 개인의 삶에 천착하게 된다. 그러나 로카는 형의 길이 틀렸다고 단언하지 않고 "진리의 산에는 봉우리가 많다"고 말함으로써 여지를 남겨놓았다. 이처럼 형제의 기질이 달라서 동행할 수 없음을 강조한 것이지 형의 길을 부당하다고 보지 않는 점에서 작품의 한계는 이미 예견되었다.

유교적 덕치사상과 기독교 휴머니즘이라는 두 개의 축을 기반으로 창작을 해 온 로카로서는 메이지 신정부 관료들의 행태가 개탄스러웠으나 이들을 비난만 할 수는 없다는 난관에 봉착하게 된 것이다. 작품 「제7장」 전체에 걸쳐 노정되고 있는 히야마(檜山) 별장에서의 고관대작들과 히가시의 설전은 로카의 갈등을 축약하고 있다. 「제7장」은 이 작품의 핵심을 함축하는 매우 중요한 장(章)이다. 『흑조』는 「제13장」과 「제14장」의 결말부분에서 히가시 노인이 패배를 자인하는 것으로 매듭지어진다. 이는 인도주의를 시대정신으로 표방한 작품인 『흑조』가 당초 계획한 6권을 향해 나아갈 수 없게 했다. 이것이 당시 지식인이 처한 한계라고 말할 수 있겠다. 관직을 포기하고 낙향한 히가시는 자신이 이루지 못한 일을 아들이 대신 해주기를 바란다. 히가시는 신정부의 부패상에 대해 신랄하게 파헤치고 있으나 일본이 제국주의로 나아가는 방향에 천황제가 있다는데 대해서 미온적 태도를 보였다. 톨스토이와 유고의 인도주의는 사해동포(四海同胞)주의이며 반전(反戰)주의이다. 애초의 집필 의도는 퇴색하고 형 소호의 노선에 점점 다가서고 있다. 로카 역시 국가존망과 관련해서는 초기의 소신이 후퇴하고 있다. 국가의 존망은 힘을 기르는 것이 우선이라는 시대인식을 표방함으로써 소극적인 국가주의자의 면모를 보였다고 말할 수 있다. 『흑조』는 영국에서 귀국한 아들 스스무에게 하는 유언으로 끝난다.

> 스스무야, 스스무야, 학자가 되지 마라. 상인이 되지 마라. 알겠니. 정치가가 되라. 지금의 세상을 바꾸라. (徳富健次郎(1927) 『黑潮』「제14장」 p.319)
>
> 晉、晉、學者になるな。商人になるな。宜いか。政治家になれ。今の天下をとって覆へせ。

아들 스스무에게 정치가가 되라고 한 유언에는 다음 세대는 학문을 해서 인격이 도야된 정치가가 출현하여 도의정치를 펼쳐주기를 바라는 복고적인 사상이 들어 있다. 로카에게는 정치만이 세상을 바꿀 수 있다는 신념이 있으며 정치에서 무한한 가능성을 발견하고 있다.

스스무가 해외에 유학을 가서 절치부심하며 학업에 매진하고 있는 모습은 일본의 장래에 희망이 있음을 보여주기 위함이다. 새로운 시대를 대비하기 위해서는 선진문물을 적극적으로 배워야하며 종국에는 국가를 위한 인재가 되어야한 한다는 '국가를 위한 재목(國家有爲

の材)'으로 표상되는 유교적 이데올로기가 함의되어 있다. 개인보다는 국가가 우선시되는 메이지시대의 지배 이념이 작동되고 있음을 확인할 수 있다. 현재의 일본은 타락해 있으나 다음 세대는 각성된 지도자가 속출해 위대한 국가를 만들 것이라는 기대를 담고 있다. 그런 점에서 로카의 문학세계는 낙관적 세계관을 보이며 그 낙관성이 안이한 도출을 이끌고 말았다고 말할 수 있다.

3. 사회비판의 양상

(1) 서구화 정책의 표상 : 로쿠메이칸

『흑조』는 「제1장」모두(冒頭)에'로쿠메이칸(鹿鳴館)'을 연상시키는'유유관(呦呦館)'에서 열리는 화려한 연예회의 광경부터 서술된다. 메이지시대 실제 행해졌던 무도회나 바자회들이 그대로 재현되어 있다. 육십 대 중반으로 보이는 애꾸눈의 비쩍 마른 노인과 함께 사십대 중반의 통통한 후지사와 백작이 함께 등장한다. 노인이 로쿠메이칸의 내부를 바라보는 시선은 냉소적이다. 유신을 성공시킨 이후 신정부가 추진하는 서구화 정책은 국외자(局外者)인 히가시 노인에게 한심스러운 추태로 비쳐진다. 히가시 노인이 보기에 신정부는 일본이 나아갈 방향을 옳게 설정하지 못했으며 지배층은 사치와 향락에 빠져 백성들의 삶을 도쿠가와 봉건 시대 보다도 힘겹게 만들고 있다고 일갈한다.

로쿠메이칸에서 개최된 무도회나 바자회 행사는 메이지 신정부의 서구화 정책의 표상으로 잘 알려져 있다. 이는 일본의 정체성을 상실한 경조부박한 것으로 비판되었다. 로카의 시선도 이와 맥락을 같이 한다. "일본과 프랑스 16세기를 합금"[19]한 우스꽝스러운 추태가 유유관에서 펼쳐지고 있음을 나타내기 위해 산유테이 엔초(三遊亭円朝)[20]의 작품을 연기하는 배우와 서양식 화려한 정장을 한 화족부인들을 병치시킨다. 전혀 어울리지 않는 모습을 나란히 보여준 것으로 아이러니 효과가 창출된다. 이는 작가가 의도적으로 포치한 문학적 장치라고 말할 수 있다.

> 메이지 이십년(1887) 4월 초순, 도쿄의 고지마치구에 있는 야마시타정 유유관에서 귀부인들이 주최하는 연예회가 열렸다. 연예회는 지체 높은 분의 뜻을 받들어 해상방비 헌금을 마련하기 위한 것이라고 말한다. 이미 천황께서는 칙어와 함께 수중의 돈 30만 엔을 하사하셨으며, 총리대신은 그 취지를 각 지방관에게 전하여 전국의 부호들에게 헌금을 독촉, 당일 어용신문은 사설란에 대서특필하여"우리들 상류층 귀부인들이 천황의 어의를 체현하여 이 고귀한 행사를 할 수 있게 된 것에 감격을 금할 수 없다"라고 쓴 것을 보면 평범한 자선 연예회가 아님을 알 수 있다. (『黑潮』第一章 (一) p.p.7-8)[21]

위의 유유관의 위치인 도쿄의 고지마치구(麴町區)에 있는 야마시

19) 피에르 로티의 「에도의 무도회」 (p.63) 에 나오는 표현이다. 김난희 「아쿠타가와의 『무도회』고찰—피에르 로티의 「에도의 무도회」와의 비교」 참조.

20) 三遊亭円朝(1839-1900) : 에도 출신의 만담가(落語家)로서 인정과 괴담을 다룬 자작(自作)을 많이 남겼다. 대표작 『塩原多助』 『牡丹灯籠』이 있다.

21) 이 논문 〈3장〉부터의 인용문은 한글 번역문만 쓰기로 한다. 작가가 사용한 한자가 일반적으로 쓰는 글자가 아니라서 표기상의 애로 때문임을 밝혀둔다.

타정(山下町)은 로쿠메이칸의 위치와 그대로 합치된다. 유유관의 '유유(呦呦)'와 로쿠메이칸의 '녹명(鹿鳴)'은 각각 '흐느끼는 울음소리'와 '사슴의 울음소리'라는 뜻을 지녀 패러디한 것임을 알아차릴 수 있다.

또 위의 인용문에는 근대국가로서의 위용을 갖추기 위해서는 군사력을 강화해야한다는 시대적 요청도 드러나 있다. 군사력 증강과 관련된 해상방비 자금을 마련하기 위해 연예회가 개최된 것이며 신정부의 핵심권력이 주축이 되어 일사분란하게 모금하고 있다. 대부분 신흥자본가들이 자금을 출연하고 있으며 이에 대한 대가로 작위를 받거나 승격을 한다. 애국이라는 명분 뒤에는 어두운 뒷거래가 있으며 이는 백성을 쥐어짜는 착취로 이어진다는 냉소적인 시선이 있다.

여기에 언론이 나팔수가 되어 대대적으로 광고를 하고 있음을 알 수 있다. 일본은 서구에 뒤쳐졌다는 초조함을 메우기 위해 로쿠메이칸이라는 화려한 서양식 건물을 만들어 무도회와 바자회를 열어서 대내외적으로 과시했다. 그러나 이런 시도는 실효를 거두지 못한 왜곡된 발상임이 판명되었다. 그들은 이 밖에도 서양을 따라잡기 위한 명분으로 다양한 것을 고안해 냈다. 많은 일본인들이 서양에 가서 배우고 오겠다고 양행을 했지만 그들이 배워온 것은 본질이 아니라 껍데기였다. 그 일례가 등장인물 기타가와(喜多川)백작이다. 기타가와 백작은 유신 이후 서양을 배우기 위해 유학을 했으나 3년간 체류하면서 배운 것이라고는 사격과 트럼프, 샴페인 구별법과 당구라고 폄하되어 서술된다. 이는 당시 일본인의 서양에 대한 관심은 겉으로 드러난 표피적 화려함에 현혹되어 있으며 근대 서양이 성취해낸 실력과 정신성에는 이르지 못했음을 여실히 보여주는 대목이다.

> 기타가와는 메이지유신 후 재빨리 서양을 보려고 유럽행 3년간 체류했으나 각성이 없었다. 배운 것은 사격 트럼프 샴페인 구별법과 당구 사창가에 다니는 것 풍채가 좋고 외국어를 조금할 줄 안다. 겉만 번드르르하고 의외로 능력이 없다. 「제4장」(6)

로쿠메이칸을 인간으로 만들어 놓은 것이 기타가와라고 말할 수 있다. 기타가와는 서양에 가서 향락적인 것을 흡수하고 실질적인 것은 배우지 못한 경박한 인간이다. 이런 유형의 인간은 자신뿐만 아니라 주변 인물까지도 불행하게 만드는 암적 존재이다. 조약개정을 위해서 고안해 낸 로쿠메이칸 무도회에 대해 히가시는 불평등 조약은 일본이 힘을 기르고 시기가 무르익으면 자연스럽게 개정이 되는 것이며, 사교춤으로 실현되지 않는다고 말함으로써 정곡을 찌른다. 로쿠메이칸과 양행(洋行)유행은 일본의 근대화 정책의 암부(暗部)로서 맹목적 서양추종을 잘 말해주고 있다.

(2) 정경유착(政經癒着)과 정언유착(政言癒着)

『흑조』는 정경유착의 부패상과 언론의 활약에 대해서 많이 언급되고 있다. 이는 로카 자신이 언론사에 몸을 담고 활동한 경력과 관계가 있어 보인다. 특히 로카는 메이지 유신을 일으킨 삿초세력의 번벌정치를 비판하고 있다. 삿초의 유력 정치가로는 이토 히로부미와 이노우에 가오루(井上馨)가 있다. 작품에서 이토 히로부미는 후지사와 시게미츠 (藤澤茂光 이후, 후지사와)라는 이름으로 등장한다. 후지사와처럼 유신의 주역으로서 신정부의 요직을 거머쥔 정치가들은 하나 같이 수완가이지만 도덕적으로는 부패한 세력임이 고발되고 있다. 그들이 세상을 바라보는 시각은 공리적이고 노회하다. 그들은 승리에 도취되어 사치를 일삼고 있는데 사치는 성공한 자만이 누릴 수 있는 보상이라고 자기합리화를 한다. 「제6장」은 후지사와가 자신의 성공을 돌아보며 대상화하며 도취에 빠져있는 장(章)이다. 후지사와는 비천한 태생의 자신이 혼자의 힘으로 일본의 제1인자의 지위에 올랐음을 반추하며 스스로도 대견해 한다.

> 대국을 보는 안목이 있고 학식이 있어 서양문명을 음미할 수 있는 능력과 입헌정치가이며 경세가로서 자격을 갖춘 자가 바로 나다.
>
> 「제6장」(1)

후지사와는 스스로 평가하듯이 총명하고 권모술수에 능한 사람이다. 그래서 모든 권력과 정보가 자신에게로 집중되는 것은 필연이라고 생각한다. 후지사와를 통하면 불가능한 일이 없으며, 권력의 정점에 후지사와가 있다. 후지사와의 주위에는 이익을 좇는 무리들이 득실거리고 서로 유착하여 패거리 정치를 일삼는 행태가 적나라하게 보여진다. 「제4장」 (5) "삿쵸 다이묘들과 특별한 연줄이 있는 사람을 제외하고는 모두 가난했다"라는 대목에서 삿초 번벌정치의 폐해를 엿볼 수 있다.

작가는 후지사와의 성격에 대해 "총명 냉혈한"이라고 규정한다. 상황과 인물을 정확하게 판단하는 총명함을 지녔으며 조그만 실수와 허점도 허용하지 않는 냉혈한이다. 일거수일투족을 이해타산으로 결정한다. 후지사와는 스도 다다시(須藤正)라는 눈과 입의 역할을 하는 비서를 통해 항간의 정보를 입수하고 정치적 라이벌들과 방해세력의 동태를 파악한다. 오이타(大井田)와 쓰치야(土屋) 같은 사람은 번벌정치에서 밀려난 세력으로 재야에서 언론의 사설을 통해 후지사와 일당을 견제하는 소리를 낸다. 이를 못마땅해 하는 후지사와는 "저런 놈들의 연합은 핵심을 하나 빼버리면 해체되어 제대로 일을 못해. 내버려둬"라고 하면서 계책을 세운다. 로카는 삿초가 행하는 번벌정치에 대해 "악취를 뿜어낸다. 독가스를 뿜어낸다."라고 역겨움을 표현하는데 구마모토 출신의 속내를 드러낸 셈이다. 「제6장」(4)에서 후지사와는"지난 달 해방비 헌금에 대한 상으로 정육품으로 승격된 호상 오타니(小谷) 가 보낸 편지"를 읽는 모습이 나온다. 유신 이후 정상배들이 출현하여 유착한 모습을 엿볼 수 있다. 「제4장」(6)의"법률이라는 것은 원래 거물급을 놔 둔 채 힘없는 자만 형벌에 처하는 편리한 도구"라는 대목에서 법이 본연의 역할을 못하고 허울에 불과한 것임을 통렬하게 고발한다.

작품은 배금주의가 만연한 시대상도 보여준다. 「제10장」(5)에서는 왕족의 후예인 우메즈(梅津) 자작의 입을 통해"지금은 돈이 최고인 세상이고 돈이 기본이다.""금고에 돈이 넘쳐나야 정치가나 유지들이 인사를 한다."라고 말한다. 왕족마저도 체면과 명예보다는 돈을 추구하는 시대가 되어버렸다. 돈의 위력이 발휘되는 메이지 신흥자본주의 사회에서 기득권 세력은 흥청망청 사치를 일삼고, 한탕주의를 꿈꾸는 야심가들은 돈의 노예가 되어 정신이 황폐해 가는 것을 엿볼 수 있다. 어의(御醫)로서 성공한 삶을 살아가는 히가시의 동생 아오야기 주로 역시 노골적이지는 않지만 돈의 맛을 알고 원만한 처세술을 발휘하고 있다고 작가는 꼬집는다. 시골의 어촌인 누마즈의 어부 조차도 "물고

기는 헤엄치고 인간은 돈벌이를 하는 것이 정해진 이치다.「제11장」(5)"라고 담담하게 말한다. 세상은 위에서 아래에 이르기까지 돈의 위력을 공공연히 말할 정도로 타락해버렸다.

히가시는 삿초 위정자들을 향해 사치를 줄이고 근검하게 살면 백성들의 고통인 조세부담을 덜 수 있다고 호통친다. 히가시는 후지사와 일당과 설전을 벌여 그들을 궁지로 모는데 성공했으나 한편으로는 자신이 시류에 뒤쳐졌다는 생각에 주눅이 든다. 히가시 노인이 아무리 삿초 번벌세력을 향해 뼈아픈 비난의 화살을 쏘아도 그들은 공고한 세력으로서의 응집력을 보이며 교묘히 예봉(銳鋒)을 피해 나간다. 정치 · 경제 · 언론은 서로 먹이 사슬로 얽혀 부패의 고리를 형성하고 전횡하는 실태가 적나라하게 폭로된다. 소수의 재야신문도 정론을 펼치기보다는 권력의 중심에 들어가기 위해 재기할 기회를 엿보고 있을 뿐이다. 히가시는 강경한 논조의 사설을 실어 주목받는 '도쿄신문'에 아들 스스무가 연관된 것을 알고 희망에 부푼다. 한창 기대를 걸 무렵 정부는 보안조례[22]를 발효시켜 주필을 유배시킨다. 신문지조례와 보안조례는 메이지 신정부가 반체제 인사를 탄압하기 위해 제정한 악법이다. 또 신문지 조례의 법망을 교묘히 피한「소신문」이 암약하는데 이 신문은 상류층의 사생활의 은밀한 부분을 취재해 폭로하는 신문이다. 상대방의 약점을 들추어내서 공갈과 협박으로 금품을 갈취하며 기생적으로 살아가는 저급한 신문이다. 위의 기타가와 백작은 자신의

22) 막부가 구미열강과 체결한 불평등조약의 개정은 외교적 과제였다. 이를 개정하기 위해 심의를 하는 정부의 저자세는 자유민권운동가들의 비판 대상이 되었다. 그 밖에도 지조경감 언론 집회의 자유 등 민권운동가들의 지속적인 정부비판이 전개되었다. 이에 위기를 느낀 정부는 1887년 12월 25일에 서둘러 보안조례를 공포하고 즉시 실시한다. (『明治事物起源事典』 pp.78-9)

어두운 사생활도 보호할 겸 재야의 신문사에 거금을 기부함으로써 정계입문을 기도한다. 자본을 확보한 언론은 돈에 구애받지 않기 때문에 강한 논조의 글을 쓸 수 있다는 사실도 확인할 수 있다. 기타가와는 자신이 투자한 언론사의 혜택을 보았으나 「소신문」의 '잡보란(雜報欄)'에 가정의 치부가 폭로됨으로써 곤혹스러운 처지가 된다. 기타가와와 같은 유형의 인물은 돈으로 모든 것을 해결할 수 있다는 배금주의 사회가 낳은 괴물이다. 다음은 기타가와 백작에 대한 묘사이다.

> 기타가와 백작은 백성을 괴롭혀서 모은 금궤로 점차여색을 탐함 얼마 후 부인과 사별, 서른 살에 상처를 하고 자식도 없다. 다이묘 가문에서 태어나 풍족하게 살았지만 글을 공부하지 않고 제멋대로 자랐다. 타인을 배려할 줄 모르고 자신을 다스릴 줄도 모른다. 천성이 악하지 않음에도 잔혹한 행위를 할 수 있다. 「제4장」(6)

위의 기타가와와 같은 저열한 화족들과 삿초로 대변되는 부패세력이 활개치는 메이지 신정부에 절망한 히가시는 상경을 후회한다. 부패한 세력에 빌붙어서 관직을 얻어 연명하는 것은 무사의 수치라는 결정을 내리고 관직 제의를 거절함으로써 내면의 승리감을 맛보고 있다.

『흑조』는 인물의 성격묘사와 심리묘사가 탁월하고 작가의 비평안이 잘 발휘된 작품이다. 그럼에도 불구하고 『흑조』의 결말이 히가시의 패배로 결론이 난 것은 비판의 날을 세웠던 유신정부를 결국 인정하는 것이 된다. 이런 결말은 안이한 타협이라고 말할 수 있겠으나 여기에 로카의 내면적 갈등이 응축되어 있는 것도 사실이다.

(3) 축첩제와 가정비극

『흑조』에는 후지사와(藤澤) 기타가와(喜多川) 히야마(檜山)등의 축첩이 대표적 사례로 나온다. 다음은 후지사와에 대한 대목이다.

> 그녀는 백작의 수많은 여인 중 한명으로 고이 토 혹은 오이토로 불리는 행운아이다. 후지사와는 관저 사저 별장 등이 있어서인지 부인도 공처 사처 임시 처 등 각 종류별로 있다. 「제6장」(3)

> 일본을 짊어질 정도인 내가 여인 다섯 명에서 열명 쯤과 놀았다고 해서 무슨 흠결이 되겠는가 「제6장」(2)

메이지시대 정치가로 활약했던 실존인물들은 실제로 처첩을 두고 살았다. 이토 히로부미의 축첩은 널리 알려진 사실이며 작품 속에서는 후지사와에 빗대어 언급되고 있다. 메이지 사회의 실상을 그대로 반영한 것이다. 이토 내각에서 외상(外相)을 지낸 이노우에 가오루(井上馨)의 경우는 게이샤 출신의 아내를 맞이하여 로쿠메이칸 무도회의 여왕으로 등극시켰다. 로카에게 이러한 행태는 근대 문명사회에서 일어나서는 안 될 야만적인 행태라는 인식이 보인다. 메이지 시대 유력자들 중에는 도덕적으로 지탄받을 행동을 한 인물들을 종종 발견할 수 있다. 이러한 자들이 정계와 재계를 좌지우지하고 있으니 일본의 앞날은 암담하다는 로카의 시각은 계몽가로서의 인식이라고 말할 수 있다. 다음은 아오야기 부인의 입을 통해 「제4장」에서 서술되는 부분이다.

후지사와에게 무참히 당한 여자들의 수는 천명도 넘는다.

히야마라는 사람도 얌전해 보이지만 첩을 세 명씩이나 곳곳에 두고 있다.

은인의 딸인 자기처를 미치광이라면서 방에 가둬 하루에 매실과 주먹밥 두 개를 넣어주고 옆방에서 몸종출신 첩과 술을 마시고 성관계를 해요.

부인을 발로차서 죽이고 기녀를 부인으로 맞이한 사람도 있다더군요.

기타가와는 미천한 출신의 여자를 데려다 아들을 낳고 정숙한 본처를 쫓아냈다고 해요.

기타가와에게는 바뀐 첩만 해도 이미 열 명이 넘고 첩이 낳은 아이는 모두 딸로서 세 명이나 되었다.

위의 인용 외에도 축첩에 관련한 많은 사례가 나온다. 메이지 신정부는 근대적 제도를 도입하여 많은 부분에서 봉건적 잔재를 일소하였으나 메이지 민법에서는 축첩제가 여전히 통용되었다. 남성이 처와 첩을 동시에 두어도 형법상 범죄가 되지 않았으며, 본처 쪽에서 남편이 첩을 두는 행위에 대한 부당성을 항의를 할 수도 없었다. 이를 극명하게 보여주는 또 다른 작품으로 엔치 후미코(円地文子)의 『온나자카(女坂)』[23]가 있다. 이 작품은 메이지시대 초기를 살아가는 상류층 여

23) 『女坂』는 1949년-1953년에 걸쳐 단속적으로 잡지에 발표되었다. 1957년에 단행본으로 출판되어 노마문예상(野間文芸賞)을 수상한 엔치 후미코의 대표작이다.

성의 비극적 삶을 극명하게 보여주는 작품이다. 『온나자카』에 등장하는 인물 시라카와 유키토모(白川行友)는 아내 도모(倫)를 신뢰하고 집안의 대소사를 의논하는 등 아내 도모를 정중하게 대하고 소중한 존재로 여기지만 여자로 보지 않는다. 유키토모는 자신의 욕정을 채워줄 젊은 첩을 끝없이 갈구하며 아내 도모에게 첩을 구해 오도록 거금을 주고 임무를 맡긴다. 도모는 정성을 다해 세키(關) 스가(須賀) 유미(由美) 등 젊은 첩들을 구해오고 같은 집에서 아무런 내색도 않고 묵묵히 함께 살아간다. 겉으로는 태연한 듯이 보여도 도모의 마음속에는 깊은 한이 맺혀 병이 들고 만 것이다. 마침내 유언장을 통해 남편에게 "나의 장례식은 치루지 말 것이며 강물에 풍덩 버리면 충분하다[24)]"고 원념(怨念)을 토로한다. 이처럼 메이지 시대 초기는 근대를 맞이했음에도 여성들은 여전히 가부장제하에서 현모양처 이데올로기에 갇혀 인고의 삶을 살아가도록 요청받고 있었음을 확인할 수 있다.

『흑조』의 사다코(貞子) 부인과 『온나자카』의 도모의 삶은 봉건제 윤리 안에 갇혀 신음하며 살아가는 정숙한 여인의 비극적인 삶으로 중첩된다. 메이지 시대는 상류층 여성들의 경우도 인권이 취약했으며 이로 인한 가정비극이 일어났음을 알 수 있는 대목이다.

로카는 일찍부터 기독교 휴머니즘 정신을 받아들인 크리스천 작가이다. 로카의 어머니 히사코(久子)와 어머니의 자매들 또한 기독교의 일부일처 도덕에 이끌려 기독교 세례를 받았으며 당시 선각적 여성으로서 금주(禁酒) 폐창운동 등 사회활동을 활발히 했다. 『흑조』의 사사

24) 「私が死んでも決してお葬式なんぞ出して下さいますな.死骸を品川の沖へ持って行って,海へざんぶり捨てて下されば澤山でございますって...」『女坂』 p.204

쿠라 자작부인에게 로카의 숙모들의 모습이 투영되어 있다. 「제9장」(6)에서 사사쿠라 부인은"국회가 열리면 맨 먼저 폐첩건의를 올려야 한다"고 설파한다. 남자들의 난폭을 막기 위해서는 제도적으로 장치를 마련해야 한다는 주장이 사사쿠라 부인의 입을 통해 말해진다.

로카는 가정환경의 영향으로 일부일처제를 이상적인 결혼형태로 인식했으며'민우사'기자 시절 서양의 훌륭한 여성들을 소개하는 『세계 고금 명부감(世界古今名婦鑑)』(民友社 : 1898)을 집필하기도 했다. 로카는 일찍이 남녀동등 사상에 눈을 뜬 시대를 앞선 지식인이었다. 평소 약자에 대한 연민이 많은 만큼 남성중심 가부장제 하에서 신음하는 여성의 부조리한 운명에도 지대한 관심을 보였다. 수필 『자연과 인생(自然と人生)』에 나오는 「가련아(可憐兒)」라는 소품과 장편소설 『불여귀』에 봉건적 가족제도 하에서 억압당하는 불행한 여성의 운명을 그리고 있다. 이것은 여성의 인권에 자각이며 인권존중의 발로로 볼 수 있다.

상처(喪妻)한 기타가와 백작은 젊고 아름다운 사다코를 보고 한 눈에 반해서 청혼을 해 후처로 맞이했으나 딸이 태어나고 이삼년 만에 다시 첩과 기생들을 두는 방탕한 삶으로 돌아간다. 이는 기타가와가 지닌 천박한 천성에 따른 것으로서 천박함은 천박함에 끌린다는 유유상종의 원리로 작가는 설명하고 있다. 이에 반해 사다코는 남편과 대조적인 성품을 지닌 인물이다. 다음은 「제4장」에 나오는 사다코에 대한 묘사이다.

전통적인 왕조미인의 고귀한 자태 「제4장」(4)
매화같이 고상하고 아름다운 모습 「제4장」(5)

『온나이마카와(女今川』『온나데인킨(女庭訓)』『열녀전(烈女傳)』조대가의 『여계(女戒』를 들려주면서 『겐지모노가타리(源氏物語)』같은 종류는 손도 대지 못하게 했다. 「제4장」(5)

사다코의 부친 우메즈 아키후사는 왕족으로서 청렴하고 의리가 굳고 성실하지만 가난의 짐을 무겁게 지고 살았다. 「제4장」(5)

위에서 보듯이 사다코는 몰락 왕족의 후예로 부모로부터 청렴과 강직함을 물려받고 봉건시대 여성의 도덕으로 정숙하게 훈육되었다. 로카는 사다코의 삶에 대해 연민과 동정을 보이고 있지만 새로운 시대에는 새로운 여성의 도덕이 요청된다는 것을 강조한다. 서양 체험을 한 남편 기타가와가 사다코를 향해 시대착오적이며 낡았다고 비난하는 것은 나름 일리가 있다. 누마즈에 유폐시키고 딸과 격리시켰지만 기타가와는 아내의 정절을 믿고 있다는 대목이 나온다. 기타가와는 자신과 천성이 다른 아내를 어려워했으며 영원히 세상과 격리시켜 자신만의 소유로 하고 싶은 가학적인 심성의 소유자인 것이다.

사다코는 왕족이었던 집안의 대를 잇고 명예를 지키기 위해 정치적 실세인 후지사와에게 동생 문제로 청탁을 하러 간 것이 빌미가 되어 비극적 삶을 가속화한다. 사다코의 경우처럼 가문을 위해 자신을 희생시키는 여성이 과연 칭송받을만한지 반문하고 있다. 새로운 시대에는 새로운 여성의 도덕이 요청되는데, 사다코는 인종(忍從)이라는 봉건 도덕률만 지켰기 때문에 비극을 맞이한 여성이다. 이에 대비되는 새로운 여성상으로 제시된 것이 사사쿠라 자작 부인이다. 「제9장」(1)에서 사사쿠라 부인은"아무리 여자라도 착한 것만으로는 살아남지 못

해요. 보세요. 사다코씨는 참기만하고 수동적으로 살고 있으니까 기타가와씨가 우쭐해져서 제멋대로 구는 겁니다."라고 말한다. 여기서 로카의 시대를 앞선 여성관을 엿볼 수 있다.

로카가 여성의 운명에 깊은 관심을 보인 것은 자라온 가정환경과 함께 자신의 처지와 여성의 처지를 약자라는 입장에서 동일시했기 때문으로 해석된다. 로카는 『흑조』에서 남성중심주의 사회에서 억압당하는 여성의 불행을 큰 줄기로 다루고 있다. 기타가와 백작의 정실 부인인 사다코와 그녀의 딸 미치코(道子)의 불행한 삶을 애절하게 그려냄으로써 메이지 사회의 한 단면을 보여주고 있다. 결국 사다코 부인은 자결로서 결백을 증명하고 생모를 잃은 딸 미치코는 어머니의 유훈대로 비구니가 된다. 이러한 가정비극은 축첩이라는 야만적 제도에서 비롯된 것임을 로카는 통렬하게 고발하고 있다.

4. 마무리

지금까지 『흑조』의 권두에 놓인 「서문」 두 개와 텍스트 본문에 나타난 시점인물의 시각으로부터 로카의 시대인식을 살펴보았다. 그리고 텍스트 본문에 나타난 메이지시대 사회비판의 양상에 대해서도 살펴보았다. 로카는 『흑조』서문에서 인도주의를 시대정신으로 규정하고 일본국민이 해탈하여 새로운 이상 국가를 설계해 나가기를 희망한다는 포부를 내비치고 있었다. 그래서 일본사회를 과감하게 해부하고 일본이 나아갈 이상적인 방향을 제시하려고 총6권을 목표로 집필을 시작했으나 제1권만을 간행한 채 중단하고 말았다는 데에 주목했다.

이에 대해 본고는 로카의 내적 갈등이 안이한 타협으로 해소됨으로써 중단되었다고 도출했다.

본고는 『흑조』에 나타난 로카의 사회비판의 양상을 무분별한 서구화 정책 · 정경유착과 정언유착 · 축접제와 가정비극으로 나누어 고찰했다. 히가시 노인의 시점은 유신의 주체가 되지 못한 주변인의 시선으로서 중요한 역할을 수행한다. 이는 중심에 매몰되지 않은 객관성을 견지할 수 있기 때문이다. 히가시 노인이 바라보는 유신정부는 혁명에의 기대를 배반한 세력이다. 그러나 차츰 풍전등화처럼 위태로웠던 일본을 구한 공적이 있다는 분열적 인식이 발견된다. 이는 다름 아닌 로카의 갈등이라고 도출했다. 히가시가 관직을 포기하고 낙향하여 자신의 패배를 인정한다는 작품구도 안에는 로카가 봉착한 내면의 딜렘마가 나타나 있으며 이것이 당대 지식인들이 보인 한계라고 보았다.

『흑조』는 유신이후 메이지 신정부가 지향한 정책을 주변인의 시각으로 바라본 사회소설이다. 로카와 소호형제는 삿초(薩長) 신정부의 정책에 처음에는 울분을 토로했으나 점차 인식의 전환을 하게 되었음을 알 수 있다.

작가는 히가시 사부로라는 시점인물을 통해서 유신 이후 20년 동안 이룬 일본사회를 해부하여 보여주고 있다. 먼저 암부에 대해 신랄하게 파헤쳐 보였으나 서문에서 보였던 결기는 차츰 퇴색되어 가는 것을 확인할 수 있었다. 『흑조』의 시대배경은 전근대와 근대의 과도기인 메이지 초기의 사회상이다. 메이지 초기는 미숙한 근대의 모습을 드러냈는데 이는 경조부박한 시대상이다. 그 일례가 로쿠메이칸으로 상징되는 서양흉내내기다. 그것은 정체성이 결여된 추태로서 작품에 묘사되어 있다. 관료들과 실업가와 언론은 서로 유착하여 사회전반에 걸쳐서 전횡을 일삼는 모습이 폭로되고 있다. 『흑조』에서 로카는 따뜻한 감성과 불의와 타협 않는 태도를 보여주었다. 발표 당시 『불여귀』와 같은 호응을 받지 못한 것은 살아있는 실세를 공격했기 때문이다. 당대 유력자들을 향해 거침없는 경종을 울렸다는 점에서는 결기를 보인 작품이라고 말할 수 있다.

로카는 일본이 진정한 근대국가로 거듭나기 위해서는 국민 각자의 각성이 필요하다는 것을 설파하였으나 천황과 국민과의 관계는 유교적 가족주의로 이해했으며 천황에 대한 존경심은 일관되게 견지했다. 이는 근대 지식인으로서의 한계를 노정한 것이라고 보았다.

서두에 쿠로시오 해류와 같은 거대한 시대정신으로서 인도주의를 표방하고 세계의 평화에 동참하기 위해 일본이라는 작은 섬을 깨고 나오기를 촉구했으나 용두사미가 되고 말았다. 세계시민으로서 일본 국민이 각성되기를 촉구하면서 집필을 시작한 작품은 신정부의 부패상을 파헤치는데 머물고 인류애 실현이라는 목표를 달성하고자 한 근원에는 닿지 못했다고 말할 수 있겠다.

로카『자연과 인생』과 도손『치쿠마 강 스케치』
-일본 근대 수필과 서양회화-

1. 머리말

일본의 근대문학은 서양문학의 영향 하에 이루어졌다는 것은 주지의 사실이다. 관찰의 엄밀성과 객관성을 중시한 서구 실증주의 정신은 문학과 미술에도 반영되었는데 일본근대문학 또한 예외가 아니다. 그 중 하나는 서양 회화의 방법인 사생을 문학에 접목하려는 시도로서 나타나고 있다. 메이지시대 작가 중에서 마사오카 시키(正岡子規 : 1867-1902)는 서양미술의 방법인 사생에서 많은 영향을 받고 사생문(寫生文)이라는 문체 운동을 전개하기도 했다. 시키(子規)와 더불어 나쓰메 소세키 또한 서양화가 나카무라 후세츠(中村不 : 1866-1943)와 교류하면서 직접 그림을 그렸으며 사생에 지대한 관심을 보인 작가이다. 시키와 소세키 모두 수준 높은 회화 작품을 남기고 있는 것도 이와 무관하지 않다.

메이지시대를 대표하는『문학계(文學界)』(1893-98)『명성(明星)』

(1900-08)『시라카바(白樺)』(1910-23)와 같은 잡지들도 미술과 깊은 관련을 맺고 있다.『문학계』는 시와 소설뿐만 아니라 미술평론도 실었으며 4호부터는 삽화를 잡지에 넣기 시작했다. 그리고『명성』은 표지와 장정(裝幀) 등의 구상을 화가와 문인이 협업을 하면서 작업을 했다.[1] 잡지『시라카바』는 일본에 최초로 세잔느(P.Cezanne : 1839-1906)를 소개한 화가 아리시마 이쿠마(有島生馬 : 1882-1974)가 동인으로 참가했다. 이처럼 메이지 시대의 문예는 미술계와 불가분의 관계를 맺으면서 발전해 갔음을 확인할 수 있다.

본고는 일본 근대작가 중에서 야외에서의 자연관찰 및 빛과 색채를 중시한 인상주의 회화에 경도하여 회화적 방법을 작품에 도입한 도쿠토미 로카와 시마자키 도손에 주목하고자 한다. 이 두 작가는 서로 교류도 했으며[2] 밀레와 코로 등 인상주의 화가에 대해 지대한 관심을 보이고 있다는 공통점이 있다.[3] 로카는 실제 화구(畫具)를 들고 스케치를 하러 야외로 나갔으며 화가인 와다 에이사쿠(和田英作 : 1874-1959)에게서 사생하는 방법을 사사하며 야외 스케치에 심혈을 기울인 작가이다.

---

1) 『명성』에 참여한 화가는 구로다를 따르는「백마회(白馬會)」회원들이다. 구로다 세이키가 10년간의 프랑스 유학을 마치고 귀국한 해인 1893년에『문학계』가 창간되며『문학계』가 폐간된 이후는『명성』이 문학과 미술의 연대를 내세우고 본격적 활동을 하게 된다. 최유경(2012)「일본근대문학과 미술에서의 풍경의 발견」『일본연구』33집. pp.295-296.

2) 도손이 고모로에 거주할 때 로카가 도손을 방문했으며『자연과 인생』을 고모로의 도손에게 보내기도 한다. 도손 또한 도쿄 아자부에 있는 로카의 집을 방문한다. (德富健次郎(1929)『蘆花全集 第三卷』蘆花全集刊行會, pp.21-25

3) 도손은 프랑스 체류 때(1913-1915) 보르도 미술관에서 코로의『다이애나의 목욕』을 감상했다. 伊東一夫編(1972)『島崎藤村事典』p.150

도손은 나가노현 고모로(小諸)에서 6년 동안 교사생활을 하면서 산문을 쓰기 위한 사생수업에 매진했는데 미술교사인 미야케 가쓰미(三宅克己)의 야외 스케치에 동행을 자처하면서 프랑스 인상주의 화가들의 회화의 경향에 대해 질문하고 경청했다. 『자연과 인생(自然と人生』 『치쿠마강 스케치(千曲川のスケッチ)』 두 작품은 실제로 문장을 회화의 영역으로 고양시키고자 노력한 흔적이 역력하다. 이는 일본의 근대문학이 미술계와 교류함으로써 풍요로워졌음을 방증하고 있는 것이다.

본고는 일본근대의 대표적 수필문학에 투영된 서양회화의 방법을 살펴봄으로써 문학과 미술의 영향관계에 대한 한 지평을 보이고자 한다. 이를 위해 먼저 일본 근대문학에 깊이 침투한 회화의 방법인 사생에 대해 살펴보고 이어서 인상주의 화가들이 중시하는 빛과 색채가 어떻게 문학 작품 속에 구현되고 있는지 텍스트 분석을 통해 살펴보려고 한다.

2. 일본 근대문학과 사생

메이지시대의 새로운 학제 하에서 1877년 공부대학교(工部大學校)[4]가 설립되고 1887년 관립 동경미술학교[5]가 설립되면서 폰타네

4) 1871년 창설된 工部省의 工學寮를 77년에 工部大學校로 개칭했다. 지금의 동경대학 공과대학이다.

5) 동경예술대학미술학부의 전신(前身)이다. 1887년에 설립되었으며 일본미술교육의 중심이 된 관립전문학교이다.

시(Fontanesi)[6]와 페놀로사(Fenollosa)[7] 등 서양인 교사들이 초빙되어 근대 미술교육에 힘썼다. 그리고 구로다 세이키(黑田淸輝) 와다 에이사쿠(和田英作) 미야케 가쓰미(三宅克己) 나카무라 후세츠(中村不折) 등 몇몇 일본인은 유럽에 유학을 가서 새로운 미술 경향을 습득하고 귀국한다. 당시 유럽은 인상주의 회화가 전성기를 지나 막바지에 이르고 있을 때였다. 이들 화가들은 귀국 후 일본의 미술계에 새로운 화풍을 불어넣고 문인들과도 교류하며 그들의 창작에 큰 영감을 주었다.

일본의 근대문학 여명기에 자연묘사와 관련하여 주목되는 작품으로는 후타바테이 시메이(二葉亭四迷)가 1888년 번역한 투르게네프의 단편집 『사냥꾼일기』의 1편인 『밀회(あいびき)』[8]가 있다. 후타바테이는 러시아의 광활한 자연과 인간의 숙명을 한 폭의 그림처럼 일본어로 묘사하여 주목을 받았다. 시마자키 도손은 『버찌 익을 무렵(櫻の實の熟する時)』(1919) 「제3장」에 "처음으로 우리나라에 소개된 러시아 작품의 번역 (중략) 어떻게 저렇게 유려하고 섬세한 표현이 나올 수 있었을까"[9]라는 구절이 나온다. 이는 자연을 생동감 있게 재현해 내는 사생의 방법에 대한 도손의 지대한 관심의 표명이다. 자연을 사실적

---

6) 폰타네시(Antonio Fontanesi : 1818-1882)이탈리아의 화가로서 1876년 일본에서 개교한 공부대학교에서 고용한 외국인교사이다. 일본인에게 서양화를 지도했다. (위키피디아 アントニオ · フォンタネジ 항목 참조)

7) 페놀로사(Ernest Francisco Fenollosa : 1853-1908) 미국의 철학자 · 동양미술연구가. 1878년 來日하여 동경대에서 정치학과 철학을 강의했다. 일본미술 연구에도 힘을 쏟아 오카쿠라 텐신(岡倉天心 : 1862-1913)과 함께 동경미술학교를 창설한다. 보스톤 미술관 일본미술부를 주관함. 저서 『美術眞說』 『東亞美術史綱』이 있다.

8) 1888년 「國民の友」에 발표. 러시아문학을 처음 소개한 것으로서 언문일치체 자연묘사로 젊은 세대에 큰 영향을 끼쳤다.

9) 시마자키 도손 (1919) 『버찌 익을 무렵(櫻の實の熟する時)』 「제3장」p.49

이면서 음영이 풍부하게 적확하게 묘사해내는 후타바테이의 표현력에 도손은 감탄한다.

도쿠토미 로카 또한 후타바테이 시메이의 번역 작품 『밀회』를 접하고 무한한 감동을 표한 작가이다. 로카는 수필 『지렁이의 헛소리(みみずのたわこと)』(1913)에서 "투르게네프의 번역 「밀회」와 「해후(巡合い)」를 보았을 때, 나는 이렇게 아름다운 세계가 있는가 하고 탄식했다. 반복해서 읽고 그것도 모자라서 손수 필사(筆寫)도 했다 "[10]라고 소회를 밝힌다. 도손과 로카 두 사람 모두 자연을 예찬하는 낭만주의적 경향을 보이는 작가로 후타바테이가 일본어로 표현해낸 생생한 자연묘사에 무한한 감동을 보인다.

도손에 앞서 시키와 소세키도 사생(스케치)에 깊은 관심을 보인 문인이다. 시키는 나카무라 후세츠로부터 사생을 배운 가인(歌人)이다. 그는 "서양회화의 장점은 사생에 있다."라고 말했는데 그의 '사생설'은 이후 단가와 하이쿠의 방법론이 된다. 시키의 친구인 소세키 또한 나카무라 후세츠의 교류권에 있는 작가이다. 소세키는 「사생문」이라는 평론을 남겼으며 『나는 고양이다(吾輩は猫である』는 '사생문'을 전면에 내세워 쓴 습작이다[11]. 이처럼 서양화에서 비롯된 사생의 방법은 메이지 문단에 광범위하게 영향을 끼쳤음을 확인할 수 있다.

근대작가들이 사생을 수용하는 태도는 각양각색이지만 사생이라는 방법이 메이지시대 일본문학에 끼친 영향이 지대한 것만은 분명하다.

---

10) 德富蘆花(2005) 『みみずのたわごと』 『現代日本文學大系』pp. 226-228

11) 시키(子規)의 제자 다카하마 교시(高浜虛子)의 권유로 소세키는 『나는 고양이다』 1편을 사생문으로 썼는데, 원래 1회로 끝나는 작품이 독자의 인기를 얻게 되면서 연작 장편이 되었다.

사생의 방법은 공상(空相)이 아닌 사실(事實)을 존중하는 정신으로서 메이지시대의 새로운 시대정신에 부합한 결과라고 말할 수 있다.

3. 로카의 『자연과 인생(自然と人生)』과 코로

로카의 『자연과 인생』(1900) 은 개성적인 자연묘사로 당대 문학청년들에게 큰 반향을 일으킨 수필이다. 아쿠타가와는 『다이도지 신스케의 반생(大導信輔の半生)』에서 그가 자연의 아름다움을 배운 것은 혼조(本所)의 거리들과 책을 통해서 라고 언급하는데 로카의 『자연과 인생』을 실례로 들고 있다.[12)]

로카의 『자연과 인생』, 도손의 『치쿠마 강 스케치』, 돗포의 『무사시들판(武藏野)』은 자연을 섬세하게 묘사한 메이지시대 대표적 수필로 널리 읽혔다.

로카의 『자연과 인생』은 총 다섯 부문 87편으로 편성되어 있다. 그 중 「자연 앞에서의 오분간(自然に對する五分時」과 「쇼난 잡필(湘南雜筆)」두개의 부문이 자연을 세밀하게 관찰하여 묘사한 자연 스케치이다. 참고로 권두에 놓인 「잿더미(灰塵)」는 권선징악의 주제를 담은 전근대적 소설이며, 중간에 배치된 「사생첩(寫生帖)」은 인간의 삶에 초점을 맞춘 다양한 글의 모음이다. 「풍경화가 코로(風景畵家コロオ)」는 바르비종파 화가 코로(Camille Corot : 1796-1875)에 대해 논

---

12) 自然の美しさに次第に彼の目を開かせたのは本所の町々には限らなかった。本も、──蘆花の「自然と人生」(中略)も勿論彼を啓発した。『芥川竜之介集』5、ちくま書房、p.420

한 평론이다.

『자연과 인생』은 전체로 볼 때는 장르로서의 통일성이 결된 난삽한 구성이다. 그러나 작가는 '자연' 과 '인생' 두 개의 모티프에 초점을 맞춰 제목을 달았다.[13] 본고는 자연 스케치로서의 통일성을 갖춘 「자연 앞에서의 오분간(自然に對する五分時)」과 「쇼난잡필(湘南雜筆)」을 텍스트로 삼았다. 아울러 그 이론적 배경이 되는 「풍경화가 코로(風景畵家コロオ)」도 함께 고찰하고자 한다.

로카의 『자연과 인생』에 나오는 「자연 앞에서의 오분간」과 「쇼난잡필」은 하루 중의 시간대와 계절 그리고 장소에 따라 각각 다르게 보이는 대상을 세밀하게 관찰하고 있다. 그리고 회화에 가깝게 표현하려 심혈을 기울이고 있다. 이러한 표현을 달성하기 위해 로카 자신은 화가인 와다 에이사쿠로부터 1896년 초부터 그림 지도를 받고 야외에 나가 스케치를 하는 등 피나는 노력을 2년 동안이나 했음을 『청산백운(青山白雲)』 서문(序文)과 『청로집(青蘆集)』의 후기(後記)인 「나의 첫사랑 자연(我が初戀なる自然)」에서 밝힌다. 다음은 로카의 처녀작 『청산백운』(1898)의 「서문(序文)」첫 대목이다.

재작년 초, 나는 우연히 그림을 배우려고 결심했다. 내가 초등학교에 다닐 무렵은 아직 미술 교과과정이 없어서 나는 어떠한 관립, 공립학교에서도 배울 기회를 갖지 못했기 때문에 연필로 그리는 그림의 초보조차도 알지를 못했다. 나의 그림에 대한 경험은 유년시절 정서를 위한 연습장의 한쪽 귀퉁이에 뱀 눈 모양의 투구를 어지럽게 휘갈겨 그려

13) 김난희(2014) 「도쿠토미 로카 『자연과 인생』」고찰」 『일본언어문화』제29집. 참조

서 가토 기요마사라고 자랑한 정도에 지나지 않는다. 따라서 기초부터 시작하지 않으면 안 되었다. 나는 기초를 배우기 위해 자동(紫桐) 와다(和田)형에게 매달렸다.

一昨年初、余は偶然画を学ばんと思い立ちぬ。余が小学に通へる頃は、未だ圖書の科程なく、而して余は何れの官立、公立の学校にも学ぶの機会を有せざりければ、鉛筆画の初歩だに知らざりき。余が画に於ける経験は、唯幼き頃、清書草紙の片隅に蛇の目の兜書き散らして清正公と誇りしに止まるのみ。故にいろはより始めざるを得ざりき。余はいろはを学ぶべく、紫桐和田兄につきぬ。(『青山白雲』p. 211)

위의 재작년 초는 1896년(明治29)으로 로카 나이 29세 때이다. 로카의 나이는 메이지 연호와 함께 시작된다. 로카가 학교를 다닐 당시 일본의 교과과정은 체계적으로 정비되어 있지 않았음을 알 수 있는 대목이다. 그림을 배우고 싶은 열망으로 로카가 찾아간 사람이 당시 프랑스 유학을 마친 서양화가 와다 에이사쿠이다. 아직 그림을 그리는 재주는 서투르지만 사물을 보는 안목은 높았던 로카는 야심찬 첫발을 내딛는다. 그는 같은 서문에서 또 다음과 같이 말한다.

나는 첫사랑의 열정으로, 산에 오르는 굶주린 늑대와 같은 탐욕으로, 또한 세계를 정복하는 알렉산더와 같은 기대로, 더 적절히 말하자면, 온갖 강자와 악귀를 퇴치하여 훌륭한 무사로서의 이름을 드날리고자 했던 돈키호테의 용기로 힘차게 회화라는 모험 길에 올랐다. (중략) 사생에 이르러서, 나의 열정은 이미 사십도를 넘었다. 사생, 사생, 어제도 사생, 오늘도 사생! 나는 거의 사생에 미친 사람이 되어 버렸다. 시간은 짧고 손은 단 두 개뿐이다. 원망스러운 것은, 우주 삼라만상을 모조리 나의 사생첩 안에 긁어모을 수 없다는 것이다!

余は初恋の熱を以て、肉山に上る餓狼の貪を以 て、宛ら世界を征服する亞歴山の意気を以て、更に適切に云へば、あらゆる強者魔者を退治して天晴れ武士の名を轟かさんと意気込みたるドンキ.ホーテの勇気を以て、眞驀地に絵画的冒険の途に上りぬ。（中略）写生に到って、余が熱は最早四十度の上に上りぬ。写生、写生、昨日も 写生、今日も写生！余は殆んど写生狂となりぬ。時短うして、手唯二つ。憾むらくは、宇宙の森羅萬象を尽く吾写生帖中に掻き込む能はざるを！（『青山白雲』pp.212-213）

위의 글로부터 회화수업을 향한 로카의 남다른 열정과 굳은 의지를 엿볼 수 있다. 그리고 이를 실천으로 옮기는데도 남다른 집중력을 보인다. 로카 스스로 인정하듯이 사생에 몰입한 나머지 다른 생활은 거의 팽개친 삶이었다. 이는 천재들에게 종종 보이는 예외적인 특성이라고 말할 수 있는 광기에 가까운 정열로서 로카에게서도 발견된다.[14] 이와 같은 사생 수업은 로카의 눈을 뜨게 했으며 대상을 바라보는 태도와 방법을 터득하게 한 중요한 계기가 되었음을 알 수 있다. 다음은 『청로집(靑蘆集)』의 마지막에 나오는 「나의 첫사랑 '자연' (吾が初戀なる'自然'」에서 발췌한 것이다.

'자연'은 나의 첫사랑이었다. 무릇 첫사랑은 물거품처럼 사라지지 않는 것이 드물다. 유독 나의 이 첫사랑은 죽음에 이르러서야 그치는 사

14) 브루노(1999) 『천재와 광기』 동문선, pp.42-47

랑이다. (중략) 나는 지금 즈시에 살고 있다. 낮에는 눈이 그친 후지산을 바라보고 밤에는 사가미바다의 웅웅거리는 소리를 듣는 생활로서 마음은 자연으로 배불러서 무한한 평화를 얻는다. 동시에, 사생은 조금씩 나의 눈의 표피를 걷어내고 신비한 자연의 단편들이 이따금 살짝 보이게 되었다.

自然は余の初戀なりき. 多くの初戀は, 泡の如く消えざるは稀なり. 獨り吾が此の初戀は, 死に到ってまさに已むべき戀なり. 幸ひに自己を語るを恕せ. (中略) 余は逗子に住みぬ. 晝は富士の霽雪を仰ぎ, 夜は相模灘のどよみを聽き, 心は自然に飽和して限りなき平和を得ると共に, 寫生は少しづつ吾が眼の膜をきりて, 不思議なる自然の斷片の時ちらりと見える樣になれり. (『青蘆集』pp.541-544)

워즈워스 · 에머슨 등 서구의 낭만주의 문인들이 자연을 예찬했듯이 로카 또한 자연에 심취했음을 알 수 있다. 로카에게 자연은 첫사랑처럼 강렬하고 애틋한 대상이다. 이를 묘사하고 싶다는 갈증에서 비롯된 것이 그림에의 몰입임을 알 수 있다. 그렇다면 이와 같은 수행을 거쳐 도달한 로카의 자연묘사는 어떻게 나타나고 있는지 알아보자. 다음은 『자연과 인생』중 「자연 앞에서의 오분간(自然に對する五分時)」에 나오는 '요즘의 후지산의 새벽녘(此頃の富士の曙)' 의 일부분이다.

오전 6시 지나서 한번 즈시 바닷가에 서서 보아라. 눈앞에서 수증기가 소용돌이치는 사가미 바다를 보게 된다. 바다 끝에는 수평선을 따라 어슴프레한 쪽빛을 보게 될 것이다. (중략) 바다도 산도 아직 잠들어있다. 다만 한 줄기 장밋빛 광채가 있다. 후지산 정상을 지나는 활 한 개만이 옆으로 길게 깔려 있다.

午前六時過ぎ、試みに逗子の濱に立って望め。眼前には水蒸氣渦まく相模灘を見む。灘の果てには、水平線に沿ふてほの闇き藍色を見む。（中略） 海も山も未だ睡れるなり。唯一抹、薔薇色の光あり。富士の巓を距る弓杖許りにして、横に棚引く。(『自然と人生』p.53)

로카는 번잡한 도쿄를 떠나 가나가와(神奈川)의 어촌마을 즈시(逗子)에 이주해 1898년 1월부터 자연일기를 꾸준히 써왔는데 첫 번 째 작업이 사생문으로 쓴 후지산이다. 위의 글은 사계절 중 겨울철이며 하루 중에는 새벽녘이다. 대상은 어촌 마을 즈시에서 바라본 후지산의 모습이다. 위의 글에는 시간적 계절적 지리적 조건이 포함되어있다. 이러한 조건하에서 대상을 면밀히 관찰하여 묘사문으로 재현한 것이다. 위의 문장은 실경(實景)을 보듯이 선명하게 시각화되고 있는 점이 특징이다. 다음은 계절을 달리한 글로서 「도네강변의 가을 새벽(利根の秋の曉)」의 일부분이다.

새벽녘에 일어나, 사람들이 아직 잠들어 있기에 살짝 문을 열어 강가에 나와 보니 거기에는 땔감이 쌓여있다. 서리를 치우고 앉았다. 아직 어슴프레 하늘도 강의 표면도 흐린 납색이다. (중략) 좀 있으니, 오미강 쪽의 하늘이 희미하게 장밋빛을 띤다. 그런가 싶더니 강의 수면도 담홍색을 흘리며, 하늘 하늘 수증기가 보인다.

黎明に起きて, 宿の者は未だ寢ているので, 窃と戸を明けて河邊に出ると其處に薪が積むである. 霜を拂って, 腰かけた. まだほの闇い, 空も河面も茫として鉛色であった. (中略)暫くすると, 小見川の方の空がぼうっと薔薇色になって來た. と見ると, 川面も薄紅を流して, ほやりほ

やり水蒸氣. (『自然と人生』p.55)

위의 글은 도네강(利根川)에서 관찰한 동틀 무렵의 하늘과 물의 모습이다. 늦가을 새벽 서리가 내리고 바깥 기온은 차다. 아직 동이 트지 않아 빛이 없기 때문에 하늘과 강의 표면은 잿빛이다. 그러나 시간이 흘러 동이 트면서 건너편 강 쪽에서부터 하늘이 장밋빛을 띤다. 그 빛은 수면에도 비추어 담홍색을 반사시키고 있다. 이는 빛과 색채를 중시한 인상주의 화가들이 즐겨 다루는 모티프이다. 하늘과 물과 수증기가 어우러져 연출하는 자연의 장관을 로카는 정확한 관찰력으로 표현해 내고 있다. 이러한 경지에 도달하기까지 로카는 야외에서 사생 수업을 2년간 했으며 자연관찰 일기를 꾸준히 써온 것이다. 위의 자연 묘사는 각고의 훈련 끝에 성취한 표현임을 미루어 짐작할 수 있다.

로카는 인상주의 화가 중에서도 코로[15]에 깊이 경도하여 코로에 대한 평론 「풍경화가 코로」를 『자연과 인생』말미에 수록한다. 여기서 로카는 코로를 무성시인(無聲詩人)이라고 평하고 로카의 그림은 색채로 된 산문이라고 말한다. 이와 함께 로카는 코로의 인간성과 창작태도에 대해서도 무한한 감동을 표한다. 로카는 코로에게서 세속에 물들지 않은 순수한 예술혼을 발견하고 그 인품에 매료된다. 코로는 인

---

15) 코로(Jean-Baptiste-Camille Corot : 1796-1875) 프랑스의 풍경화가로 알려져 있는데 인물화도 잘 그렸다. 코로는 야외에서 본 풍경을 스케치하고 직접적인 경험을 통해 배우는 것을 선호했다. 그는 평생 독신으로 살면서 그림에 생애를 바쳤다. 세속적 성공이나 정치에는 무관심했으나 음악을 좋아해서 음악회에는 정기적으로 갔다. 코로는 바르비종파 화가들과의 교류를 즐겼으며 특히 밀레 루소 도비니와 친했다. 성공하지 못한 동료화가들에게 경제적 도움을 주었으며 친절함과 관대함으로 존경을 받았다. (『브리태니카 백과사전』 코로 항목 참조)

상주의 풍경화에 영향을 준 화가이며 형식에 얽매이지 않는 자유분방함과 선명한 색채가 그의 특징이다. 코로 역시 물에 비친 나무 등을 잘 표현한 화가라는 것을 상기할 때 로카는 코로의 영향을 받았다고 생각된다.[16)]

4. 도손의 『치쿠마 강 스케치』와 밀레

도손은 낭만주의 시인에서 출발하여 소설가가 된 작가이다. 소설을 쓰기 위해 도손 또한 로카와 마찬가지로 도시의 번잡함을 피해 산촌 고모로(小諸)로 이주했다. 거기서 7년 동안 자연을 관찰하며 훈련하는 습작의 시간을 갖는다.[17)] 도손의 『치쿠마 강 스케치(千曲川のスケッチ)』는 고모로의 지형과 자연이 사실적으로 그려져 있으며 회화의 스케치 방법을 문장에 도입한다. 자연의 미묘한 음영을 표현해 내기위해 각고의 노력을 한 흔적이 역력하다. 이처럼 도손은 소설가로 전향하기 위해서 끈기 있게 관찰하고 글로 표현하는 훈련을 했다. 야외에서 관찰한 것들을 매순간 메모하고 다시 산문으로 표현해내는 긴 습작기가 있었기에 소설가로 거듭 날 수 있었다.

1912년에 간행된 『치쿠마강 스케치』는 고모로를 떠나 도쿄에 온 후 나중에 가필 수정하여 단행본으로 출판한 기행수필이다. 이 기행

---

16) 김난희(2014) 「도쿠토미 로카 『자연과 인생』」고찰」 『일본언어문화』제29집. pp.485-486
17) 도손은 시인에서 소설가로 거듭나기 위해 1889년에 고모로 의숙 교사로 부임하는데 1905년까지 거주하며 산촌의 생활을 밀착해서 체험한다.

수필을 쓰는데 도손에게 영향을 끼친 화가는 러스킨과 밀레이다. 러스킨은 도손에게 사생에 대한 이론적 지침을 제공했으며 밀레는 고모로 산촌에서 살아가는 농민들을 따뜻하게 바라보는 시각을 제공했다고 말할 수 있다. 『낙매집(落梅集)』(1901)에 수록된 산문 「구름(雲)」의 모두(冒頭)에는 러스킨의 『근대화가론』[18]다섯 권만을 가지고 고모로에 간 경위가 잘 나타나 있다. 러스킨이 도손에게 끼친 영향은 지대하며 도손의 「구름」은 『근대화가론』 「제3권」'제3장'의 '구름'을 근거로 일과처럼 구름을 관찰한 기록이다. 도손이 러스킨을 알게 된 것은 메이지학원을 졸업한 이후 이와모토 젠지(岩本善治)가 주관하는 『여학잡지(女學雜誌)』를 돕던 시절이다. 우연히 이와모토의 서가(書架)에서 영어로 쓰인 러스킨의 『근대화가론』 다섯 권을 발견하고 전율을 느낀다. 고모로에 정착하기 위해 도쿄를 떠날 때는 러스킨의 『근대화가론』다섯 권만 가지고 떠날 만큼 애착을 보인 저서이다[19]. 『치쿠마강 스케치』에는 대상을 "참신하고 간소하게 만들기"가 강조된다. 도손은 러스킨으로부터 사물을 바라보는 방법을 배운 것이다. 근대 자연과학의 실증주의적 방법론은 수집하고 분류하여 기술하는 것이 주요한 작업이다. 도손은 러스킨이 구름을 관찰하여 상세하게 분류하여 기술한 것을 보고 자신도 그러한 방법으로 구름을 관찰했으며 러스킨보다 더

---

18) 러스킨은 옥스퍼드 대학 1학년 때 영국의 낭만파 화가 터너(W · Turner)를 공격하는 글이 잡지에 실리자 터너를 옹호하기 위해 『近代畵家論』를 쓰게 된다. 이 저술은 20년에 걸쳐 완성된 다섯 권으로 된 러스킨의 대표적 저작이다. 「제1권」에서 러스킨의 관심은 '자연과 진실'이다. 「제2권」에서는 '美와 想像力'으로 이행한다. 「제3권」은 '풍경의 사상과 모럴'이라는 제목이 붙었다. 존 · 러스킨(内藤史郎 譯 : 2002 『近代畵家論 · 風景編 法藏館, (pp. ⅰ - ⅴ),

19) 島崎藤村 『落梅集』 pp.76-81

세분하여 기술했다고 밝힌다. 고모로에 정착한 이후 밀레와 다윈으로부터 배운 관찰 태도로 농민들의 삶과 동물의 감정과 행동을 묘사한다. 다음은『치쿠마강 스케치』후기(奥書)에 나오는 글이다.

자유가 없는 시골교사 처지에 좋은 서적을 입수하는 것은 쉬운 일이 아니었으나, 오랫동안 신경 쓴 끝에 소망은 이루어져, 이러한 서책으로부터 매일 매일 새로운 것을 배웠다. 나는 다윈의『종의 기원』과『인간과 동물의 감정표현』등 왕성한 자연 연구정신에 자극받았으며 심리학자 설리의 아동 연구에도 자극을 받았다.

不自由な田舎教師の身に好い書物を手に入れることも容易ではなかったが、長く心掛けるうちに願いは叶い、それらの書物からも毎日のように新しいことを学んだ。わたしはダルウィンが「種の起源」や「人間と動物の表情」なぞのさかんな自然研究の精神に動かされ、心理学者サレエの児童研究にも動かされた。(『千曲川のスケッチ』p.154)

도손은 산문수업을 위해 문학 이외에도 사회과학과 심리학에 이르기까지 방대한 영역에 걸쳐 공부를 한 학구파 작가임을 확인할 수 있다. 다음은『치쿠마강 스케치』「학생의 죽음(學生の死)」에 나오는 부분이다.

수채화가 M군이 이전에 살던 집을 지나갔다. (중략) M군이 고모로에 머물렀을 때는 대단히 열심히 공부를 하며 소나무 숲의 아침이며 그밖에 풍경화를 많이 그렸다. 나는 자주 찾아가 그 일대를 그린 스케치를 보았으며, 밀레에 관한 이야기를 하며 시간을 보낸 것도 그 낡은 집이다.

水彩画家M君の以前住んでいた家の前を通った。(中略) M君が小諸に足を停めたころは非常な勉強で、松林の朝、その他風景画を沢山作られた。私がよく邪魔に出掛けて、この辺の写生を見せて貰ったり、ミレエの絵の話なぞをしたりして、時を送ったもその古家だ。(p.142)

위의 수채화가 M군은 미야케 가쓰미(三宅克己 : 1874-1954)로서 고모로 의숙의 동료교사이기도 하다. 미야케는 예일대학 부속 미술학교를 졸업 후 영국과 프랑스에 유학하고 귀국 후에는 고모로 의숙에서 미술을 담당했다.[20] 밀레는 메이지시대 폰타네시 등 서양인 교사를 통해 일본에 일찍 소개되었다. 따라서 도손은 밀레에 대해 알고 있었으며 고모로에서 미야케 가쓰미를 통해 더욱 관심이 깊어졌을 것으로 생각된다. 밀레에 대한 도손의 관심은 리얼리즘의 방법이며 사물을 근원에서 바라보는 태도이다. 밀레는 가난하고 평범한 농부들과 척박한 농촌에서 힘겹게 노동하는 삶을 있는 그대로 사실적으로 그려냈다. 밀레가 그린「씨뿌리는 사람」「이삭줍기」「만종」등을 보면 농부들의 일상을 주제로 삼고 있다. 밀레로부터 받은 영향은 도손의 고모로 산촌의 사람들의 묘사에서 발견할 수 있다. 다음은『치쿠마강 스케치』「1장(その一)」'에보시 산록의 목장(烏帽子山麓の牧場)'에서 발췌한 문장으로 미야케 가쓰미의 후임으로 온 화가 마루야마 반카(丸山晩霞 : 1867-1942)를 방문하러 도손이 네즈마을에 갔을 때의 일을 적은 것이다.

---

20) 島崎藤村(1912)『千曲川スケッチ』新潮社. (註解(八)참조. 미야케 가쓰미가 고모로 의숙에서 가르친 기간은 1899년 7월부터 1900년 11월까지이다. p.160

네즈 마을에는 우리학교를 졸업한 ○라는 청년이 있다. (중략) O의 어머니는 뚱뚱하고 커다란 체격을 한 부인인데, 발갛고 반들반들한 뺨의 색깔이 소박한 쾌감을 준다. (중략) ○의 누나도 노동에 익숙한 손을 가지고 있다.

根津村には私達の学校を卒業した0という青年が居る。(中略) ○の母は肥満した、大きな体格の婦人で、赤い艶々とした頬の色なぞが素朴な快感を与える。(中略) ○の姉も労働に慣れた女らしい手を有っていた。(p.12)

위의 글은 두 여인에 대한 묘사이다. 그러나 도시적이고 세련된 여성의 모습이 아니다. 어머니는 농촌의 삶에 적합한 튼튼한 체격을 지녔으며 건강한 혈색이 부각되어 있다. 누나는 젊은 여성으로 짐작되는데 노동을 많이 한 거친 손이 연상된다. 도손은 인습적인 미의식을 탈피하고 농촌이라는 환경에 어울리는 건강하고 싱그러운 미를 발견한다. 밀레가 농부의 다양한 모습을 역동적으로 그렸듯이 도손 또한 고모로 산촌에서 살아가는 사람들의 모습을 생명감이 넘치는 모습으로 재현해 내고 있음을 알 수 있다.

5. 마무리

지금까지 일본 근대문학에 투영된 서양회화에 대해 살펴보았다. 사생은 서양 근대회화의 방법으로서 자연을 직접 체험해서 사실적으로 화폭에 옮기는 것이다. 이전의 풍경화는 관념의 산물로서 야외에서 직접 체험한 산물이 아니었다. 이러한 서양 근대회화에서의 사생은 일본에도 수용되었는데 특히 문인들에게 끼친 영향이 지대했음을 알 수 있었다.

본고는 로카의 『자연과 인생(自然と人生)』과 도손의 『치쿠마강 스케치(千曲川のスケッチ)』를 중심으로 살펴보았는데, 먼저 메이지 시대 작가들에게 영향을 끼친 방법으로서의 사생에 대해서 살펴보았다. 『자연과 인생』은 참신한 자연묘사로 메이지 시대의 많은 문학청년들에게 영향을 준 작품이다. 빛과 색채를 중시하는 외광파(外光派) 인상주의의 기법을 로카는 문장으로 섬세하게 그려내고 있음을 고찰했다.

도손의 『치쿠마 강 스케치』는 『자연과 인생』보다 뒤에 발표된 작품인 만큼 문체면에서 안정된 언문일치를 보이고 있으며 리얼리즘과 실증주의 정신이 잘 구현되어 있다. 도손은 고모로라는 산촌의 척박한 환경에 적응하며 강인하게 살아가는 사람들의 모습을 그려냈다. 때로는 거친 자연을 다스려야만 생존할 수 있는 이들의 모습을 도손은 밀레의 그림처럼 역동적으로 그려내고 있음을 보았다.

서양 근대회화로부터 수용된 사생의 방법은 메이지기의 실증주의 정신이라는 시대정신에 부합한 방법론이었음을 확인할 수 있다.

도손의『버찌가 익을 무렵』고찰
의식의 흐름과 프루스트적 글쓰기

1. 머리말

『버찌가 익을 무렵(櫻の實の熟する時)』(1919)은 시마자키 도손(島崎藤村)이 메이지학원에 재학 중(19세)인 1890년 초여름부터 1893년(22세) 이른 봄 까지를 그려낸 자전적 장편소설이다. 이 작품은 교양소설적 요소가 강하며 성장이 주된 내용이다.『버찌가 익을 무렵』이 나오게 된 계기는 1912년『문장세계(文章世界)』의 편집장인 마에다 아키라(前田晁)로부터 젊은 독자를 위한 소설을 써달라는 요청에 의한 것이다.

도손은 1913년 1월과 2월에『버찌가 익을 무렵』의 초고에 해당하는『버찌』「1장」과「2장」을『문장세계』에 발표한다. 그러나 그 무렵 조카 고마코와의 관계로 절체절명의 위기에 봉착한다. 일명 '신생사건'[1]으

1) 도손과 조카 고마코와의 불륜관계를 말한다. 1910년 부인 후유코(冬子)가 사망하

로 말해지는 근친간의 연애로 인한 임신 사건이다. 이 문제로 도손은 망연자실했으며 고마코의 부친인 형의 노여움을 사야만 했다. 그래서 『버찌』의 원고를 이어나갈 수가 없었다. 도손은 결국 프랑스 파리로 도피성 외유를 하게 되고 『버찌』집필 중단을 결심, 4월에 「『버찌』독자들에게 『櫻の實』の讀者に」를 실어 휴재(休載)를 알렸다. 파리 도착 후 『버찌』는 『버찌가 익을 무렵』으로 제목이 수정되어 1913년 3월부터 『문장세계』에 연재된다. 단행본은 1919년 1월 『신생』 제1권과 동시에 『춘양당(春陽堂)』에서 간행된다.

『버찌가 익을 무렵』의 주인공 이름은 스테키치(捨吉)로 『봄(春)』(1908) 『신생(新生)』(1919)의 주인공 스테키치와 이름이 같다. 작가는 주인공의 이름을 나중에 통일시킴으로써 이 세 작품이 하나의 연작이 되도록 의도했다. 이 세 작품에는 도손의 전체상을 조감할 수 있는 중요한 단서가 들어있다. 본고는 『버찌가 익을 무렵』 한 편을 대상으로 했으며 『신생』과 겹쳐지는 부분은 부분적으로 인용하고자 한다.

도손의 메이지학원 학창 시절을 알 수 있는 문헌으로는 담화 「내 인생의 겨울(吾が生涯の冬)」(1907)과 수필 「메이지학원의 학창(明治學院の學窓)」(1909)이 있다. 이 글들은 도손의 소년시절을 단편적으로 그리고 있으며, 『버찌가 익을 무렵』의 내용처럼 위기감은 보이지 않는다. 소년기에서 청년기에 걸친 시간을 그려낸 『버찌가 익을 무렵』은 단순한 과거를 재현한 평면적인 서술이 아니라 집필 당시의 작가의

자, 도손은 남겨진 자식들 4남매 중 두 아이는 직접 돌보고 두 아이는 지인에게 맡긴다. 당시 상경해 있던 둘째형(廣助)의 큰딸(ひさ)과 여학교를 졸업한 둘째딸 고마코가 함께 기거하며 삼촌인 도손의 가사 일을 돕게 된다. 1912년 큰 조카 히사가 결혼을 하게 되자 고마코 혼자서 가사 일을 계속 돕게 되면서 근친상간 관계에 이른다.

복잡 미묘한 심경이 들어 있는 작품이다. 이 작품의 줄거리를 따라가다 보면 소년에서 청년으로의 성장과정으로만 파악하기에는 부자연스러운 주인공의 심층의식을 엿볼 수 있는데 본고는 이에 주목하고자 한다. 『버찌가 익을 무렵』은 '성장'을 중요한 모티브로 삼고 있지만 행간의 여운이 많은 작품이다. 작품이 완성되기까지 7년이라는 시간이 걸렸다는 점과 함께 도손 개인이 겪은 번민을 간과해서는 이해할 수 없는 작품이다.

『버찌가 익을 무렵』에 관한 한국의 선행연구는 '성장'의 중심에 내재한 성(性)의 문제를 둘러싼 내면심리를 중심으로 고찰한 임태균의 논문[2]과 모성과 어머니에 대한 변화된 의식세계를 규명한 천선미의 논문[3]이 있다. 일본의 선행연구로는 나가시마 구니히코(中島國彦)의 「『버찌가 익을 무렵』의 구조 - 작품의 저변을 흐르는 것 - 」[4]이 있다. 나가시마의 논문은 『버찌가 익을 무렵』의 플롯에 주목하면서 작품 속에 보이지 않는 배후가 있음을 논했다. 본고는 소설 장르가 지닌 허구장치를 통해 등장인물을 변용함으로써 자신의 내면을 드러내고 있다는 점과 함께 사물에 촉발되어 무의식의 기억을 끌어내는 프루스트적 글쓰기[5]를 접목하여 살펴보고자 한다.

---

2) 임태균(2003) 「『버찌가 익을 무렵』에 나타난 성장에 관한 연구」 『일본문화학보』19, pp.187-203임태균2006) 「『버찌가 익을 무렵』(櫻の實の熟する時)론 -'동정'의 고뇌를 중심으로-」 『일본학보』67, pp.241-252

3) 천선미(2017) 「시마자키 도손의 『버찌가 익을 무렵(櫻の實の熟する時)』론 -'모성과 어머니'에 대한 인식의 성장-」 『일본문화연구』62, pp.257-273

4) 中島國彦(1975) 「『桜の実の熟する時』の構造ーその作品の底を流れるものー」 『国文学研究』早稲田文学国文学会、pp.34-45

5) 본고는 '프루스트적 글쓰기'를 무의식 속에 묻혀 있다가 되살아나는 일련의 기억들을 통해, 과거의 경험의 영원성을 보여주는 글쓰기라고 정의하고자 한다.

2. 고마코의 변용 : 시게코

『버찌가 익을 무렵』의 도입부는 1890년 도손이 메이지 학원 3학년 재학시절에서 시작된다. 계절은 초여름이며 인력거를 타고 우연히 스쳐지나가는 시게코라는 여성으로 부터 촉발되어 주마등처럼 과거가 회상되는 것이 도입부다. 작중 시간은 계속 흘러가고 있으며 졸업 이후인 1893년 이른 봄까지 이어진다.

작품 속표지에 "그는 무심코 주워 올린 버찌 냄새를 맡아보고, 동화 같은 정취를 맛보았다. 그것을 젊은 날의 행복의 증표라고 상상해 보았다"라는 짧은 서문이 나온다. 애초 창작 의도는 '젊은 날의 행복'을 추적해서 다감했던 시절을 애틋하게 회상하는 작품임을 예감하게 한다. 이를 증명하듯이 작품 「3장」은 스테키치가 여름학교(夏期學校)에 참가하여 벅찬 감동에, 고텐야마(御殿山)에 가서 석양을 바라보며 자연에 감탄하는 대목이 나온다. 스테키치는 지금까지 모르고 있었던 광활한 세계가 있음을 깨닫고 정신적으로 성장하고자 하는 의욕을 보인다. 「4장」 역시 '여름학교'에서 강렬한 자극을 받은 스테키치가 자신의 인생방향을 설정하게 되는 내용이다. 「5장」에서는 학우인 스게(菅)와 아다치(足立)와 더불어 정신적 세계를 공유하며 내적으로 성장해가는 주인공의 모습이 나온다. 작품에 나타난 스테키치 모습은 도손의 모습이며 성장하면서 문학을 지향하게 되는 과정을 상세히 그려내고 있다.

「8장」에서는 학교를 갓 졸업한 스테키치가 은인이 운영하는 가게에서 일을 도우며 다양한 인간들을 관찰하는 내용이다. 장사에 흥미를 못 느끼는 스테키치의 모습에서 숙명적으로 문학을 지향할 수밖에 없는 도손의 미래가 암시된다. 스테키치는 마침내 문학을 자신의 진로로 결정하고 이 길을 개척하기로 결심한다. 이처럼 『버찌가 익을 무렵』은 교양소설답게 한 소년이 예술가로 성장해 가는 과정을 충실히 그려내고 있다. 그 안에는 도손이 거친 청소년기와 교우관계 등이 사실적으로 그려져 있다. 작품은 메이지시대 초기의 도쿄 시타마치 거리 모습과 교통수단 등 사회풍속을 고증하듯이 사실적으로 재현한다. 「3장」의 '기독교 제2회 여름학교' 정경에 대한 묘사는 귀중한 사료로 알려져 있다. S학사로 등장하는 오니시 하지메(大西祝)[6]를 비롯하여 근대 일본의 기독교계에서 중요한 역할을 했던 인사들이 총망라된다. 이러한 세밀한 시대풍속과 구체적인 사실묘사와는 달리 여성 인물에서 변용이 보이는데 그것은 시게코라는 인물이다. 그 외의 인물은 전반적으로 사실에 바탕하고 있다.

작품 도입부인 「1장」과 「2장」의 스테키치에 대한 묘사는 뭔가에 쫓기는 듯한 불안한 모습이다. 작품은 스테키치의 우울이 부각되는데 우울의 근원에 연상의 여인이 설정되어 있다. 도손은 메이지 학원에 적을 둔 채 제일고등학교(第一高等中學校) 입학시험에 응시해서 낙방을 한 경험이 있다. 이 때문에 실의에 빠졌다는 전기적 자료는 있으나 이성과의 교재로 인해 심각하게 고뇌했다는 문헌은 발견되지 않는다. 작품 속 주인공은 입학 후 2년 동안은 자신감에 찬 모습이었으나 졸업을 1년쯤 앞 둔 현재 딴 사람처럼 변해버려 주위 사람들을 당혹스럽게 한다. 작품은 그 원인을 염문 때문이라고 설정하고 있는데 이는

---

6) 오니시 하지메(大西祝, 1864-1900) : 철학자. 평론가. '일본 철학의 아버지' 로 평가된다. 독일 이상주의 철학의 입장을 고수, 객관적 비판주의 태도를 지녔다. 당시 발흥하던 국수주의적 분위기 속에서도 국가를 초월한 개인의 독자성을 인정했다.

소설적 허구다. 염문으로 인해 자괴감에 빠지게 된 스테키치라는 인물 안에는 고마코 때문에 프랑스 파리로 도피해야만 했던 도손의 심정이 투영되어 있다. 「1장」과 「2장」에서 집요하게 서술되는 스테키치의 우울은 프랑스에서 『버찌가 익을 무렵』을 집필하고 있는 고독한 도손의 모습이라고 말할 수 있다. 남녀의 사랑을 생명으로 고양시켜 주목받은 낭만주의 시인이었던 도손에게 조카와의 사랑의 결과는 생명이 아니라 파멸이라는 인식이 보인다.

마치 새장에서 뛰쳐나온 작은 새처럼 자기마음대로 행동할 수가 있었다. 높은 가지에서라도 바라보듯이 이 넓디넓은 세계를 바라보았을 때는 어떤 일도 자신이 하고 싶다고 생각한 것은 해서 안 될 것은 없어 보였다. (중략)그는 자신과 시게코 사이에 퍼져있는 좋지 않은 소문을 처음 알았다. 당치도 않은 소문, 왜냐하면 그 당시의 그의 생각으로는 적어도 기독교 신도답게 행동했다고 믿고 있었기 때문이다. (중략)하지만 그는 깨달았다. 예전에 그를 행복하게 해 준 것은 악의 구렁텅이로 그를 밀어 떨어뜨렸다.

まるで籠から飛出した小鳥のように好き勝手に振舞うことが出来た。高い枝からでも眺めたようにこの広々とした世界を眺めた時は、何事も自分の為たいと思うことで為て出来ないことは無いように見えた。(中略)彼は自分と繁子との間に立てられている浮名というもの初めて知った。あられもない浮名。何故というに、その時分の彼の考えでは少くとも基督教の信徒らしく振舞ったと信じていたからである。(中略)けれども彼は眼が覚めた。曽て彼を仕合せにしたことはドン底の方へ彼を突落した。　(第一章、pp.10-11)

메이지학원에 갓 입학했을 때의 스테키치는 미션스쿨의 자유분방한 분위기에 도취되어 있음을 알 수 있다. 메이지학원은 메이지여학교와 동일한 기독교 계열의 학교이다. 이들 기독교학교는 유교가 억압하는 이성간의 교제가 아니라 양지(陽地)에서 남녀가 만나고 음악회와 문학회를 개최하는 밝은 세계를 선도했다. 이는 참신한 메이지의 풍속도로서 청년들에게 매력적으로 비쳤음을 알 수 있다. 도손 역시 낭만적 분위기에 도취되었으며 후일 도손이 일본 근대 낭만주의 시인으로의 위상을 지니게 된 데에는 메이지 학원의 교풍이 적지 않은 영향을 끼쳤다고 말할 수 있다.

작가는 소년기에서 청년기로 이행해가는 사춘기 소년이 과도기에 겪을 수 있는 성적 동요를 소년의 미묘한 감정을 통해 나타내고자 했던 것 같다. 그래서 청소년 독자를 대상으로 한 소설에 시게코라는 여성을 등장시킨 것으로 해석할 수 있다. 그러나 그것은 소년의 감정으로서는 과장된 감이 있으며 오히려 성인 남성의 치명적인 어두운 과거를 느끼게 한다.

앞에서 언급했듯이 '신생사건'으로 인해 1913년 4월에 프랑스에 가면서 기존의 『버찌』는 중단되었다. 다음해인 1914년 5월부터 게재된 작품의 제목은 『버찌』에서 『버찌가 익을 무렵』으로 수정된다. 프랑스에서는 『버찌가 익을 무렵』 「5장」까지 집필하고, 일본에 귀국한 이후 「6장」부터 이어쓰기 시작하여 햇수로 7년여에 걸쳐 단행본으로 간행된 것이다. 귀국 후에도 고마코와의 관계는 이어졌다.[7] 이러한 복잡한

---

7) 1916년 5월 도손은 프랑스에서 귀국하자 고마코는 도손이 살고 있는 집에 가사를 도와주기 위해 다시 드나들었다. (伊東一夫(1972) 『島崎藤村事典』明治書院,p.189)

정황으로 미루어 볼 때 시게코라는 인물 안에는 도손의 실생활의 연장선인 고마코의 그림자가 어른거릴 수밖에 없었을 것으로 생각된다. 다음은 스테키치가 숨기고 싶은 과거의 기억이라는 형태로 시게코가 나오는 「1장」의 장면이다.

> 그녀를 태운 인력거가 아무렇지도 않게 지나갔다는 것은 (중략) 덮어버리고 싶은 과거의 기억- 할 수 있는 일이라면 눈앞의 신록이 작년의 오래된 썩은 낙엽을 덮어 감추듯이- 그것들의 여러 가지 기억이 참을 수 없는 그의 가슴에 떠올랐다. 시게코와 관련된 일과 함께, 또 한명의 부인의 일도 떠올랐다.
>
> 彼女を載せた俥が無言のままで背後を通過ぎて行ったことは、(中略)葬り去りたい過去の記憶—出来る事なら、眼前の新緑が去年の古い朽葉を葬り隠す様に—それらのさまざまな記憶が堪らなくかれの胸に浮んだ。繁子のことにつれて、もう一人の婦人のことも連がって浮んで来た。(第一章、pp.7-8)

예전에 친하게 지냈던 연상의 여성이 인력거를 타고 스쳐지나가는 것을 알아차리고 스테키치는 자신을 숨기려고 애쓴다. '덮어버리고 싶은 과거의 기억'이라는 주인공의 의식의 흐름을 따라가다 보면 고마코가 어른거린다. 시게코를 기억에서 지우려는 스테키치의 강박적 행동의 저변에는 고마코와의 사건이 잠재해 있음을 알아차릴 수 있다. 이 작품에는 청년 스테키치가 아닌 어두운 과거를 지닌 중년 남자의 고뇌가 투영되어 있는 것이다. 따라서 '덮어 버리고 싶은 과거의 기억'의 실체는 고마코와의 관계로 이해할 수 있다. 도손이 창출한 인물 시게코는 자신의 내면의 진실을 토로하기 위한 인물설정이다. 『버찌가 익을 무렵』에서 숨기고 싶은 과거의 상징으로서 나오는 시게코라는 인물은 청소년인 스테키치의 대상이 되기에는 너무 부자연스럽다. 오히려 『신생』의 스테키치의 상대역인 세쓰코(節子)가 연상된다. 시게코 안에는 고마코가 투영되어 있으며 고마코는 도손의 어두운 과거의 총체라고 말할 수 있는 이유이다. 이 작품에서 현실의 고마코는 시게코로 변용되고 있으며 『버찌가 익을 무렵』이 표방한 청소년물이라는 특성 속에 교묘하게 은폐되어 있음을 본다.

프랑스에서 『버찌가 익을 무렵』을 새로 쓰면서 도손은 스테키치에게 자신의 무의식의 공포를 여실히 드러내고 있음을 알 수 있다.

> "너는 그런 곳에서 무엇을 생각하고 있느냐?"라고 다나베 아저씨에게 질문을 받은 적이 있었지만 그는 자신이 생각하는 것이 무엇인가를 분명하게 대답할 수 가 없었다. (중략) 피하려고 해도 결국 피할 수가 없었던 그 순간의 마음의 당황과 그리고 말로 표현하기 어려운 비애라고 하는 것은...
>
> 「「貴様はそんなところで何を考えてる」と田辺の小父さんに問われることがあっても、彼は自分の考えることの何であるやを明かに他に答えることが出来なかった。(中略)避けよう避けようとして遂に避けられなかったあの瞬間の心の狼狽と、そして名状しがたい悲哀とは…(第三章. p.34)

위에서 보듯이 과거의 어두운 그림자에서 벗어나지 못하는 스테키치의 내면을 엿볼 수 있는 대목이다. 주위의 사람들은 "무슨 생각을 골똘히 하느냐"고 채근하지만 스스로도 분명하게 설명할 수 없다고 작품은 애매하게 회피한다. 사춘기 소년인 스테키치의 능력으로는 분명하게 표현할 수 없었겠지만 40대의 도손은 충분히 스테키치의 심정을 해부할 수 있다. "피하려고 해도 피할 수 없었던 순간의 당혹감"은 고마코 사태의 은유로 볼 수 있다. 도손은 『신생』「13장」에서도 "피하려고 피하려고 했던 그 순간이 드디어 찾아온 것처럼 기시모토는 그 말을 듣고 엉겁결에 몸을 떨었다."라고 쓴다. 시게코라는 인물 안에는 청년 스테키치가 아닌 중년의 도손이 감당해야할 고마코가 음화(陰畫)처럼 들어있음을 본다. 이 작품에서 『신생』의 주인공 스테키치가 자꾸 얼굴을 내밀고 있다. 이와 유사한 장면은 다음에서도 찾을 수 있다.

> 왠지 스테키치의 가슴에는 어머니의 여행이 떠올랐다. 이어서 자신의 책상위에 신약성서를 꺼내어, 이마를 그 책 위에 파묻고, "주여. 이 어린 종을 인도해 주소서"라고 기도를 했다.
>
> 何となく捨吉の胸にはお母さんの旅が浮んだ。やがて自分の机の上に新約全書を取出し、額をその本に押宛てて、「主よ。この小さき僕を導き給え」と祈って見た。 (第七章、pp.99-100)

어머니와 작별한 후 다시 학교 기숙사로 돌아온 스테키치는 어머니의 여행을 떠올리며 기도를 한다. 미래에 대한 불안이 기도로 이어지고 있다. 여기서 어머니의 여행은 도손의 프랑스 여행과 중첩된다. 이 기도는 어린 스테키치의 기도라기보다는 고마코 사건으로 프랑스에 오게 된 중년 도손의 애절한 육성으로 들린다. 여기서도 『신생』의 스테키치가 또 다시 얼굴을 내밀고 있다. 『신생』「78장」의 "운명은 나를 어디까지 데려갈 생각일까? 하며 하숙집 마룻바닥에 무릎을 끓고 이마를 대고 뜨거운 눈물을 흘렸다."[8]면서 기도를 하는 장면과 매우 흡사하다. 멀리 프랑스까지 왔으며 전혀 모르는 사람들 속으로 뛰어들었지만 엎질러진 물은 담을 수가 없다. 집필 당시의 도손의 고뇌와 위기의식은 무의식적으로 작품 속에 스며들 수밖에 없었다고 생각된다.

도손이 작품 속에 청소년기의 고뇌를 그려내고 싶었다면 학생이 겪을 만한 아픔을 소재로 했어야한다. 작품에서 친구인 아다치로 나오는 바바 고초(馬場孤蝶)는 도손의 변모를 일고 낙방을 하나의 원인이라고 말한다. 그러나 도손은 그러한 소재를 사용하지 않고 대신 연상의 여인 시게코를 어두운 과거의 대체물로 내세우고 있다. 애초 집필 의도는 청소년을 대상으로 한 소설이었으나 작가는 자신이 처한 위기를 담을 수밖에 없었던 것이다. 따라서 작품은 시게코라는 인물 설정을 통해 작가가 전혀 의도하지 않은 새로운 읽기가 가능해진다.

3. '공포'와 '우울'의 실체

『버찌가 익을 무렵』의 세계는 '우울'과 '공포' 라는 단어가 주조음(主調音)으로 지속적으로 나온다. 이에 대해 임태균은 앞의 논문에서 "'우울'은 성인으로 성장하는 단계에서 있어서 신체의 성적인 변화를 대변하는 심리현상"[9]이라고 말한다. 「7장」의 천진난만한 소년에서 성

---

8) 井上達三編(1972) 『藤村全集』7,p.155
9) 임태균(2006) 「『버찌가 익을 무렵』(櫻の實の熟する時)론 -'동정'의 고뇌를 중심으로-」 『일본학보』67, p.245

을 자각하는 청년으로 이행하는 과도기의 모습과 「4장」의 '청년다운 어두운 세계(青年らしい暗い世界)'를 묘사하며 이를 '우울'로 드러내고 있다. 사춘기의 자연스런 신체적 성장에 대한 자각을 '우울'이라는 정서에 결부시키고 있다.

이 어른들로부터 받은 사랑은, 모든 이에게 인정받고 모든 이에게 사랑받고 싶어하는 그의 마음을 만족시켰다. 그렇게 열심히 살려고 했던 마음조차 어딘가에 잃어버렸다.

この目上の人の愛は、すべての人から好く思われ、すべての人から愛されたいと思った彼の心を満足させたのである. それらの日課を励むの心すら何処へか失われて了った。 (第一章、p.18)

위의 인용문에서 스테키치의 무력감을 엿볼 수 있다. 메이지학원에 입학한 스테키치는 수업은 물론 클럽활동까지 의욕이 넘치는 생활을 해온 것으로 나온다. 메이지학원 재학 중에 갑자기 변한 생활태도는 실제 있었던 일고낙방과 연관이 있음은 주변에 알려진 사실이지만 도손은 전혀 언급하지 않는다. 『버찌가 익을 무렵』은 낙방사건과 현실의 고마코 사건이 합쳐져 시게코로 변용되어 우울과 공포로 형상화 되었다고 추론해 볼 수 있다.

우울——모든 것의 색채를 바꿔 버리는 듯한 우울이 일찍 소년의 몸에 다가 온 것은 스테키치의 잠옷이 더러워진 때부터였다. 모든 것이 한꺼번에 발달했다. 마침 그가 뽑고 있는 풀의 싹이 지면을 뚫고 나오는 것처럼, 그의 속에 싹튼 것은 무서운 기세로 넘쳐났다. 머리는 짙어졌다. 뺨은 뜨거워졌다. (중략)누르기 힘든 젊디젊은 청춘의 파도는 온 몸을 내달렸다.

憂鬱――切のものの色彩を変えて見せるような憂鬱が早くも少年の身にやって来たのは、捨吉の寝巻が汚れる頃からであった。何もかも一時に発達した。丁度彼が毟っている草の芽の地面を割って出て来るように、彼の内部に萌したものは恐ろしい勢で溢れて来た。髪は濃くなった。頬は熱して来た（中略)制えがたく若々しい青春の潮は身体中を馳けめぐった。(第三章、p.37)

사춘기에 접어든 스테키치가 성에 눈뜨고 있음을 암시하는 대목이다. 스테키치는 자신의 내부에서 솟구치는 생명의 본능을 느끼고 주체하지 못한다. 성적 욕구의 표출은 유교와 기독교 모두가 억압하는 것으로 위선적이라고 말할 수 있다. 스테키치는 육체의 성장에 수반되는 자연으로서의 성욕을 주체할 수 없어 번민하며 죄의식과 수치심마저 느끼고 있다. 육체적 성장에 따른 성에 대한 스테키치의 자각은 '우울'을 넘어 '공포'까지 수반하고 있다.

시게코와 다마코처럼 기독교 학교를 졸업한 부인들이 있어 청춘남녀의 교제를 맺는 일이 있다는 것을 어찌 알겠는가 생각해 보았다. (중략) 어느 샌가 그는 어른들이 모르는 길을 제멋대로 걷기 시작하고 있는 것을 알아차렸다. 그는 심경에 표현하기 어려운 공포를 느꼈다.

繁子や玉子のような基督教主義の學校を出た婦人があって青年男女の交際を結んだ時があったなぞとはどうして知ろうと想って見た(中略)何時の間にか彼は目上の人達の知らない道を自分勝手に歩き出

していることに氣が着いた. 彼はその心地から言いあらわし難い恐怖を感じた. (第二章. p.20)

스테키치가 연상의 여인들인 시게코와 다마코를 알게 되고 자유로운 이성교제를 했던 사실을 어른들은 모른다고 말한다. 어른들이 모르는 세계에 몰래 들어와 있는 자신에게서 '공포'와 '우울'을 느끼고 있다는 것이다. 여기서 '우울'은 성에 대한 자각이며 '공포'의 실체는 어른들이 금기시하는 이성교제라고 말할 수 있다. 어른들에게 숨길 수밖에 없으며, 알린다고 해도 이해받을 수 없는 교제라는 것은 단순한 이성교제가 아닌 것이다. 작품은 소년과 연상의 여인이라는 다소 파격적인 관계로 설정했으나 진실은 보다 더 충격적인 숙부와 질녀 사이의 불륜이다. 위의 글의 행간에는 숙질간의 선을 넘은 관계가 암시되고 있다. 그렇다면 '공포'와 '우울'의 배후가 무엇인지 확연히 드러난다. 작품 속의 '우울'과 '공포'의 실체는 고마코와의 관계가 초래한 깊은 죄의식이라고 말할 수 있다.

미래에 대한 불안을 '공포'의 원인으로 나타내고 있지만 청소년이 품는 미래에 대한 불안은 대부분의 경우 육체의 성장에 수반되는 자연스러운 '공포'일 것이다. 따라서 미래에 대한 불안이 '공포'로 지속적으로 나타나기에는 그 실체가 미약하다. 『버찌가 익을 무렵』은 도손이 직면한 고통스런 현실과 처절한 자기 응시가 말로 표현한 작품이다. 작품 속의 '공포'와 '우울'의 실체는 현실에서의 고마코와의 관계에서 기인한 도손의 위기감이라고 말할 수 있다. 작품 속 '우울'은 성적인 자각이라는 심리현상을 넘은 삼촌과 조카라는 근친간의 연애, 즉 금기의 연애의 자각에서 비롯된 것으로 볼 수 있다. 후반부로 진행

될수록 '공포'의 실체는 더욱 명확해진다. 다음은 어머니의 상경을 계기로 공포를 드러내고 있는 부분이다.

> 어머니가 드디어 다시 혼자서 고향의 계곡을 향해 돌아가는 것도 떠올랐다. 어느 것 하나 스테키치가 어머니를 기쁘게 해드렸다고 말할 수 없었다.(중략) "일단 아저씨의 친척을 봐라. 요즘 세상에는 실업이 아니면 안 되지" 이것은 아저씨가 여러 예를 들어가며 스테키치에게 보여주려는 출세의 길이었다. 이상하게도 아멘을 싫어하는 다나베 아저씨의 집 친척 중에는, 기독교에 귀의한 사람들이 있고, 게다가 그러한 사람들은 모두 가난했다. (중략) 아무것도 모르고 있는 어머니를 만나보니, 그는 어느 샌가 제멋대로의 길을 더듬어 찾기 시작했던 그 공포를 더욱 깊게 했다.
>
> お母さんが、やがて復た独りで郷里の谷間の方へ帰って行くことを思われた。何一つ捨吉はお母さんを悦ばせるようなことも言い得なかった。(中略)「試みに小父さんの親戚を見よ。今の世の中は実業でなけれは駄目だぞ」これは小父さんが種々な事で捨吉に教えて見せる出世の道であった。不思議にもアーメン嫌いな小父さんの家の親戚には、基督教に帰依した人達があって、しかもそれらの人達は皆貧しいかった。(中略)何事も知らないでいるようなお母さんに逢って見て、彼は何時の間にか自分勝手な道を辿り始めたその恐怖を一層深くした。
>
> (第七章. pp.94-95)

어머니와의 짧은 만남 속에는 다나베 아저씨가 친척들을 산촌에서 데리고 나와 도쿄에 정착하여 성공하기까지의 일화가 들어있다. 아저씨가 평소 했던 말들이 주마등처럼 스테키치의 뇌리를 스쳐간다. 어른들의 기대와 달리 어른들이 모르는 길을 제멋대로 걷고 있는 자신에 대해 스테키치는 전율한다. 작품은 미지의 길을 지향하기 때문에 스테키치가 공포를 느끼는 것처럼 나오지만 여기에 고마코와의 관계를 더해야 고뇌의 깊이를 실감할 수 있다. 어머니의 상경은 어려운 집안 사정을 알려주는데 이는 어른들이 속한 세계란 의식주와 불가분의 관계에 있는 치열한 생존활동이라는 것을 보여주는 대목이다.

「6장」과 「7장」의 어머니와의 오랜만의 해후는 도손의 어머니에 대한 인식도 내포되어 있다. 어머니 또한 도손과 비슷한 어두운 과거를 지닌 인물이어서 각별한 감정을 느꼈다고 생각된다. 도손의 어머니에 대한 인식은 초기 작품에는 어머니가 거의 그려져 있지 않은 것으로 알려져 있다. 이처럼 어머니에 대한 의식의 변화는 프랑스에 온 이후 달라졌음을 알 수 있다. 도손의 프랑스행은 고향과 가족을 새롭게 정립하는 중요한 계기가 되고 있다. 타국에서의 생활은 자신의 뿌리에 대해 근원적으로 성찰하게 되는 계기를 부여한 것이다. 도손이 저주했던 유전적 숙명이 자신에게도 이어졌음을 확인 했을 때 어머니에게서 동변상련을 느끼는 심정을 헤아릴 수 있다.

앞에서도 밝혔듯이 어머니의 여행은 도손의 프랑스 여행과 중첩된다. 고마코 사건을 수습하기 위해 임시방편으로 택한 외유이기 때문에 '우울'과 '공포'는 계속 이어질 수밖에 없다. 사회의 통념이 허용하지 않는 일탈한 사랑은 공포를 수반할 수밖에 없다. 도손을 이해할 수 없는 주위 사람들이란 인간을 둘러싼 사회를 말한다. 스테키치의 '공포'는 사람들과의 관계 즉, 공동체로부터 배제되어 고립되는 현실인식에서 오는 두려움이다.

도손은 일찍 문학계에 발을 들여놓은 문학인으로서 프랑스행을 결행할 당시 문인으로서의 성공가도를 달리고 있었다. 그러나 자신의 부주의로 인생에 오점을 남기고 말았다. 『신생』 「98장」에서 "자책하면 할수록 눈물겹다는 느낌마저 들었다."로 서술된다. 그동안 문학이라는 세계에 공들여 쌓아올린 탑이 허무하게 무너져 버린 것 같은 자각이다. 모든 것이 무가치하게 느껴지는 니힐리즘이라는 상태에 빠져 있음을 본다. 이것이 어디로 가야 좋을지 모르는 방향상실감과 함께 '공포'와 '우울'로 나타난 것이라고 생각한다.

4. 프루스트적 글쓰기

도손이 프랑스에 체재한 시기(1913-1916)와 마르셀 프루스트가 활동한 시기는 겹친다. 프루스트는 1909년부터 『잃어버린 시간을 찾아서』를 쓰기 시작해서 1912년에 초고를 완성한다. 우여곡절 끝에 1913년 11월 첫 권인 「스완네 집 쪽으로」가 발행되어 약간의 성공을 거둔다. 이듬해인 1914년 1차세계대전 발발함으로써 후속 작품의 발표가 미루어지게 된다. 전쟁의 발발로 프루스트는 소설을 전체적으로 재검토하여 완성도를 높일 수 있는 시간을 가지게 된다. 1916년에 발표한 「꽃핀 소녀의 그늘에서」라는 작품은 1919년에 콩쿠르 상을 수상하게 되고 프루스트는 세계적인 저명인사가 된다. 『잃어버린 시간을 찾아서』는 20세기 현대문학이 성취한 '의식의 흐름'의 방법이 시도된 걸작이며 프루스트는 이후 많은 문인에게 영감을 준 작가로 자리매김하게 된다.

공교롭게도 도손이 프랑스에 체류한 시기가 마르셀 프루스트가 왕성하게 창작 활동을 한 시기라는 점에 주목할 필요가 있으며 다분히 글쓰기의 영향관계를 유추해 볼 수 있다. 그리고 두 작가의 나이를 보면 프루스트는 1871년생이고 도손은 1872년생이다. 프루스트는 도손보다 한 살 위로서 거의 동년배라고 말할 수 있다. 『잃어버린 시간을 찾아서』의 제1편 「스완네 집 쪽으로」는 소설가 앙드레 지드가 관여하던 출판사(누벨 르뷔 프랑세즈 : N · R · F)에서 출판을 거부한 작품인데, 다른 진보적 출판업자가 출판해 줌으로써 세상의 빛을 보게 되어 화제가 된 작품이다. 나중에 앙드레 지드는 지난날의 거절을 후회하고 1914년 프루스트에게 소설 인수를 제의했으나 이번에는 프루스트가 거절하는 등 문단을 둘러싼 파란이 있었다.

이런 와중인 1913년 5월에 도손은 프랑스 파리에 도착했으며, 다음 해인 1914년에 1차세계대전의 전화(戰禍)를 파리에서 겪고 남프랑스 리모주로 피신한다. 이러한 전후관계로 비추어 볼 때 두 작가는 한 때 같은 시공간에 있었다는 동시성과 우연성이 발견된다.

도손은 일본에서 이미 『버찌』를 2회 연재하다가 중단하고 프랑스에 와서는 작품을 전면 새로 쓴다. 제목도 『버찌가 익을 무렵』이라는 다소 긴 이름으로 수정된다. 프루스트의 작품의 제목도 「스완네 집 쪽으로」 「꽃핀 소녀의 그늘에서」에서 보듯이 서술체이며 상당히 길다. 게다가 두 작가에게서 찾을 수 있는 공통점은 둘 다 러스킨에 심취하여 러스킨 저서의 연구에 몰두한 경력이 있다는 것이다.[10] 석양의 아름

10) 도손은 고모로에 갈 때 러스킨의 저서 『근대화가들 다섯 권을 들고 간다. (『藤村詩集』'雲',p.444 참조). 프루스트의 초기 저술은 러스킨에 관한 것이며 러스킨의 『참깨와 백합』을 번역출판, 십수년간 러스킨을 연구했다. 러스킨의 정교한 관찰, 이를 묘사하는 해학과 재기 넘치는 문체에 매료된다. 그리고 러스킨의 족적을 따라 아미앵 루앙 베네치아 피렌체 파도바 등을 여행했다. (이형식 『프루스트』,p.20 참조)

다움에 대한 찬탄은 러스킨의 발상이다. 도손은 러스킨에게서 석양의 아름다움을 배웠다. 프루스트 또한 석양의 아름다움에 대해 자주 말하는 작가이다. 따라서 러스킨의 영향권에 있는 프루스트와 도손에서 공통적으로 보이는 요소인 것이다. 이와 같은 사실로 미루어보아 두 작가는 서로 친화할 수 있는 요소가 다분하다고 생각된다. 게다가 프랑스에서의 체류경험은 도손의 작가 의식에도 변화를 가져온다. 프랑스인의 애국심을 보고 고국 일본을 생각하게 되고 시인 샤를 페기[11]가 전쟁에 참가해서 전사했다는 소식을 신문에서 접하고 충격을 받는다. 뿐만 아니라 파리의 음악회에서 드뷔시의 음악 '어린이의 정경'을 접하고 아이들에 대한 생각과 함께 동화창작에 대한 의지가 싹튼다. 『버찌가 익을 무렵』 속표지의 짧은 글의 동화적 발상은 당시 도손의 심경과 무관하지 않다고 생각된다.

그는 무심코 주워 올린 버찌의 냄새를 맡아보고, 동화 같은 정취를 맛보았다. 그것을 젊은 날의 행복의 증표라고 상상해 보았다.

思わず彼は拾い上げた桜の実を嗅いでみて、お伽話の情調を味わった。それを若い日の幸福のしるしという風に想像して見た。(扉)

위의 속표지의 문장은 이 작품이 '젊은 날의 행복'을 추적하고 지나가버린 과거의 감미로운 시절을 회상하는 것이라는 것을 암시하고 있

---

11) Charles Peguy(1873-1914) : 프랑스의 시인 겸 사상가. 희곡《잔 다르크》에서는 잔 다르크를 민중과 사회주의의 영웅으로 묘사하였다. 1914년 마리안 전투에서 죽기까지 복수세대가 형성되기를 기원하면서 카톨릭, 반 카톨릭 다시 종교로의 귀의라는 정치적 행보를 한다.김길훈(2007) 「샤를르 페기의 이교적 영혼에 관한 연구」『프랑스학 연구』40집, 프랑스 학회, pp.22-23 참조

다. 프루스트는 "진정한 낙원은 상실한 낙원이다"[12] 라고 말했다. 도손이 무심코 주워든 버찌에서 촉발하여 지난날의 행복, 다시 말해서 잃어버린 낙원을 반추하는 것과 일맥상통한다. 두 작가가 동시대를 살았으며 도손이 프랑스 체류 당시에 프루스트가 왕성한 작가활동을 한 것을 상기해 볼 때 도손은 프루스트를 알고 있었다고 생각된다. 제목이 명사형 『버찌』에서 서술형인 『버찌가 익을 무렵』으로 수정된 것도 프루스트와 관련하여 생각해 볼 수 있다. 『버찌가 익을 무렵』은 도손의 '잃어버린 시간을 찾아서' 라고 말할 수 있는 소설이다. 물론 두 작가가 겪은 성장환경과 육친에 대한 회상은 상당히 이질적인 요소[13]를 지녔지만 무의식에 묻혀있던 기억을 끌어내는 글쓰기 방법은 유사성이 발견된다.

> 소년 시절부터 자주 보아 왔던 어머니의 왼쪽 눈 위에 커다란 사마귀. 그것을 보고 있자니, 어느새 스테키치는 어머니가 이야기 하는 것을 듣고 있으면서, 마음은 먼 고향의 숲 쪽으로 갔다.
>
> 少年の時からよく見覚えのある、お母さんの左の眼の上の大きな黒子。それを見ていると、どうかすると捨吉はお母さんの話すことを聞いていながら、心は遠く故郷の山林の方へ行った。(第六章. p.87)

오랜만의 어머니와의 해후는 스테키치를 기억에서 아스라이 멀어

12) 이형식 외(1993)『프루스트 · 토마스만 · 조이스』서울대학교출판부, p.28
13) 프루스트에게 지대한 영향을 준 어머니와 외조모는 서양의 고전작품을 애독한 교양이 넘치는 여성이었다. 프루스트의 작품에는 이들에 대한 애착이 강하게 묘사된다. 그에 비해 도손의 작품에서 어머니에 대한 언급은 그다지 없으며 오히려 냉담한 편이다.

진 유년기로 이끈다. 어머니의 사마귀가 계기가 되어 유년기를 보냈던 고향 신슈(信州) 산촌의 정경이 현재의 의식 위로 불현듯 되살아난다. 나무타기를 하고 놀던 때의 일, 새의 꼬리를 주웠던 일 등, 동화의 세계로 이어지는 고향에 대한 기억이다. 동화의 세계로 추억하고 싶은 고향이지만 어머니가 전하는 고향의 현실은 꿈을 부순다. 어른이 된다는 것은 현실의 세속적인 문제에 직면하는 것이며 동화적 세계에서 멀어져 가는 것이라는 상실감이 전해진다. 또 어머니의 방문은 스테키치가 다나베 아저씨네 집에서 살게 된 경위와 스테키치에게 거는 집안의 기대, 고향의 자연과 어린 시절이 주마등처럼 회상된다. 이것은 프루스트의 유명한 마들렌 과자가 상기해내는 프루스트의 어린 시절 묘사와 일맥상통한 서술 방법이다. 도손과 프루스트 두 작가 모두 우리가 일상에 찌들어 잊고 있었던 과거를 기억이라는 것을 통해 회상해 내는 서술방법을 취한다. 기억은 무의식 속에 묻혀 있던 것들을 되살아나게 하는데 여기에는 어떤 계기가 주어져야한다. 이러한 일련의 기억들이 스테키치의 유년기의 시간을 되돌려 주고 있다. 이러한 방법은 다분히 프루스트적 글쓰기라고 말할 수 있다. 프루스트는 드레퓌스 사건[14]과 1차 세계대전을 경험하면서 작품 속에 사실성과 부르주아 계층을 바라보는 풍자적 요소를 늘려서 담게 된다.

도손의 『버찌가 익을 무렵』에도 인물묘사에 있어서 아이러니를 곁들인 풍자적 요소가 많이 나온다. 은인 다나베 아저씨를 비롯하여 다

14) 드레퓌스 사건(Dreyfus Affair) : 1894년에 유태인 장교 드레퓌스가 반유태주의, 반공화주의, 군대 소수의 저널리즘, 왕당파 사수의 몇몇 무리들에 의하여 조작된 간첩죄로 유죄선고를 받자, 이에 맞서 소수의 법률가, 지식인, 정치가들이 그의 무죄를 주장하고 나섰다. 마르셀 프루스트도 1897년부터 1899년까지 적극적으로 개입해 드레퓌스 구명운동에 참여했다.

나베 일가를 둘러싼 인물들에 대한 묘사에는 다분히 냉소적 시선과 풍자가 들어있다. 「1장」의 기적을 말하는 교회장로에 대한 묘사는 당시 일본 기독교 교회의 위선을 꼬집는 대목이며, 「4장」의 여러 사업에 실패하여 기독교를 안식처로 삼은 다마키 부부의 기독교 신앙도 골계에 찬 풍자적 묘사다. 작품에 드러난 도손의 시선은 다분히 문명비평적 시선이며 다나베 같은 부류의 신흥 재력가를 속물로 그려냄으로써 풍자를 담았다고 말할 수 있다.

앞에서 언급한 『버찌가 익을 무렵』의 속표지의 짧은 글은 상실한 낙원에 대한 그리움이다. 학창시절을 마감하는 날 교문 앞에서 버찌 열매를 주워든 스테키치의 내면풍경은 애상감이 묻어난다. 그것은 유년기가 상기시키는 행복하고 감미로운 시간이며 잃어버린 낙원에 대한 회상이다. 유년기에 어울리는 동화적 세계로 독자를 이끌어 갈 것처럼 보였던 작품은 스토리가 진행되면서 감미로움 보다는 어른이 되어가면서 직면하게 되는 속물들의 세계를 보여준다. 동시에 그들이 속한 밝은 세계로부터 차츰 멀어지고 암울하고 고립된 세계를 선택한 도손의 자기응시가 보인다. 문학가로 살아간다는 것은 세상과의 괴리를 숙명으로 수용하는 것이며 이에 비례해 문학가로서의 성숙도 예견된다. 작품 중간 중간에 삽입되는 청년 스테키치의 어린 시절에 대한 회상은 돌아갈 수 없는 잃어버린 낙원에 대한 그리움이다. 이런 상실감은 문학의 자양분이 되고 고차적인 예술로 승화되어갈 것이 예견되는데, 이 또한 프루스트와 닮았음을 확인 할 수 있다.

5. 마무리

지금까지 『버찌가 익을 무렵』의 작품세계를 사실의 변용과 프루스트적 글쓰기의 관점에서 살펴보았다. 본고는 이 작품이 청소년 독자를 대상으로 한 교양소설이라는 점을 수용하면서도 작품의 행간에서 발견되는 집필당시 작가가 처한 고립무원의 고독감과 절망적 의식에 주목했다. 조카와의 불륜때문에 위기에 봉착하여 프랑스로 도피성 외유를 하게 된 작가의 심정이 행간에 드러나는 것은 당연해 보인다. 작품은 전체적으로 조감할 때 인물 설정과 배경 묘사에 있어서 사실적이며 고증에 충실하고 있다. 그러나 시게코라는 인물은 허구이며 그 안에 고마코가 투영되어 있음을 조명했다.

또 이 작품은 애매모호하고 실체가 없는 어두운 기조가 일관되게 흐르고 있다. 작품 속에서는 '우울' 과 '공포' 라는 단어로 표현된다. 이는 집필당시의 도손의 심경을 여실히 말해주고 있는 것으로 해석했다. 도손의 내면 풍경은 청소년을 대상으로 한 작품임에도 불구하고 현실의 암담함을 드러내고 만 것이다. 그래서 가공의 인물인 시게코의 설정이 필요했으며 시게코 안에 고마코를 변용시켜 놓았다고 보았다.

스테키치는 비밀스런 세계에 갇혀서 혼자서 전전긍긍하는데 이러한 부분도 소년이 겪는 감정으로는 과장되었으며, 이는 숙부와 질녀간의 불륜으로 인해 이국만리 타향에 온 도손의 심정이 부지불식간에 드러난 것이라고 보았다.

또 도손이 프랑스에 체류한 시기는 프루스트가 『잃어버린 시간을 찾아서』의 초고를 완성한 직후로 제1편 「스완네 집 쪽으로」가 성공을 거둔 시기와 겹치는데 주목했다. 프루스트는 무의식에 묻혀있는 기억을 '의식의 흐름'의 방법으로 쓴 작가이다. 『버찌가 익을 무렵』도 이와 유사한 글쓰기가 보인다. 작품에서 어머니의 사마귀로부터 촉발되어 유년시절 산촌에서 보냈던 동화같은 세계가 펼쳐지는 것 등이 그 실례이다. 이는 마치 프루스트가 유년기를 보냈던 콩브레 마을을 낙원의 기억으로 무의식에 각인한 것과 흡사하다. 도손 역시 사물에 촉발되어 회상되는 기억들을 '의식의 흐름'을 따라가며 기술하고 있는데, 이를 프루스트적 글쓰기라고 고찰했다.

나쓰메 소세키의 『도련님』론
-역사의 뒤로 사라져가는 가치들에 대한 노스탤지어-

1. 머리말

『도련님(坊っちゃん)』은 1906년에 발표된 학원소설이다. 시골 중학교의 학생들과 신참내기 교사가 좌충우돌하는 에피소드 때문에 폭소를 자아내는 재미로 인기를 끈 작품이다. 소설은 재미있어야 한다는 문학의 일차적 욕구를 만족시키고 있다. 그러나 이 소설의 진정한 묘미는 해학의 표피를 벗기고 난 후 드러나는 작가의 육성이라고 생각된다. 이 작품에는 표면적인 재미와는 달리 고독한 소세키의 자화상이 여러 형태로 드러나 있다. 작가 특유의 비관적 인간관 및 타나토스를 엿볼 수 있다. 이 작품은 결코 유쾌한 통속소설이 아니며 두 개의 얼굴을 지닌 야누스 같은 작품이라고 말할 수 있겠다. 이 작품에 들어 있는 소세키의 목소리는 다양하다. 문명비평을 비롯해서 근대 학교제도에 대한 비판의식, 지식인에 대한 물음, 신질서와 구질서의 충돌이 빚는 비극성이 그것이다. 또한 이 작품에는 여러 대립구도가 보인다.

첫째, 인위적 제도(有爲)와 자연(無爲)질서가 대립적 구도로 표면화되고 있다. 둘째, 근대화 도상의 인간들이 자연(山水)과 부조화를 이루는 대립적 양상을 보인다. 그리고 메이지시대 속의 구질서(무사도)와 신질서(서구화)의 충돌과 대립이 그것이다. 소세키는 일관되게 술수(術手)와 작위(作爲)에 대해 비판하고 있는데 문명도 그 안에 포함되어 있다. 본래 그대로의 자연, 저절로 되어가는 자연과 문명은 대척점에 있다.

이 작품이 나온 1906년은 소세키가 심리적으로 사회적으로 힘들었던 시기로서 영국유학을 마치고 귀국한지 얼마 안 된 시점이다. 소세키의 유학생활은 당시 다른 유학생들에 비해 고통스러웠던 것으로 전해진다. 물론 거기에는 소세키의 기질도 한몫을 했음을 간과할 수 없다. 무신경한 고국의 유학생들은 극한상황 속의 소세키를 이해하지 못하고 병적 징후만을 포착해 문부성에 보고한다. 흔히 비상한 예술가에게 보이는 기인적 기질이 상식적인 사람들한테 정신이상으로 비쳐진 것이다. 유학시절 절대고독 속에서 신경증에 시달리며 극도의 불안체험을 한 그는 귀국 후 일련의 작품 속에 이것들을 모티프로 창작한다. 『도련님』에도 이러한 요소가 보인다. 『도련님』에 형상화된 다양한 인물유형 안에는 그가 살아가면서 체험한 사람들이 희화화(戲畫化)되어 있다. 작가는 이러한 작품이라면 얼마든지 써 낼 수 있다고 말했는데 이는 소세키의 울분이 카타르시스 되어 나왔음을 말한다. 『도련님』과 『나는 고양이다(吾が輩は猫である)』는 귀국 후 울적한 심경에 놓인 특수한 상황이 창출한 작품이다. 해학성이 두드러진 이 시기의 작품은 웃음의 문학이 아닌 통곡의 문학이라고 해도 과언이 아니다. 내면에 쌓인 응어리들이 배설되듯이 표출되고 있다. 이러한 작

품을 씀으로써 소세키는 생활의 균형감각을 찾았다고 추론한다. 「도련님」은 상반되는 유형의 인물들이 좌충우돌하며 보이는 희극적 작품이다. 이 희극성은 대립구도를 통해서 극적으로 드러난다. 여기서는 '자연과 인간' '자연과 제도' '신질서와 구질서'로 나누어 살펴보고자 한다.

2 대립의 양상

(1) 자연과 인간

인간을 순화시켜주는 청정한 힘은 자연에서 나온다고 소세키는 강조하는 듯하다. 우리가 자연이라는 단어를 말할 때 그 의미는 여러 갈래로 나뉜다. 그 개념에 대해 정리할 필요가 있다. 자연의 원래 개념은 동서양 모두 저절로 생성되어 간다는 데에 토대를 같이하고 있다. 서양의 '자연(nature)'는 자발적으로 생성한다는 그리이스어에서 나온 것이다. 인간이 손질을 가해 만들어진 인공과 구별되는 개념이다. 그러던 것이 17세기 근대 과학이 발전하면서 자연은 객체화되고 대상화된다. 프란시스 베이컨은 저서 『신기관』에서 자연은 관찰되고 분석됨으로써 인간에게 유리하게 활용할 수 있다고 설파한다. 자연을 잘 활용하면 인류의 복리를 증진시킨다는 관점이다. 인간이 경험을 통해 얻은 자연에 대한 방대한 지식은 재화창출의 원천이 될 수 있다는 인식이다.

한편 자연을 수단으로 생각하지 않았던 동양적 사유에서도 자연은

두 개념으로 나타난다. 첫째, 인간과 대립하는 객관적 외계로서의 자연이다. 산과 들, 바다와 하늘, 온천 등이 그것이다. 둘째, 인간 성정에 내재한 내부자연 즉 윤리적 개념으로서의 자연이다. 이것은 작위 혹은 인위와 반대되는 개념이다. 소세키는 동양적 사유로서 이 두 가지 개념을 모두 사용하고 있다. 소세키만큼 작위에 대한 거부감을 표출하는 작가도 드물다. 제도에 대한 불만도 이러한 작위에 대한 거부감 표출의 하나이다. 중기 삼부작 중 하나인 「그후(それから)」에는 사회의 규범으로서의 「결혼」과 인간의 자연의 발로인 「연애」를 대립개념으로 보여준다. 작위와 자연이라는 이분법적 개념은 이후 소세키 문학의 중요 모티프가 된다. 따라서 소세키 문학에서의 「자연」은 중요한 개념이라고 할 수 있다.

일본의 근대화는 서구에 대한 콤플렉스에서 온 작위적 발버둥이며 부자연스러운 작태로 소세키에게 비쳐진다. 따라서 그에 상응하는 부작용이라는 대가를 감수해야만 하는 일본인의 운명을 소세키는 통찰하고 진단을 내린다.

이 작품에는 아름답고 감동적인 자연묘사가 많다. 소세키는 자연이야말로 인간을 치유하고 영혼을 맑게 한다는 인식을 보인다. 그러나 근대를 살아가는 약삭빠른 인간은 자연과 합일을 이룰 수 없다. 근대 속을 위화감 없이 유유히 헤엄치는 속물화된 인간은 자연과 조화하지 못하고 겉도는 모습으로 묘사된다. 아름다운 자연 속에 있더라도 비열한 인간들은 자연과 부조화를 이룬다. 『도련님』 작품 안에는 시코쿠(四國) 시골 중학교를 둘러싼 빨간셔츠 일당이 자연과 대척점에 있으며 겉돌고 있다. 물론 작품은 풍자형식을 취함으로써 심각성이 드러나 보이지는 않지만 일본과 일본인 전체에 일격을 가하고 있다. 이는 일본이라는 섬나라의 편협한 테두리 안에 갇혀 구태의연한 습성을 벗어나지 못하면서 소위 인텔리로 자처하는 일본인들에 대한 메타포인 것이다. 동시에 메이지 시대의 경조부박(輕佻浮薄)한 지식인들에 대한 작가의 저항감으로 읽어낼 수 있다.

소세키가 런던에서 체험한 일본인들은 인간에 대한 배려가 모자라고 세계인식이 편협했다. 그럼에도 불구하고 선각자인양 자기도취적인 추태를 보였다. 소세키는 이러한 경험을 에도코(江戸っ子) 선생의 시코쿠(시골)에서의 우월감이라는 해학적 변용으로 그려냈다. 이 작품의 해학의 저변에는 인간의 존재태(存在態)라는 철학적 물음이 들어있다. 이러한 사바세계 속에서도 인간성을 지킬 수 있는 것은 자연이 있기 때문이다. 인간이 자연과의 합일을 이룰 대 번뇌는 사라지고 자유를 만끽할 수 있다. 그 합일은 인간이 본연의 소박성을 잃지 않을 때 가능한 것이다. 이때의 자연은 산천초목 등으로 표상되는 외부의 자연을 말한다. 작품에서의 대표적 자연은 그 지역의 온천, 노랗게 물들기 시작한 밀감. 먼 바다 낚시 때 느낀 바다의 색과 하늘, 그리고 청량한 바람의 감촉으로 묘사된다. 특히 도련님이 배 갑판 위에 누워 바라본 하늘의 이미지는 매우 인상적이다.

근대화의 일환으로 서구문명이 들어오면서 인간과 자연이 조화로운 관계에서 일탈하기 시작한다. 자꾸 자연을 분석하고 해부하여 인간을 위한 도구로서 사용할 궁리를 하게 되는 것이다. 즉 인간과 자연이 대립적 위치에 놓이게 된다. 곳곳이 파헤쳐지고 문명화가 가속화된다. 따라서 인간관계도 물질의 수혜자가 되기 위한 투쟁관계로 변하고 만다. 이러한 가치체계의 급변속에서 주인공 도련님 선생은 시골중학교에서 동료들과도 가르치는 학생들과도 일체감을 느끼지 못하고 신경만 곤두세운다. 그럴 때 그리워지는 대상이 유모 기요(清)이다. 기요는 근대적 교육과는 거리가 먼 인물이지만 '도련님'이라는 한 인간에 대한 무조건적인 신뢰를 지닌 인물로 설정되어 있다. 인간이 인간에 대해 보내는 믿음만큼 아름다운 것도 없을 것이다. 신분과 교육을 초월하여 작중 도련님과 유모 기요는 완벽할 정도로 그 신뢰를 유지하고 있다. 이들은 근대의 세례를 받지 않았기에 가능한 인물들로서, 소세키의 유토피아적 상상이 창출한 이상적인 인간의 모습이다. 이러한 배경에는 소세키가 심취했던 반주지주의적(反主知主義的)인 동양의 노장(老莊)사상이 보인다.

소세키는 인류의 심원한 지혜로서 손색이 없는 동양의 정신을 산업혁명 이후 경박한 물질주의로 치닫는 서구주의의 한가운데서 보여준다. 그의 평소의 인간관은 인간의 본연에 내재한 에고이즘이라는 근원적인 악이 존재한다고 확신한다. 근대화가 추진되면 될수록 인간성에 내재한 부정적 측면이 두드러질 수밖에 없으며 인간의 상황은 암울하게 될 것임을 암시한다. 우리들이 현실에서 만나게 되는 인간유형은 작품 속에 나오는 빨간셔츠와 같은 부류가 대부분이라고 해도 지나치지 않다. 이처럼 부조화한 관계, 알력, 불목, 이해타산에 의해 이합집산하는 관계가 현대사회의 한 단면이다. 우리는 이미 근대적 가치질서 속에 길들여져 있다. 도련님이 연출하는 일련의 좌충우돌에 대해 근대를 표상하는 빨간셔츠등은 "사회적 미숙이며 순진함"이라고 폄하하여 말한다.

「あなたは失礼ながら、まだ学校を卒業したてで、教師は始めての、経験である。所が学校と云うものは中々情実のあるもので、そう書生流に淡泊には行かないですからね。」

「淡泊に行かなければ どんな風に行くんです。」

「さあ君はそう率直だから、まだ経験に乏しいと云うんですがね。」

「さ、そこで思わぬ辺から乗ぜられる事があるんです。」

「正直にして居れば誰が乗じたって怖くはないです。」(「5장)

위의 글은 빨간셔츠의 입을 통해 말해지고 있지만 상식적인 사람들은 이에 수긍한다. 순수하고 정직한 인간은 삭막한 근대 속에서 갈증을 느끼게 된다. 그것은 「참」에 대한 갈증이며 근대 이전의 전통가치에 대한 갈증이라고 할 수 있다. 도련님 선생님은 눈앞에 펼쳐지는 자연으로부터 참을 느낀다. 인간 중에는 유일무이하게 기요한테서 참을 발견한다. 그래서 다음의 인용문에서 보듯이 남국의 귤나무를 바라보며 기요에게 밀감 열매를 맛보여 주고 싶다는 희망을 드러낸다.

庭は十坪程の平庭、是と云う植木もない。只一本の蜜柑があって、塀の外から、目標になる程高い。

おれはうちへか帰ると、いつでも此蜜柑を眺める。東京を出たことのないものには蜜柑の生っている所は頗る珍しいものだ。あの青い実が段々熟してきて、黄色になるんだろうが、定めて綺麗だろう。今でも最う半分の色の変わったのがある。

여기서 한 그루의 밀감나무의 이미지에 주목하고자 한다. 밀감은 원래 넓은 과수원에 밀식하여 경작하고 재배하는 식물이다. 그러나 여기서는 "한 그루의 밀감나무"이다. 다른 종류의 정원수도 없는 뜰에 심어져 있는 키 큰 한 그루 밀감나무로 나온다. 이 밀감나무는 세속과 절연한 듯 고고한 자태마저 느껴진다. 홀로 영글어가는 밀감은 하루하루 눈에 띄게 변화를 드러낸다. 열매가 커지면서 초록빛은 점점 노란빛을 띠기 시작하며, 동시에 시간의 추이도 보여준다. 남국의 밀감에 매료된 에돗코 선생님의 밀감에 대한 애착이 잘 드러나 있다. 동시에 고독한 소세키의 내면 심상이 드러나 있는 대목이다. 따사로운 황금빛 밀감은 도련님의 마음을 녹여주듯 위안이 된다. 인간에게 절망한 마음에 위안을 주는 것은 자연이다. 그러나 작가는 속물들은 이러한 자연의 진수를 느낄 수 없다고 단언한다. 그들은 자연에 대해서 표피적으로 겉돌 뿐이다. 단순하고 정직한 영혼만이 자연의 편에 설 수 있으며, 자연의 본연을 느낄 수 있다. 속물들은 똑같은 자연 속에 있으면서도 자연을 지식에 의해 왜곡시키기 때문에 자연의 진수를 향유할 수 없다. 단순 정직은 자연의 속성인 것이다. 이와 비슷한 장면은 제「6장」의 바다낚시 때에도 나온다.

　赤シャツは、しきりに眺望していい景色だと云っている野だは絶景でげすと云っている。絶景だか何だか知らないが、いい心持ちには相違ない. ひろびろとした海の上で、潮風に吹かれるのは薬打と思った。いやに腹が減る。「あの松を見たまえ、幹が真っ直ぐで、上が傘のように開いてターナーの画にありそうだね」と赤シャツが野だに云うと、野だは「全くターナーですね。どうもあの曲がり具合いったら有りませんね。ターナーそっくりですよ」と心得顔である。ターナーとは何の事だか知らないが、聞かないでも困らない事だから黙って居た。舟は島を右に見てぐるりと廻った。波は全くない。これで海だとは受け取りにくい程平らだ。赤シャツのお陰で甚だ愉快だ。

아름다운 초가을의 바다를 온몸으로 느끼며 주인공 선생님은 모처럼의 유쾌한 기분을 만끽한다. 그러나 함께 온 빨간 셔츠 알랑쇠 등은 그러한 자연과는 어울리지 않는 속물의 표본이다. 그들은 바다와 섬을 있는 그대로 바라보는 것이 아니라, 얄팍한 지식으로 왜곡시키고 현학(衒學)을 위해 자연을 이용하고 있다. 이때 자연은 속물들과 대척에 서 있는 것이다. 메이지 지식인들의 서구심취에는 다분히 현학성이 있다. 지식이 조금 들어간 상태의 구상유취 같은 것이다. 빨간셔츠와 알랑쇠가 소나무를 바라보며 "터너의 그림 같다." 라고 말함으로써 자연은 왜곡되는 것이다. 그들은 풍경화가 터너(Turner)[1] 를 알고 있다는 지식을 뽐내고 있을 뿐 심미적 안목을 지닌 것이 아니다. 그들은 지적 허영심을 드러내기 위해 쉴 새 없이 말하는 것에 불과하다. 도련님은 마음에 와 닿는 진솔한 느낌을 단순하고 담백하게 토로한다. 자연을 느끼는데 현란한 어휘가 동원되고 지식이 개입된다는 것이 오히려 부자연스러운 작태라 할 수 있다.

우라나리가 벽지로 전근 가는 대신 자신의 급여가 올라가게 된다는 것을 알게 된 주인공은 빨간셔츠를 만나 담판하고는 그 제의를 거절하고 돌아올 때도 주인공의 머리 위에는 은하수가 한줄기 비춘다. 속물들과의 교섭에서 묻은 불순물을 정화시키듯이 자연은 고고한 자태를 드러내고 있다.

---

1) William Turner(1775-1851) : 영국의 수채화가. 담채색의 풍경화에 능했으며 소세키가 런던유학 중에 테이트 미술관에 들러 터너의 그림을 관람했다. 소세키의 글에 자주 거론되는 작가다.

「あなたの云うことは尤ですが、僕は増給がいやになったんですから、まあ断ります。考えたって同じことです。左様なら」と言い捨てて門を出た。頭の上には天の川が一筋かかっている。

순리대로 자연의 질서를 따르는 사람한테는 외부 자연도 항상 인간과 합일을 이루고 있다는 메타포라고 할 수 있다. 그러나 그 합일은 고독한 여운을 수반하고 있다. 이 세상에는 빨간셔츠와 같은 부류들이 주도권을 쥐고 세상을 장악하기 때문에 근대에 저항하는 도련님 유형의 진실한 인간은 소수자로서의 외로움을 느낄 수밖에 없다.

(2) 자연과 제도

「도련님」에는 근대 학제 하에서 이루어지는 학교교육이 인성을 기르는 것과 비례하는 것이 아니라 정반대라는 것을 보여준다. 근대 학교교육은 인간의 심성을 타락시키는데 일조하며 인간본연의 순수성을 퇴색시킨다는 관점이다. 교사들은 술수를 전수하고 학생들은 이를 배워서 사회에 나가서 활용하기 때문에 사회를 타락시킨다는 것이다. 근대 학제하의 교육의 암부를 신랄하게 꼬집고 있다. 메이지 근대교육은 정부의 시책이고 국책교육이므로 작위적일 수밖에 없다. 그것은 국가의 외형적 발전을 위한 필요악이며, 국민 개개인으로 볼 때는 행복의 증진이라고는 볼 수 없다. 제도권에서 이루어지는 교육은 인간의 품성을 높이는 것이 아니라, 국가를 위해 필요로 하는 재목들을 양성하는 거대한 공장과도 같다. 실용주의를 표방한 메커니즘에 의해 운영되었다. 그러다 보니 메이지시대의 학교는 당연히 입신출세를 위한 방법을 가르치는 곳이며, 비열해지는 법을 가르치는 곳이라는 인식이 생겨난다. 지식은 삶의 지혜를 배우는데 쓰이는 순수한 면과 남에게 과시하거나 출세를 위해 쓰여지는 속물성이 있다. 때로는 권력과 결탁하여 폭력을 휘두르기도 한다. 지식과 권력은 결탁하기 쉽다. 작품 속의 중학생들은 미지의 세계를 탐구하기 위한 지적 갈망이 아니라, 교사를 테스트하고 골탕 먹이기 위해 질문한다. 그 마저도 배후 세력에 조종당하고 있다. 선생님의 질책에 순수하게 대답하지 않고 거짓말을 한다. 이러한 인간들을 가르치는 곳이 학교라면, 학교가 존재할 이유가 없다. 근대 학교 교육에 대해 근원에서 재고해 볼 필요가 있음을 작가는 독자에게 반문한다. 아무리 도련님이 교육의 근본에 대해 외쳐보아도, 이것이 현대 교육이 당면한 현실이다. 바야흐로 근대교육의 실상은 배움의 본질이 실용으로서의 학문, 도구로서의 학문으로 변질되어가고 있기 때문이다. 작가는 이를 교육의 타락으로 보고 있다.

> 学校へ入って、嘘をついて、誤魔化して、陰でこせこせ生意気な悪いいたずらをして、そうして大きな面で卒業すれば教育を受けたもんだと勘違いをして居やがる。

더구나 이것이 서구로부터 유입된 제도로서의 교육의 개념이라면 일본의 전통적 교육보다 저급한 퇴보된 개념의 교육인 것이다. 무조건적 서구 추종이 종전의 더 좋은 가치를 버리고 하위의 가치를 수용하고자 법석대는 아이러니다. 작품 속의 중학교 및 대부분의 교사들은 근대화 도상에 있는 신질서를 대표한다고 볼 수 있다. 이에 대해 고슴도치 · 우라나리 · 도련님 · 기요 등의 인물은 구질서를 대표하는 인물들이다. 그들은 역사의 뒤안길로 사라져야 하는 것이다. 이들은 모두 몰락 사족(士族)의 후예들로 그려져 있는데 여기서 사라져 가는 가치들에 대한 소세키의 향수를 엿볼 수 있다.

작가는 가치관의 변화에 따른 과도기적 해프닝으로 그려내고, 권선징악 형식으로 표현했으나 자본주의의 유입이라는 도도한 문명의 물결을 막을 수 없다는 것을 잘 알고 있다. 빨간셔츠 · 알랑쇠 · 마돈나 등은 실리를 추구하기 위해 의리와 체면, 도의를 초개와 같이 버리는 새롭게 등장한 인물 유형이다. 우라나리는 무기력하고 희망이 없는 인물이기 때문에 무시당한다. 고슴도치는 구질서에 속하지만 현실을 통찰할 수 있는 명석함 때문에 경원당한다. 도련님은 스스로 판단할 수 있는 지력을 지니지 못해서 갈팡질팡하다가 나중에야 진실을 간파한다. 작품에서 빨간셔츠 일당이 고슴도치와 도련님에게 통쾌하게 당하고 있는 것처럼 보이나, 결국 고슴도치나 도련님은 사회에서 밀려나야 하는 아웃사이더들이다.

(3) 신질서와 구질서

작가는 신질서와 구질서 모두에 문제의식을 제기하고 있다. 신질서의 사람들은 속물성을 타파해 순화되어야 하며, 구질서의 사람들은 현실을 직시할 수 있는 안목이 있어야 한다는 것이다. 작가는 고슴도치와 도련님이 시코쿠를 떠나도록 결말을 짓는다. 이 작품은 구질서에 속한 사람들이 축출되어 가는 과정을 그린 작품이다. 작가는 「도련님」에서 신질서를 술수와 작위로 인식한다. 작위는 그대로의 자연, 저절로 되는 자연과 대척점에 있다. 일본의 메이지 유신은 작위이다. 일본은 혁명에 의해 완전히 패러다임이 바뀐다. 신질서와 구질서는 충돌하고 우왕좌왕하는 인간들이 속출해 해프닝을 연출한다. 갑작스런 근대화의 흐름 속에 사람들은 적응하지 못하고 신경증을 앓을 수밖에 없다고 작가는 진단한다.

전근대와는 전혀 다른 가치를 지향하는 시대정신에 소세키는 남들처럼 열광하지 않고 병적 징후로서 인식한다. 소세키는 시대의 병리적 현상을 고발함으로써 지식인으로서의 사명을 완수하고자 한다. 이것은 시대에 대한 반역이 아니라 메이지 시대의 혜택을 입은 자가 시대에 대해 보은하는 것이다.

어렸을 때부터 한문학적 소양을 함양하고 그로부터 심신의 수양과 교양을 쌓아온 소세키는 동양적인 명상과 유교적 가치관 · 노장(老莊)의 정신을 그의 자양분으로 삼았다 해도 과언이 아니다. 한학적 소양을 교양과 동일시했다. 중국의 역사서, 당송팔대가(唐宋八大家)의 한시(漢詩), 좌국사한(左國史漢) 문인화(文人畵)에 심취했으며, 호연지기를 키웠다. 명상적 세계에 빠져 즐겼다는 기록도 보인다. 그의 문학에 대한 관심은 한문학에서 비롯한다. 한문학에 경도되어 문학을 일생의 과업으로 삼아보겠다는 포부도 내비치기도 했다. 이처럼 소세키는 구질서 속에서 성장하고 교양을 쌓은 인물이다. 그만큼 구질서에 대한 향수가 많음을「도련님」의 도처에서 찾아볼 수 있다. 우선 인물설정이 그것을 말해준다. 도련님과 고슴도치 우라나리 그리고 기요는 사족의 후예로서 구질서에 속한 인물들이다. 소세키의 출신 또한 지방 토호(土豪)인 나누시(名主) 집안이며 한문학을 배우면서 성장했다.

余は少時好んで漢籍を学びたり。之を学ぶこと短きにも関わらず、文学は斯くの如き者なりとの定義を漠然と冥々裏に左国史漢より得たり。ひそかに思うに英文学も亦かくの如き者なるべし、斯の如きものならば生涯を挙げて之を学ぶも、あながちに悔ゆることなかるべしと。

위의 글로부터 문학이라고 하면 동서양(東西洋)이 모두 비슷할 거라는 막연한 기대 속에서 소세키가 영문학을 전공하게 되었음을 알 수 있다. 「영국시인의 천지산천에 대한 관념」(제국대학 문학담화회) 「문단에 있어서 평등주의의 대표자 월트 휘트먼」(철학잡지)의 글을 발표하고, 『호조키(方丈記)』를 영역(英譯)하는 등 대학시절에 이미 왕성한 업적을 남기고 졸업한다. 이처럼 문학사로서의 경력을 쌓고 30세에 고등관(高等官) 6等이 되었다. 세상 일반의 시각으로는 선택된 수재라고 말할 수 있다. 그러나 문학에 대한 불만은 점점 쌓여갔으며 이러한 감정 상태로 구마모토(熊本)에서 교사생활을 하던 중 영어 연구를 위한 2년간의 영국유학 명령을 문부성으로부터 받는다. 영문학에 대한 답답함을 지닌 채 유학길에 오른 그는 인생의 전기(轉機)를 맞게 되는 것이다. 문학이란 무엇인가라는 숙제를 풀어볼 계기를 얻게 된 것이다.

元来僕は漢学が好きで随分興味を有って漢籍を沢山読んだのである。今は英文学などをやっているが、その頃は英語と來たら大嫌いで手に取るのも厭な様な気がした。(談話 [落第])

私も一五六歳の頃は、漢書や小説などを読んで、文学というものを面白く感じ、自分もやって見ようという気が下ので、それを亡くなった兄に話して見ると、兄は文学は職業にやならない、アッコンプリッシメンに過ぎないものだと云って、寧ろ私を叱った。「処女作 追懐談」

그가 직면한 영문학의 현실은 마음으로부터 공감하고 심취할 수 있는 그런 성질의 것이 아니었다. 격화소양 같은 느낌으로서 실감과는 동떨어진 것이었다.[2] 동양의 관조적 예술과는 달리 시시콜콜한 인간의 삶을 다루는 서양문학에 위화감을 느낀다. 문화와 풍토의 차이에서 오는 이질감을 인정한다고 해도 영문학을 접하고 영국인과 같은 공감을 할 수 없었다. 그는 깊은 회의 끝에 과연 "문학이란 무엇인가"라는 근원에서 문제를 제기하고 그 해답을 찾고자 골몰하게 된다. 그의 유학 시기는 한문학과 영문학의 대비를 통해 문학의 본질, 문학의 요소, 존재이유 영문학 형식론 등을 진지하게 이론적으로 추궁하게 된 시기이다. 이렇게 해서 나온 것이 『문학론』이다. 서양문학에서 느낀 당혹감을 소세키는 진지하게 자신의 문제의식으로서 받아들였다. 서구에 대한 콤플렉스 없이 대등한 입장에서 당당하게 맞선다. 외국문화를 「타인본위」가 아닌 「자기본위」의 입장에서 다루겠다고 독립선언을 한다. 여기에는 런던 유학 중 만난 화학자 이케다 기쿠나에(池田菊苗)[3]의 영향이 컸다. 소세키는 기쿠나에라는 과학자의 학문태도

2) 段々文学がいやになった。西洋の詩などのあるものをよむと、全く感じない。それを無理に喜ばしがるのは、何だかありもしない翔を生やして飛んでいる人のような、金が無いのにあるような顔して歩いている人のような気がしてならなかった。談話「処女作追懐談」明治41年「文章世界」

3) 이케다 기쿠나에 (1864-1936) : 동경제국대학교수. 이화학(理化學)연구소를 창설하고 연구에 진력함. 「味の素」발명자로 유명하다. 소세키가 영국에 유학할 당시 잠시 소세키의 거처에 머물며 밤새워 토론했다는 일화가 있다.

로부터 자신의 방법론을 구축했다. 자연과학도가 대상을 객관적으로 관찰하고 해부하듯이 그는 개개의 문학작품으로부터 문학이란 무엇인가라는 문제에 골몰하게 된다. 그래서 도출한 것은 물질적 낙후와 정신적 낙후는 별개의 문제라는 것이다. 서양의 물질적 풍요에 압도되어 자신들이 쌓아온 정신적 가치를 잃고 우왕좌왕하는 메이지의 현실을 예리하게 통찰한다. 동양과 서양에 대래 탐색한 결과 동양의 정신과 서양의 정신은 확실히 달랐다. 그는 이것을 차이의 관점에서 받아들였으며 우열의 가치인식을 하지 않았다. 소세키는 동양의 정신에 자긍심을 보인 문인이다. 그리고 서양 사람들이 깜짝 놀랄 만큼의 어학적 소양을 보이겠다는 야심이 있었다. 그렇기 때문에 동(東)과 서(西)의 문화적 차이와 감성의 차이를 대등한 위치에서 추적할 수 있었다고 생각된다. 이러한 소세키의 태도로부터, 문명 비평적 요소가 농후한 메이지 문학의 한 장르가 성립한다. 자연 하나를 보더라도 동양인과 서양인의 자연관은 달랐다. 기원전 6세기경부터 발생한 서양인의 원자론적 세계관은 세계를 더 나눌 수 없는 알갱이들의 상호관계로 보는 기계론적 우주관이다. 서양의 문학이 쉽게 공감이 안 되는 것은 자명한 이치다. 이러한 고투의 과정을 거쳤기에 강연 「현대일본의 개화(現代日本의 開化)」[4] 에서 안이한 일본의 근대화를 예리하게 짚어낼 수 있었다고 추론한다. 자국민의 정체성 상실을 우려하고 자기들이 서 있는 지평을 보여준 작가이기에 국민작가라는 위상이 주어졌다고 생각한다. 그는 많은 작품에서 근대적 자아를 창출하여 실험한다. 그는 내부 자연의 소리에 귀를 기울이고 인간 성정의 윤리적 측면

4) 와카야마에서 행한 강연으로 학습원 학생들을 대상으로 했다.

을 강조한다. 양심을 닦아 수신(修身)하는 동양의 선비의 기상을 높이 샀으며, 언행일치를 강조하고, 말 없는 실행, 표리가 없는 담백한 마음에 애정을 보였다. 「무위자연(無爲自然)」의 자연처럼 꾸밈이 없이 저절로 되는 자연의 질서를 숭상한다. 이것들은 모두 구질서의 덕목이 되어버린 새로운 시대에 직면한 것이다.

일본 메이지 시대는 전혀 다른 가치관이 대두하여 이를 추종하라고 사람들을 현혹한다. 메이지 유신이라는 혁명에 의해 완전히 패러다임이 바뀐 것이다. 신질서와 구질서는 충돌하고, 이 와중에 인간들은 우왕좌왕하는 해프닝을 연출한다. 갑작스런 근대화의 흐름 속에 사람들은 적응하지 못하고 신경증을 앓을 수밖에 없다고 소세키는 진단한다.

3. 마무리

지금까지 『도련님』에 나타난 대립적 구도에 초점을 맞춰 살펴보았다. 첫째, 자연과 인간(속물) 둘째, 자연과 제도 셋째, 구질서와 신질서로 나누어 살펴보았다. 이 작품은 해학적 소설이지만 이면을 들여다보면 비극적이다. 경쾌한 유머 문학이라고 말하기에는 의미심장한 요소들이 많다. 소세키 자신 나누시(名主))라는 봉건시대 유지의 자제로 출생했다. 유교적 가치관을 함양한 교양인으로서 구질서에 대한 향수가 많은 문인이다. 인간은 그가 속한 시대와 계급을 초월할 수 없음을 말해준다. 소세키의 작품은 그가 살아온 시대와 그의 교양과 고뇌의 반영이다.

신구 과도기라는 메이지 격동기를 살아온 소세키는 새로운 시대의 도래를 막을 수 없음을 안다. 새로운 시대에는 새로운 질서가 세워져야 하며, 옛 것은 사라지고 새로운 것으로 치환되는 것이 장구한 인류의 역사이다. 이러한 신구 과도기를 살았던 그는 일본 국민들이 겪을 가치관의 혼란을 작품 속에 보여주었다. 나아가 지식인의 사명에 대해서도 설파했다. 메이지시대는 겉으로는 근대화를 외쳤으나 근대사회라고 말하기에는 아직 미숙한 국가주의적 통제사회였다. 개인보다는 국가가 우선시 되었다. 부국강병과 식산흥업을 기치로 앞만 보고 달렸다. 에도 시대와 메이지 시대는 겉모습에서는 확연히 달라졌다. 그러나 유신이라는 획에 의해 인간들의 내면까지 질적으로 달라질 수는 없었다. 의식의 변화라는 것은 더딘 것이다. 무리수를 두어 성급하게 바꾸려 할 때의 폐해란 심각한 것이다. 그 폐해는 국민에게 돌아오고 심신의 부조화라는 형태로서 표출될 수밖에 없다. 이를 입증이라도 하듯이 소세키의 작품에는 신경증과 위장병 환자가 많이 등장한다. 심각한 경우에는 광기에까지 이른다. 이것은 잘못된 방향으로 나아가는 근대에 대한 경고이며 메타포라고 할 수 있다.

서구의 경우, 개인이 자유라는 가치를 획득하기까지 투쟁해 온 장구한 세월이 있다. 마찬가지로 일본인들도 나름대로의 가치관을 가지고 내면의 조화를 이루며 장구한 세월을 살아왔다. 근대 제도로서의 학교가 부재했을 때도 일본인은 인성을 키우고 도덕성을 함양해 질서를 유지해 왔다. 서구적 근대학제가 도입되기 전인 전통사회에서도 훌륭한 교육이 전수되어 왔다. 문제는 종전의 교육목표와 근대의 교육목표가 표방하는 가치관이 다르다는 점이다. 종전의 교육은 의리와 도의를 강조, 윤리적 인간관계를 지향하는 인성교육에 힘썼다. 근대의 교육은 자본주의 원리를 토대로 한 실리주의와 개인주의가 부각된다는 점이다.

서구의 정신사의 흐름을 보면 이성중심주의 합리주의를 기치로 한 계몽주의 이래로 자연과 인간을 대립적으로 보는 시각이 두드러진다. 그러나 동양적 사유체계에서 인간은 거대한 자연의 일부이다. 인간 또한 자연의 연장선상에 있다. 따라서 자연과 인간의 조화로운 관계가 강조된다. 자연은 인간에 의해서 정복되어야 할 대상이 아닌 것이다. 인간은 자연의 일부인 만큼 자연 속에서 겸허함을 배우고 합일을 이루고자 노력하는 것이 덕목으로 주창되었다.

서구는 자연을 있는 그대로 견디지 못하고 변형시키고 왜곡한다. 빨간셔츠와 알랑쇠 등은 서구의 세례를 받은 전형이다. 그들은 있는 그대로의 자연을 느끼는 것이 아니라 마돈나를 세우겠다는 등 터너를 연상시킨다는 등 자연을 가지고 희롱한다. 자연을 통해서 여유와 겸허를 배우던 종전의 정신적 기상은 새로운 시대에는 사라질 운명에 처한 것이다. 도련님과 기요는 자연과의 합일을 느낄 수 있는 구질서의 노스탤지어인 것이다. 그들은 자연의 질서를 거역하지 않고 순응한다. 자연이란 선과 악으로 규정지을 수 있는 것이 아니며, 자연의 본질은 변화이다. 계절의 순환, 생로병사, 식물의 성장 등은 모두 변화이다. 기요는 도련님이 시코쿠로 떠날 때 북향 방에서 감기에 걸려 누워 있다가 도련님이 귀경해서 얼마 안 되어 폐렴에 걸려 죽는다. 기요의 설정에는 처음부터 죽음의 복선이 깔려있다. 죽음 또한 자연의 질서이다. 이에 반해 메이지시대의 개화는 자연의 질서를 거역한 작위라고 말할 수 있다. 이 작품에는 자연의 개념이 큰 비중을 차지하고 있다. 대상으로서의 자연 및 인간 성품에 내재한 윤리적 개념으로서의 자연 모두를 포함한다.

이 작품은 표면적인 에피소드와 문체가 주는 재미 때문에 해학적으로 느끼기 쉬우나 그 저변을 흐르고 있는 것은 정직한 인간들이 퇴장하고 위선에 찬 인간들이 활개 치는 시대상을 적나라하게 보여준다. 도련님과 고슴도치는 학교를 떠나야만 했으며, 기요는 감기에서 폐렴 그리고 죽음이라는 자연의 순환 과정을 밟는다. 기요의 죽음은 무성했던 나뭇잎이 가을이 되어 조락하듯 아무런 저항이 없이 순순히 진행된다. 도련님과 기요는 죽음에 대해서도 담담하게 말한다. 결국 도련님은 남국의 한 그루의 키 큰 밀감 나무처럼 고립무원한 존재로 이 험난한 근대 속에 남겨진 것이다. 눈부신 황금빛 열매를 기요와 함께 먹을 수 있기를 희구했지만 이루지 못하고 그곳을 떠나야 했다. 기요의 죽음을 예견이라도 하듯이 『도련님』의 자연묘사는 처연한 아름다움을 지녔다. 작품의 시작부분에서는 부모의 죽음, 형과의 결별이라는 가족의 해체가 묘사되고, 종결부에서는 기요와 함께 이룬 가정이 기요의 죽음에 의해 해체된다. 이 작품의 전체적 이미지는 해체라는 심상과 함께 소세키의 고독감이 짙게 배어 있다.

나쓰메 소세키 텍스트의 기호상징
-모자와 금테안경의 상징-

1. 머리말

나쓰메 소세키는 1887년에 제일고등중학교 영문과에 입학, 1890년에는 동경 제국대학 영문과에 진학한다. 이미 알려진 바와 같이 그는 한문학으로부터 문학에 대한 관념을 얻어 영문학에 접근했다. 그 당시의 독서로는 칼라일의 『의상철학(衣裳哲學)』등의 논문과 메튜 아놀드의 『문학과 도그마』등을 들 수 있다[1].

또 대학 재학 중에 다수의 문학 평론을 쓰고 『호죠키(方丈記)』를 영역(英譯)한 바 있다. 이러한 사실로 미루어 볼 때 학창시절의 소세키는 이미 영문학과 관련한 깊은 지식과 영어 실력을 갖추었음을 알 수 있다.

1900년 문부성 유학생으로 영국에 파견되어 체재 중에는 셰익스피

1) 瀬沼茂樹 『夏目漱石』, 東京大學出版會, 1993, 14쪽

어를 비롯하여 18세기 영국소설과 그와 관련된 작가들[2]을 연구하였다. 그의 저서 『문학론』과 『문학평론』은 영국 유학의 산물이다. 이러한 저작물이 나왔다는 것은 소세키가 영문학에 대해 깊은 지식을 지녔다는 말이며, 서구문학의 이론에도 정통해 있음을 방증한다. 그래서 작가 소세키를 생각할 때 먼저 영문학자로서의 소세키를 염두에 둘 필요가 있다. 귀국 후 그는 대학에서 「영문학 형식론」을 강의했는데, 이는 영문학을 형식면에서 접근한 강의이다.

이처럼 영문학 이론에 대한 정통한 소세키이기에 그의 창작에서도 영문학 지식을 유감없이 발휘했다고 보는 것은 당연하다. 소세키의 초기 작품은 에크리튀르(文)의 장르가 구분되지 않은 로망스, 사타이어, 피카레스크가 혼재된 문장에서 출발한다. 이후 그의 글은 차차 분화하여 독특한 스타일을 지니게 되고, 본격적인 소설작품이 정착된다. 가라타니 고진(柄谷行人)은 소세키가 구사한 다종다양한 장르와 문체는 일본은 물론이고 외국에도 그 유례가 없을 거라고 말한다.[3]

처녀작 『나는 고양이다』는 로렌스 스턴의 『트리스트럼 샌디의 생애와 의견』을 알았기에 나올 수 있었던 파격적 형식이다. 그는 로렌스 스턴의 작품에 대해 "어느 쪽이 머리이고 꼬리인지 분간할 수 없는 해삼 같은 작품"이라고 평한 바 있다.[4] 따라서 영문학의 이론에 정통하고 폭넓은 독서를 한 그가 『나는 고양이다』와 같은 플롯이 정연하지

2) 소세키는 18세기 작가인 스위프트, 스턴의 작품에 경도하고 있으며, 19세기 중엽 프랑스에서 확립된 자연주의 문학계열에는 반발하고 있다. 그 일례로 모파상의 『진주 목걸이』에 대한 혹평을 들 수 있다.

3) 三好行雄『夏目漱石事典』學燈社, 1999, 112-113쪽 (「エクリチュール」)

4) 宋村達雄『夏目漱石』1 解說 角川書店, 1987, 34쪽 (소세키 평론「트리스트럼 샌디」1897.3)

않은 작품을 쓸 때는 의식적인 자각하에 썼다고 말할 수 있다.

소세키가 후일 직업작가가 되어 창작하는 과정을 보면 점점 주제를 피력하는데 유효한 글의 스타일과 디테일을 구사하고 있는 것을 본다.[5] 이러한 장치는 그가 습득한 영문학에 대한 소양과 함께 동양적 문학 관습이 용해되어 음영이 풍부한 작품 세계를 창출했다고 생각한다.

여기서는 소세키가 작품 속에 구사한 다양한 상징기호 중 '모자'와 '금테안경'이 표상하는 상징성을 고찰하고자 한다.

소세키의 많은 주제 중 하나로 교육자와 문학자의 윤리의식 문제를 들 수 있다. 그의 작품에는 윤리적 문제의식으로 갈등하고 고뇌하는 지식인이 인물의 한 유형으로서 많이 등장한다. 이들과 대극에 서 있는 자들은 세속에 영합한 속물들이다. 속물의 표본으로는 인력거꾼, 식모, 실업가, 화족(華族)들이 제시된다. 이들은 소세키 문학의 부정적 타자들로 작품의 도처에 보이며 때로는 논란의 대상이 되기도 한다.

작가는 등장인물들의 속성을 표현하기 위해 상징기법을 구사하고 있다. 이에 대해 사카구치 요코(坂口曜子)는 그의 저서『夏目漱石論-마술(魔術)로서의 문학-』[6]에서 자세히 분석하고 있다. 본 연구는 사카구치 요코의 발상으로부터 도움을 받았는데, 이를 토대로 모자와 금테안경이 표상하는 상징을 보다 심층적으로 고찰해 보고자 한다. 텍스트는『노방초(道草)』『열흘 밤의 꿈(夢十夜』『그 후(それから)』

5)『나는 고양이다』『도련님』은 여러 요소가 혼재된 글의 분화 이전의 에크리튜르(文) 상태라고 말할 수 있다.

6) 坂口曜子『魔術としての文學 夏目漱石論』沖積舍, 1987

를 대상으로 분석하고자 한다.

2. 『노방초(道草)』의 '모자'의 상징성

소세키는 유년기의 양자체험을 자전적 요소가 강한 소설 『노방초』에서 회상의 기법으로 기술하고 있다. 이 작품은 양부의 계산된 사랑을 기저에 깔면서 유년기의 불쾌한 기억이 재현된다. 기억과 의식의 연속이 중요한 역할을 한다. 이는 베르그송과 윌리엄 제임스의 방법과 상통한다. 『노방초』는 생활인 겐조의 현재가 과거와 미래로부터 단절된 것이 아니라 긴밀하게 이어져 있음을 지속으로 묘사하고 있다.

소세키는 어린 시절 양부와 살면서 불안한 가족관계를 체험했으며, 그 해체도 함께 겪었다. 그를 길러 준 대가로 나쓰메 집안에서는 시오바라에게 양육비와 학용품의 명목으로 금전적 보상을 했다.(제19장). 작 중의 친부는 유언으로 시오바라와 절연할 것을 명한다(제14장). 친가 나쓰메 집안과 양가 시오바라의 집안은 불미스러운 관계로 막을 내린 듯이 보인다. 그러나 『노방초』에서 겐조와 시오바라는 결코 끝난 관계가 아니다. 십 수년 만에 홀연히 나타난 시오바라는 겐조와의 관계를 회복하고자 한다. 그 때문에 겐조는 유년기의 기억을 어쩔 수 없이 떠올리게 된다.

친부모라면 호되게 훈육했을 텐데도, 시오바라는 어린 긴노스케(金之助)가 제멋대로 행동해도 방치했다. 가지고 싶은 것은 무엇이든지 가질 수 있었다. 이것은 부모가 자식의 장래를 염려하고 사랑하는 태도가 아니라 야만이며 위선에 찬 행위였다. 그들에게 긴노스케의 양육은 나중에 보상을 받기위한 투자라는 이해타산이 있었으며, 어른들의 에고이즘이 근저에 깔려 있음을 어린 나이에 터득한다. 이 작품은 하나의 이미지에 연상된 유년기의 일상이 의식의 흐름 기법에 의해 주마등처럼 스쳐간다. 마르셀 푸르스트의 『잃어버린 시간을 찾아서』가 한 조각의 마들렌 빵에서 촉발된 장대한 이야기의 구조이듯이 『노방초』는 시마다에서 촉발된 유년기 역사의 재구성이다.

시오바라의 작중 이름은 시마다(島田)이다. 그러나 『노방초』에는'시마다'라는 이름이 있음에도 불구하고 '모자를 쓰지 않은 남자'라는 표현으로 언급되고 있으며, 각 장 마다 '시마다'라는 이름을 대신한다. 여기에는 작가의 주도면밀한 의도가 내포되어 있다고 본다. 그것은 모자를 교육과 관련된 모티프로 표상하고자 의도한 것이기 때문이다. 즉 '모자를 쓰지 않은 남자'는 '무교육자' 또는 '무교양인'을 표상하는 기호역할을 하고 있다. 원래 모자는 머리를 감싸고 보호하는 물건이다. 일반 상징 이미지 사전에는 지식과 관련된다고 나와 있다.[7] 한편 중세이후 서양에서는 귀족들이 밤새 놀다가 새벽에 귀가할 때 창밖으로 버려지는 오물을 피하기 위해서 실크햇을 썼다고 한다.[8] 이 경우의 모자는 우산의 역할이다. 또 프로이트류의 상징적 의미로 볼 때 모자는 위로 돌출되었다는 속성에서 남근적 이미지를 도출하기도 한다.[9] 소세키의 경우는 매우 개인적인 상징을 구현하고 있다. 이는 개인이 소속된 문화권과도 결부시켜 생각해 볼 수 있다. 메이지 시대 서양의 문물이 들어오면서 모자와 양복이라는 복식이 함께 유입되어 유

---

7) アト·ド·フリース『イメージ.シンボル事典』, 大修館書店, 2000, 315쪽
8) 와타히키 히로시(윤길순 역) 『질투하는 문명』자작나무, 1995
9) 위의 책, 315쪽

행된 것은 사실이지만 소세키의 경우 그것을 활용하여 그의 문학의 상징으로 사용하고 있다.

서양의 모자에 해당하는 동양의 관(冠)은 유교문화권에서 지식인들의 교양문화와 관련되어 있다. 공자의 제자 자로(子路)는 죽을 때 "군자는 죽더라도 관을 벗지 않는다."며 갓끈을 고쳐 매었다는 일화가 있다[10]. 죽으면 그 뿐일 텐데 죽는 순간에도 군자로서의 체통을 지키고자 한 자로의 일화에서 관(모자)과 결부된 동양의 교양문화의 한 단면을 엿 볼 수 있다. 소세키는 일찍이 한문학을 교양으로서 익혔으며, 좌국사한(左國史漢)을 통해서 경세제민이라는 국가경영의 길을 배웠다.

따라서 『노방초』의 양부 시마다가 '모자를 쓰지 않은 남자'라는 표현으로 반복적[11]으로 나타나는 것은 모자에 함의된 유교문화의 심층의식과 무관하지 않다고 본다. 한편, 영국유학을 다녀오고 지식을 많이 쌓은 대학교수 겐조(健三)는 늘 중산모(山高帽)를 쓰고 있다는 것도 간과할 수 없다.

> 그(겐조)의 위치와 처지는 그 당시로부터 보자면 현저히 달라져 있다. 검은 수염을 기르고 중산모를 쓴 지금의 모습과 민둥 머리였던 옛날의 모습을 비교해보면 스스로도 격세지감이 든다. 그러나 상대방(시마다)의 모습은 너무나도 변하지 않았다. 그(시마다)의 나이는 적어도 육십 오륙세는 되었을 텐데 그 사람의 머리카락은 왜 지금까지도 저렇게 새까만 것인지에 대해 마음속에서 의아해 했다. 모자를 쓰지 않고

---

10) 사마천(김원중 역) 『사기열전』상, 「중니(仲尼)제자열전」, 을유문화사, 2000, 100-101쪽

11) 『道草』(ちくま文庫) 제2장 296쪽, 제7장 309쪽, 제11장 321쪽, "帽子を被らない男"가 십여차례 나온다.

외출하는 그 당시의 습관을 지금도 유지하고 있는 그 사람의 특성 또한 그에게는 야릇한 기분을 느끼게 하는 매개가 되었다.[12)]

겐조는 변화하고 발전하는 인물이며, 시마다는 정체된 인물로 표상되고 있다. 겐조는 점점 발전하여 지식을 쌓고 유학을 다녀왔으며, 늘 분주하게 일하고 있다. 민둥머리였던 옛 모습에서 중산모를 쓴 모습으로 바뀌었다는 것도 이를 상징하는 것이다. 시마다는 옛날이나 지금이나 한결 같이 모자를 쓰지 않은 모습이다. 이는 지적으로든 사회적으로든 정체되어 있음을 상징한다. 모자 착용의 유무로 인물의 상태를 드러내고 있다.

중산모는 의식을 갖춘 예복을 입을 때 함께 쓰는 모자이다. 소세키의 다른 작품에서 중산모 혹은 실크햇을 쓰는 예는 『태풍(野)分』의 시라이 도야(白井道也)와 『그 후(それから)』의 다이스케[13)]를 들 수 있다. 『태풍』의 시라이 도야는 문학자로 등장하며,[14)] 문학은 인생 그 자체라고 말하면서 『인격론』을 집필하고 있다. 문학자의 사명은 자신의 높은 인격을 믿고 고난과 역경을 겪더라도 소신을 굽히지 않는다는 강렬한 '자기본위' 철학의 구현자이다. 시라이 도야가 도덕적으로 우월한 위치에 있다는 것을 상징하는 소도구가 중산모이다.

『그 후』의 다이스케는 형과 아버지의 사회적 신분의 후광으로 초대장을 받고 아자부(麻布)의 어느 저택에서 열리는 원유회(園遊會)에

---

12) 『道草』제1장 294-295쪽

13) 『それから』의 다이스케(代助)와 형 세이고(誠吾)는 원유회에 실크햇을 쓰고 참석하며, 점심을 먹기 위해 장어집에서 만난다.

14) 白井道也は文學者である.八年前大學を卒業してから田舍の中學を二三個所流して步いた末,去年の春飄然と東京へ戻って來た.

참석하게 된다. 그 곳에는 사회적 지위를 말해주는 기호가 복장과 언어이다. 소세키는 이 상황에 어울리는 세부묘사를 치밀하게 기술한다. 그 중 하나가 등장인물의 실크햇 착용이다. 실크햇은 높은 수준의 교육을 받았다는 것과 의식주에서도 풍요로운 위치에 있다는 것을 상징하고 있다.

> 세이고(誠吾)와 다이스케(代助)는 약속이나 한 듯이 하얀 손수건을 꺼내 이마를 닦았다. 두 사람은 모두 무거운 실크햇을 쓰고 있다.
>
> (『それから』제5장)

『그 후』의 다이스케는 대학을 졸업한 지식계층이지만 무위도식하면서 살아가는 딜레탕트[15]로 나온다. 그는 음악, 미술, 문학 다방면에 걸친 취미가 있고 직업은 없다. 부친과 형의 재산으로 살아가는 소세키가 창조한 '고등유민(高等遊民)'의 전형이다.

『그 후』「제2장」에는 학창시절의 친구 히라오카가 다이스케를 방문하는데 서로 대비되는 모습을 보인다. 빵을 얻기 위해 치열하게 살아가는 생활인 히라오카와 사회와 일정거리를 둔 취미의 세계에 안주하는 다이스케의 대화는 긴장감이 감돈다. 작품은 종국에 다이스케 역시 빵을 구하기 위해 세상 밖으로 뛰 나가는 것으로 마무리된다. 이 때 다이스케는 사냥모자(鳥打ち帽)를 쓰고 땡볕 속으로 뛰쳐나간다. 직업을 구하려고 나가면서 사냥모자를 썼다는 것은 모자가 상징적 기호

15) 구체적으로는 '닐 아드미러리' 상태로 표현된다. 『それから』2장에 「二十世紀の日本に生息する彼は,三十になるか,ならないのに既にnil admirariの域に達してしまった」라고 되어 있다.

로서의 역할을 한다.

모자의 기표는 지식을 많이 쌓았다는 것, 교육을 많이 받았다는 것과 통하고 있다. 나아가 다양한 의미의 외연을 확장할 수 있다. 소세키는 모자 형태의 변형을 통해서 지식인의 다양한 유형을 창출하는데 성공한다. 중산모를 쓴 겐조는 지식인이라는 것이 강조되어 있지만 신(神)의 눈이라는 절대적인 시선으로 볼 때는 시마다와 똑같이 일개 속물에 불과하다는 인식을 나중에 드러냄으로써 우주라는 무한 속에서 모든 인간은 대동소이하다는 보편성을 제시했다..

서양문학의 관습에 정통한 소세키이지만 그가 사용하는 소도구에는 동양적 무의식이 면면히 흐르고 있음을 알 수 있다. 이처럼 '모자'가 교육 또는 교양과 결부되어 있는 작품으로는 『노방초』외에도 『열흘 밤의 꿈』을 들 수 있다.

3. 『열흘밤 꿈』의 「第六夜」의 에보시 「第十夜」의 파나마모자

『열흘 밤의 꿈』에서도 모자와 관련된 표현이 나온다. 이 작품의 「여섯 번째 꿈」은 불상 조각가 운케이(運慶)와 결부된 꿈 이야기로 다음과 같은 구절이 나온다.

> "이 사내는 옷자락을 허리에 질러 놓고 모자를 안 썼다. 교육을 받지 않은 사람으로 보인다." (『夢十夜』'第六夜')

여기서의 모자와 교육의 상관관계는 보다 명시적이다. '이 사내'란 인력거꾼을 말하는 것으로서, 가마쿠라(鎌倉) 시대의 유명한 불상 조각가인 운케이(運慶)와 대비시키기 위한 인물설정이다. '인력거'는 메이지 시대에 새롭게 등장한 교통수단이다. 소세키는 메이지 개원(1868년) 1년 전인 1867년에 태어나 메이지와 함께 생을 시작한 작가이다. 그는 메이지 시대의 혜택을 많이 받은 사람이지만, 메이지 신정부(新政府)에 의해 주도된 제도개혁과 근대의 산물에 대해서 비판적 입장을 고수해 왔다. 이러한 소세키의 문명 비평가적 관점은 전(前)시대인 가마쿠라 시대의 예술가 운케이의 위상을 높이고 있는 반면 새로운 시대 메이지 시대에 등장한 직업인인 인력거꾼을 폄하한다.

따라서 이 작품에서는 교육을 받지 못한 하층민인 인력거꾼과 구별하기 위해 작가는 운케이에게 에보시(烏帽子)를 씌우고 있다. 그렇게 함으로써 예도를 교육과 등가물(等價物)로 내세운다.

「열 번째 꿈」은 행방불명이 된 청년 쇼타로(庄太郎)에 관한 꿈 이야기이다. 쇼타로는 길을 지나가는 여자의 아름다운 복장과 과일가게에 진열된 선물용 과일바구니를 구경하는 것을 무상의 즐거움으로 삼는 젊은이다. 여자와 과일은 미를 표상한다고 볼 때, 쇼타로는 탐미주의자인 셈이다. 그는 늘 파나마모자를 쓰고 있다. 여기서는 일반 모자가 변형되어 '파나마모자'로 나온다. 파나마모자란 파나마 풀을 재료로 한 여름모자이다. 파나마 풀은 열대 아메리카에 자생하는 식물이다. 이 풀로 만든 파나마모자는 이름 그대로 이국(異國)적인 모자이다. 이 모자 한 개를 완성하는데 세 사람이 작업할 경우 한 달이나 소요된다고 한다.[16] 따라서 가격도 종류에 따라서 매우 고가(高價)를 호가한다.

소세키는 처녀작 『나는 고양이다』에서 미학자(美學者)인 메이테이(迷亭)한테 파나마모자를 쓰게 한다. 구샤미(苦沙彌)의 부인은 자기 남편에게도 파나마 모자를 권유한다(제2장). 월급이 변변치 않은 중학교 영어선생인 구샤미가 쓰기에는 비싼 것이기 때문에 이 작품에서 이 상황은 해학적이다.

위의 파나마모자는 제조 공정이 흡사 예술창작 행위를 연상시킨다. 『나는 고양이다』에서는 미학자인 메이테이가 파나마모자를 쓰고, 『열흘밤의 꿈』에서 아름다움에 탐닉하는 쇼타로가 파나마모자를 쓰고 있다. 따라서 파나마 모자는 운케이의 에보시와 마찬가지로 미(美)를 추구하는 예술과 관련된 의미의 외연확장을 도출해 낼 수 있다.

이 쇼타로가 여자를 따라갔다가 칠일(七日) 만에 가까스로 돌아왔는데 회생할 가망성이 없다. 쇼타로의 선의(善意)는 여자에게 배반당하고 절벽에서 떨어져죽거나 그가 제일 싫어하는 돼지떼들에게 핥아먹혀야 하는 운명에 처하게 된다. 여기서 돼지들은 속물들을 표상하는 상징으로 볼 수 있다.

> "여자를 따라가는 것은 좋지 않은 일이야" (앞의 책 「第十夜」)

라고 겐(健)이 말하는데, 여자는 예술의 방해물임이 드러나는 한편, 또 여자는 돼지로 표상되는 속물들과 이미지를 공유하고 있다.

---

16) 『동아원색대백과사전』「파나마 모자」항목참조. 1987, 동아출판사

"겐은 쇼타로의 파나마 모자를 가지고 싶어 하며 그것을 차지하게 될 것이다."

여기서 겐은 제2의 쇼타로이며 험난한 길일지라도 예술의 길을 지향하고자 하는 인물임을 암시한다. 『열흘 밤의 꿈』역시 '에보시'와 '파나마 모자'라는 장치 안에 "미의 추구"라는 작가의 개인적 상징을 구현했음을 확인할 수 있다.

이 외에도 소세키는 『산시로(三四郎)』에서 신식 이학자 노노미야(野野宮)에게 "갈색의 새 중절모 (新しい茶の中折帽)"를 씌우고 있는가 하면 시대착오적인 히로타(廣田)선생에게는 "낡은 모자(古い帽子)"를 씌운다.[17] 이러한 여러 예로 미루어 볼 때 '모자'는 소세키가 심혈을 기울여 사용한 기호임을 알 수 있다.

4. 『그 후』의 금테안경

소세키의 작품에서 반복적으로 사용되는 상징 기호는 모자뿐만이 아니다. 그의 작품에서는 금테안경도 중요한 기호 역할을 한다. 금테안경의 경우, 처녀작인 『나는 고양이다』에서 그 맹아(萌芽)를 찾아볼 수 있다. 구샤미(苦沙彌) 선생의 친구인 미학자(美學者) 메이테이(迷亭)는 늘 금테안경을 쓰고 있다. 메이테이가 구샤미 선생을 골탕먹일 때와 독자들을 기만할 때는 금테안경 너머로 바라보는 모습이 부각된다.

---

17) 사카구치 요코, 앞의 책 『夏目漱石論』「漱石の象徵主義-『道草』論-」 44쪽 참조.

그의 친구는 금테 안경 너머로 주인의 얼굴을 바라보며 "그래 처음부터 능숙하게 그릴 수는 없는 것이야. 첫째 방안에서 상상만으로는 그릴 수가 없는 법이지. 옛날 이탈리아의 대가 안드레아 · 델 · 사르토라는 사람이 말하기를 그림을 그리려면 뭐라 해도 자연 그 자체를 그려라. 하늘에는 별이 있고 땅에는 꽃이 있다. 새가 날아다니고 짐승은 달린다. 연못에는 금붕어가 노닐고 고목나무에 까마귀가 앉아 있다. 자연은 이처럼 한 폭의 커다란 그림이라고 말했네. 어때. 자네도 그림다운 그림을 그리고싶다면 사생을 좀 해 보면."

"그래 안드레아 델 사르토가 그런 말을 한 적이 있었다니. 전혀 몰랐네. 과연 듣고 보니 맞는 말이야. 정말 그래."하면서 주인은 매우 감타하고 있다. 금테안경 안쪽에서는 조소하는 듯한 웃음이 보였다.

(『나는 고양이다』제1장)

위 글은 미학자 메이테이가 친구 구샤미 선생에게 근거도 없는 이론을 펼치는 대목이다. 구샤미 선생이 무턱대고 감탄하는 모습을 고양이의 눈으로 관찰된다. 일본 지식인들의 무조건적인 서양 심취를 꼬집는 풍자적인 묘사이다.

이 금테안경은 『그 후』의 히라오카 쓰네지로(平岡常次郎), 『태풍』의 나카노 기이치(中野輝一)에게도 착용되는데 이는 우연이 아니라 작가가 주도면밀하게 배치한 상징적 디테일이다. 금테안경의 부재료인 금(金)은 메이지 신정부가 주력한 자본주의 제도와 결부시킬 수 있다. 나아가 자본주의의 병폐인 배금주의와 관련되어 있다.

『그 후』의 히라오카(平岡)는 결혼 후 오사카의 어느 은행에 근무하게 되는데, 부하직원의 금융사고에 대한 책임을 떠맡아 결국 사직한다. 이처럼 히라오카는 금융업에 종사하는 인물로 직접 돈을 다루고 있다. 그리고 돈 때문에 실패하는 인물로 설정되어 있다. 따라서 금테 안경을 쓴 히라오카라는 인물설정은 상징적 의미가 있다. 히라오카의 경우 근시안(近視眼)이 강조되어 있는 것도 상징적이다. 『그 후』「제2장」에 히라오카가 다이스케를 방문할 때 안락의자에 앉아서 안경 닦는 모습이 나온다. 같은 장에서 다이스케가 모처럼 해후하게 된 친구를 요리집에 데려가는데, 은근히 술기운이 오른 히라오카가 턱을 괴고 안경 속의 쌍거풀 눈이 빨개진 채 다이스케의 말을 듣고 있는 대목이 있다. 히라오카의 경우 근시안의 강조는 그가 근시안적인 안목으로 결혼했으며, 근대 사회의 맥락을 읽지 못해 낙오자가 되었음을 상징적으로 말해준다.

「제16장」 종장(終章)에서는 옛 연인 미치요(三千代)를 되찾겠다는 다이스케의 말을 듣던 히라오카의 안경이 흐려진다. 안경이 흐려진다는 것은 히라오카의 이성이 흐려지는 모습이다. 이후 히라오카의 행동은 미치요와 다이스케를 파멸시키는데 진력한다.

『태풍』의 나카노 기이치 역시 다른 등장인물과 달리 유복한 집안에서 태어나 돈 걱정을 모르고 사는 청년 문학자이다. 외부 사물에 대한 정서적 반응 또한 다른 인물들과 다르다. 환경이 다르면 감성역시 다르다는 것을 보여주고 있다.

나카노는 고등학교 동창인 가난한 친구 다카야나기 슈사쿠(高柳周作)를 여러 형태로 도와준다. 작품의 마지막에 시라이 도야는 다카야나기에게 빚을 독촉하게 되는데, 다카야나기는 나카노 한테 받은 요양비 백원으로 시라이의 채무를 변제한다. 이 배후에는 실업가인 나카노의 아버지가 있다. 금테 안경을 쓴 나카노에게는 배금주의를 대표하는 악덕 실업가의 아들이라는 함의가 있다.

소세키는 교양과 무관한 신흥 부르조아 계층이야말로 사회의 질서와 도덕을 유린하는 원흉으로 본다. 이들이 자행하는 문명의 타락을 저지해 바른 방향으로 이끄는 것이 지식인의 책무라고 강조한다. 이 신흥 부르주아 표본은 이와사키(岩崎)와 미쓰이(三井)이다. 이와사키(岩崎彌太郎)는 메이지 초기의 실업가로서 미쓰비시(三菱) 재벌의 창업자이다. 미쓰이와 함께 메이지시대 이후의 재계를 양분했다. 미쓰이 집안은 에도 초기부터 전형적인 상업 고리대금 자본가로 유명했다. 메이지유신 때 정상(政商)으로 발전한다. 이후 미쓰이 합명회사를 본거지로 하여 은행, 신탁, 보험, 광산, 상업, 무역 등 모든 부문에 걸쳐 종합적 콘체른[18]을 이룬다. 소세키의 작품에는 이들에 대한 부정적 언급과 실업가에 대한 공격이 많다.

『나는 고양이다』의 가네다(金田)와 스즈키 도쥬로(鈴木藤十郎)에 대한 공격은 이와사키와 미쓰이에 대한 공격으로 보인다. 또, 『마음(こころ)』에서는 사람을 악인으로 만드는 것은 돈과 사랑이라고 단언함으로써 돈의 유혹적 속성을 꿰뚫는다. 『그 후』에서는 '일본제당 독직사건(日糖事件)'이라는 실업가의 부정부패 사건이 나온다. 사회와 일정거리를 유지하고 살아가는 다이스케의 인생에 실업가가 긴밀히 연결되어 혼담이 추진된다. 이는 개인의 의지와 상관없이 사회는 유기적으로 얽혀 있다는 것을 말해준다.

근대 자본주의 사회에서 도의적으로 살아가기란 어렵다는 것을 소세키는 잘 간파하고 있다. 그래서 학습원(學習院) 학생들을 대상으로

---

18) 콘체른(konzern); 기업결합을 말한다. 법률적으로 독립된 몇 개의 기업이 출자 등의 자본적 제휴를 기초로 지배 종속관계를 형성하는 기업결합체로서, 미국의 록펠러 일본의 미쓰이, 미쓰비시가 그 표본이다.

한 강연 『나의 개인주의』에서는 "금력에 수반되는 책임"에 대해 설파함으로써 일본의 장래를 대비한다.

부의 표상인 실업가와 화족에 대해 소세키는 작품 도처에서 격앙된 어조로 질타한다. 이는 그들이 돈만을 추구하고 도의를 져버리는 것에 대한 개탄이다.

『태풍(野分)』에서 시라이 도야는 "부자를 식자(識者)인양 존경하는 바보짓을 그만두고 학자야말로 존경해야 한다."고 설파하는가 하면, 『태풍(二百十日)』에 등장하는 가난한 두부장수의 아들 케이(圭さん)는 화족과 부자는 야비한 근성을 사회전체에 만연시키는 암적 존재로 여긴다. "문명의 탈을 두껍게 쓴 화족(華族)과 부자를 아소산(阿蘇山)의 분화구 속으로 쳐 넣어야 한다"는 등 강도 높은 분노를 표출한다.

화족이라는 신분은 메이지 유신 다음 해인 1869년에 황족(皇族) 아래 사족(士族) 위에 위치한 족칭(族稱)이다. 처음에는 구게(公卿) 다이묘 (大名) 들한테만 허용했으나 나중에는 화족령(1884년)에 의해 메이지 유신의 공신과 실업가에게도 적용된다. 그들은 공 · 후 · 백 · 자 · 남(公 · 侯 · 伯 · 子 · 男)의 작위를 부여 받았으며 특권을 지닌 사회적 신분이 되었다. 이 신분은 1947년이 되어서야 신헌법 제정에 의해 폐지된다.

메이지 시대는 돈의 위력이 지대한 전대미문의 격동기였다. 소세키는 이미 영국유학을 통해 자본부의의 위력을 실감했다. 소세키는 배금주의를 표상하는 여러 기호를 창출해 냄으로써 그의 주제를 효과적으로 전달하고 있다.

5. 마무리

지금까지 나쓰메 소세키 문학의 기호상징에 대해 살펴보았다. 모자와 금테안경이라는 장치를 통해 교육과 자본주의와 관련된 주제를 효과적으로 전달하고 있다. 소세키는 『문학론』에서 문학의 내용을 구성하는 형식에 대해 'F + f'라는 유명한 공식을 제시했다. 'F'는 초점적인 인상 또는 관념을 의미하며, 'f'는 관념에 수반되는 정서를 의미한다고 언급한다. 따라서 소세키의 작품에는 그의 문학론의 이론이 활용되었다고 본다. 작가가 핵심적 주제를 전하기 위해서는 효과적인 수사법을 동원하는 것은 당연하다. 영문학자 소세키는 영문학을 해부하면서 독자적 원리를 발견했다고 생각된다.

소세키가 문단에 등장한 것은 귀국한 이후이다. 소세키가 유학을 하던 20세기 초(1900년-1902년)의 영국은 산업혁명을 달성하고 자본주의가 무르익어간 시기로 여러 사회문제가 표면화 된 시기다. 눈부신 문명 발전의 이면에는 가려진 암부가 있다, 이를 목격한 그는 다가 올 일본의 현실을 우려한다. 러일 전쟁 이후의 일본은 자본주의 사회로 급속하게 진입한다. 그는 작가의 사명의식을 전면에 내세우고 창작하는데 문명비평의 주제는 소세키 텍스트의 핵심이다. 소세키는 앞에서 보듯이 확고한 방법의식을 가지고 창작에 임했다. 『문학론』에서 설명한 초점적 인상은 관념(F)이다. 관념만으로는 예술이 될 수 없다. 철학과 문학은 변별되어야 한다. 문학이 되기 위해서는 문학의 내재적 원리를 따라야 한다. 이로부터 레토릭과 기호라는 개념이 대두된다. 소세키는 문학의 형식과 내용에 대해서 고심한 작가이다. 그래서 다양한 스타일의 작품을 썼으며, 실험적 자아들을 작품 속에 담아냈다.

소세키의 문학의 독자성은 동양적 전통에다 서구적 문학 기법을 견고하게 엮어 놓았다는데 있다. 소세키의 작품은 작가가 습득한 서구 문학의 다양한 기법과 동양적 무의식이 교차하면서 보다 풍부한 음영을 창출하고 있다고 생각한다.

소세키가 구사한 기호 상징은 모자뿐만이 아니라 반지, 거울, 향수, 백합, 동백꽃, 비(雨), 기차, 그네 등 실로 다양하다. 여기서는 그 중에서도 모자와 금테안경의 상징성에 주목해서 살펴보았다.

나쓰메 소세키의 『유리문 안』의 세계
-의식의 유동성 · 카르마 · 생명의 불가사의-

1. 서론

나쓰메 소세키(이후, 소세키)는 1910년에 '슈젠지 대환(修善寺の大患)' 이라고 불리는 생사의 문턱을 오가는 경험을 했다. 임사상태를 체험한 이후의 소세키의 작품세계는 그 이전의 작품과 확연히 달라진다. 점점 내면으로 침잠하는 경향을 보인다. 슈젠지 대환과 관련된 수필로는 『생각나는 것들(思い出す事など)』(1911)이 있으며 여기서 상세하게 기술하고 있다. 『유리문 안(硝子戸の中)』은 이로부터 4년 후 발표된 소품으로서 이 작품의 연장선에서 소세키의 심연을 들여다 볼 수 있어 주목된다.

소세키의 텍스트의 특징은 인간의 의식에 대해 깊이 파고드는 것이다. 이것은 '생(生) 철학자'로 알려진 베르그송[1]과 미국의 심리학자 윌

1) 앙리 베르그송(Henri Bergson;1859-1941) : 프랑스의 철학자로 자연과학적 세계

리엄 제임스(이후, 제임스)[2]에 경도하게 된 것과 무관하지 않아 보인다. 『슈젠지일기(修善寺日記)』와 『생각나는 것들』에서 소세키는 '제임스 교수'에 대해 언급한다. '슈젠지 대환'이라고 부르는 삶과 죽음의 경계를 넘나든 희귀한 체험은 이후 죽음의 문제에 대해 깊이 사색하는 변곡점이 된 사건이다. 30분간의 가사(假死)상태를 체험한 그는 '8월 24일의 사건'[3]을 도스토예프스키의 간질과 비교하며 그 시간의 질적 의미에 대해 추적한다. 자신이 사경을 헤매던 그 순간에 제임스 교수가 타계한 것을 외국 잡지를 통해 확인하고 두 사람간의 인연의 불가사의를 반추한다. "8월말 일요일 향년 69세로 타계"라는 부음을 접한 소세키는 교수와의 인연을 회상하며 자신이 생사의 기로에 있던 그 순간 제임스교수가 동일한 상황에 놓여 있었다는 것을 떠올리며 결코 우연으로 치부할 수 없는 사건으로 인식한다.[4] 죽음의 위기를 가까스로 모면한 소세키는 이후 제임스의 『다원적 우주(多元的宇宙)』[5]

관에 반대한다. 물리적 시간개념과 이질적인 순수지속으로서의 체험적 시간을 제시한다. 구체적 삶은 개념에 의해 파악해 낼 수 없는 부단한 창조적 활동이며 창조적 진화라는 직관주의를 표방한다. 소세키는 윌리엄 제임스 교수의 저서를 통해 베르그송을 알게 된다.

2) 윌리엄 제임스(William James ;1842-1910) : 미국의 심리학자 철학자로서 소설가 헨리 제임스의 형이다. 철학자 듀란트는 이들 형제에 대해서 "형은 소설 같은 철학책을 쓰고 동생은 철학책 같은 소설을 썼다"고 말한 바 있다. 소세키도 이 말을 『思い出す事など』3장에서 언급하며 제임스 교수의 저서는 "읽기 쉽고 명쾌하다"고 언급한다. 지속적으로 소세키의 관심을 끈 철학자이다.

3) 소세키는 1910년 8월24일 저녁 8시에 갑자기 500그램이나 되는 피를 토하고 뇌빈혈을 일으켜 인사불성이 된다. 모두 아침까지 못 버티고 타계할 거라고 판단, 회사에 알리는 등 마음의 준비를 한다. 이때의 기억을 『생각나는 일들(思い出す事など)』에서 반복적으로 회상하고 있다.

4) 『思い出す事など』3장 pp.571-574 참조

5) 하버드 대학에서 의학을 전공한 윌리엄 제임스는 강단에서 생리학을 강의했으나 인간의 경험과 의식에 지대한 관심을 가졌기 때문에 생리학을 넘어 심리학영역을

를 재독한다.『다원적 우주』(1909)는 제임스의 만년의 역작으로 이 책을 출간한 이듬해에 제임스는 타계한다. 소세키는 슈젠지(修善寺)로 전지(轉地)요양을 가기 전 병상에서 제임스의『다원적 우주』를 읽고 있었다. 슈젠지로 향할 때도 이 책을 가지고 갔으나 독서를 할 만큼의 체력이 안 되어 다 읽지를 못한다. 이런 일화로부터 소세키와 제임스 두 사람 사이에는 강렬한 자장(磁場)이 있음을 본다.

소세키는 인간의 이성만으로는 다 설명할 수 없는 불가사의한 현상이 우리의 삶에는 내재해 있다는 것을 통찰하고 창작의 모티프로 삼은 작가이다. 제임스 또한 인간 의식은 복합적이며 경험의 연속성 속에서 바라보아야 한다고 주장한 학자이다.[6] 소세키는 평소 자신이 지녔던 동일한 생각을 바다 저편의 서양 학자가 지니고 있다는데 놀란다.『유리문 안』의 세계는 뭔가에 촉발되어 파문처럼 일어나는 유동하는 의식을 관찰해서 현상학[7]적으로 기술한 글쓰기라는 점에서 제임스의 이론을 상기시킨다.

한편 소세키를 거론할 때 빠지지 않는 것이 불행한 유년시절 체험이다. 인간존재의 근원을 추적하다 보면 궁극적으로 도달하게 되는 것이 존재의 근원으로서의 출생과 가족관계라고 말할 수 있을 것이다. 죽음을 앞 둔 만년의 소세키는 이것들에 대해 깊이 응시하고 추적

개척하게 된다. '의식의 흐름'을 처음으로 학술용어로 사용한 사람이다. '의식의 복합성'은『다원주의자의 우주』제5강 '의식의 복합성에 관하여' 에서 상세히 논하고 있다. 윌리엄 제임스,김혜련역(2018)『다원주의자의 우주』아카넷, pp. 185-217

6) 윌리엄 제임스 정양은 역(2012)『심리학의 원리』제9장 '사고의 흐름' pp.431-436 참조

7) 인간의 의식과 현상의 기저에 있는 본질을 밝히는 것이다. 이 방법은 최종적으로 작가의 의식과 일체화한다. 이러한 점에서 현상학적 글쓰기는 의식비평이다. (川口喬 (2000)『文學批評用語辭典』研究出版社, p. 88. 참조)

한다. 이 소품의 내용은 주로 인생을 살아오면서 겪은 인상적인 사건들이라고 할 수 있는데, 인생과 생명의 불가사의를 기술한 것이 많다.

본고는 소품 『유리문 안』의 세계를 우연히 세상에 던져진 존재가 파악한 생의 불가사의와 인생에 내재한 카르마(業)에 초점을 맞춰 살펴보고자 한다. 그리고 이 작품의 방법으로는 제임스의 의식의 흐름의 방법과 관련지어 고찰하고자 한다. 이를 바라보는 시선은 죽음을 예감한 작가의 시선이라는 의미에서 '말기의 눈' 이라고 명명했다. 말기의 눈에 비친 소세키의 원형적 심상들은 어떤 것인지 살펴보기로 한다.

2. 카르마 · 생의 불가사의

소세키의 『유리문 안』은 총39장으로 구성된 작품이며, 이 안에 들어있는 에피소드는 26화이다.[8] 서장(序章)에서 작가는 글을 쓰는 시점이 1915년이라는 것을 "작년부터 유럽에서 전쟁이 발발했음"[9]을 언급함으로써 알려준다. 현재의 자신은 감기 때문에 유리문을 사이에 둔 서재 안에 갇혀 단조롭게 지낸다고 말한다. 단조로운 세계이지만 사람이 방문하기도 하고 때로는 자신이 외출을 하는 경우도 생긴다. 이 작품의 공간은 서재 안의 세계와 서재 밖의 세계가 서로 교차하면

8) 다케모리 덴유(竹盛天雄)의 해설을 참조함 (『硝子戸の中』岩波文庫, 1997, pp.127-129)

9) "去年から歐州で戰爭が始まっている." 「硝子戸の中)」 「1장」 『夏目漱石全集 10』 2002, 筑摩文庫, p.190,

서 진행된다. 화자의 뇌리에는 여러 단상들이 떠오르는데 방문객들과의 접촉도 한몫을 한다. 작가가 오십 인생을 살아오면서 목도한 죽음에 관한 기억이 많이 나오는데 죽음은 머나먼 세계에 속한 것이 아니라 삶 속에 있으며 화자는 죽음을 마주하고 있다. 작가는 이러한 의식의 유동을 섬세하고 투명한 필치로 전한다.

인간이 의식할 수 있는 대상은 시간과 공간을 아우르며 무수히 존재하지만 프로이트의 학설에 따르면 경쟁과 검열을 거친 일부만이 그 대상이 된다. 무의식이라는 심층부에 있던 의식이 검열을 거쳐 명료한 의식으로 떠오른다는 것이 프로이트 학파의 주장이다. 아스라이 기억에서 사라져간 과거의 사실들도 회상을 통해 현재의 의식 속에 생생하게 재현시킬 수 있다. 그러기 위해서는 뭔가 계기가 주어져야 한다. 소세키는 인간의 의식 현상과 의식 작용에 대해 평론 「문학론(文學論)」「문예의 철학적 기초(文芸の哲學的基礎)」에서 이미 설파했는데, 『유리문 안』에서는 이를 실험하듯이 상세히 추적하고 있다. 소세키는 「문예의 철학적 기초」(1911)에서 '의식추이의 법칙' 에 대해서 다음과 같이 정리한다. '나(私)' 라는 존재와 '사물(もの)' 은 없어도 '의식' 은 있다. 그리고 그 의식이 대상에다 편의상 이름을 붙이게 되며 그 의식은 연속한다." 라고 기술한다.[10] 이는 의식의 흐름 즉 의식의 유동성에 주목한 설명이다. 소세키는 여기서 더 나아가 의식은 공간과 시간, 그리고 인과의 법칙과 불가분의 관계에 있음을 설파한

---

10) 普通に私と称しているのは客觀的に世の中に實在してものではなく,ただ意識の連續して行くものに便宜上私と云う名を与えたのであります(中略)物が自分から獨立して現存していると云う事も云えず,自分が物を離れて生存していると云う事も申されない.

다. 그러면서 "공간이라는 개념은 상당히 난해한 개념으로서 문법이 문장 속에 포함되어 있듯이 공간개념도 구체적인 의식 안에 포함되어 있다고 보아야 한다."[11]라고 정리한다. 소세키가 정리한 '의식 추의(意識推移)' 법칙 중 9번째 항목에는 "시간 안에서 발생하는 정해진 연속을 통일해서 인과(因果)라는 이름을 붙이고 인과의 법칙을 추상해낸다."[12] 라는 내용이 있다. 의식의 유동성 개념은 제임스의 이론이기도 하다. 소세키는 여기에 인과의 개념을 보태서 사고의 영역을 확장시키고 있다. 카르마(karma)는 인과로부터 파악되어야 하는 개념이다. 소세키는 우리의 인생 안에는 업(業) 또는 업력(業力)이라는 보이지 않는 행위가 작용하고 있음을「24장」의 일화를 통해 보여주고 있다.

소세키는 이성 만능주의로는 설명할 수 없는 틈새의 영역을 전광석화와도 같은 직관으로 파악해 펼쳐 보인다. 직관이란 정신에 의한 정신의 투시로서 논리적 추론으로 얻어진 결과가 아니다. 따라서 직관에 의한 인식은 분석적 인식과 대조를 이룬다고 할 수 있으며, 오히려 본능에 가깝다고 말할 수 있다. 소세키는 이성이 주관하는 일상적 영역이 아닌 일상의 틈새에 속한 영역에 지대한 관심을 보인 작가이다. 그래서 그의 작품은 꿈과 광기 같은 비일상(非日常)을 종종 소재로 삼고 있으며, 생에 내재한 부조리 및 불가사의 등을 비일상의 형식을 통해 드러내는 경향을 보인다.

작품「6장」에서「8장」에 걸친 '어느 여성의 고백'은 자살하고 싶을 만큼 고통스런 연애의 기억을 지닌 여성이 소세키를 방문해 조언을

---

11) 夏目漱石(2002)『文芸の哲學的基礎』『夏目漱石全集』10권, 筑摩書房,pp.329
12) 앞의 책, p.331

구하는 내용이다. 소세키는 자신의 심경과는 정반대의 조언을 함으로써 그 여성이 자살을 하지 않고 생명을 이어가게 한다. 작가는 이렇게 조언을 하고 나서 평소의 신념과 배치되는 말을 한 자신에 대해 새삼 놀라게 되고 자신의 마음을 마치 타인의 것처럼 관찰한다는 대목이 나온다.

그녀의 상처로부터 뚝뚝 떨어지는 피를 '시간'의 힘으로 닦아주려고 했다. 내가보기에 그녀한테는 아무리 평범한 삶이라도 살아가는 편이 죽는 것 보다 적절했기 때문이다.

이리하여 늘 삶보다 죽음이 존귀하다고 믿었던 나의 희망과 조언은, 결국 불쾌로 가득 찬 삶이라는 것을 초월할 수 없었다. (「8장」

彼女の傷口から滴る血潮を「時」に拭わしめようとした。いくら平凡でも生きて行く方が死ぬよりも私から見た彼女には適当だったからである。

かくして常に生より死を尊いと信じている私の希望と助言は、遂に不愉快に充ちた生というものを超越する事が出来なかった。

이는 자명하다고 여겼던 확고한 신념도 상황에 따라서 유동적일 수 있으며 모순을 드러내게 되는 불가사의를 토로한 것이다. 이 조언에는 이성을 넘은 직관이 작용하고 있다. 비록 자신은 생의 불쾌를 견디기가 힘들어 차라리 죽음이 존엄하다고 평소 생각하고 있었지만 타인의 인생에 대해서도 똑 같은 척도로 재단할 수 없다는 인식이 들어있다. 작가는 그래서 "내가 보기에 그녀는 살아가는 편이 적절했기 때문이다." 라고 덧붙인다. 그렇다고 해서 자신이 평소 지녔던 "죽음이 삶보다 고귀하다"는 태도가 거짓이라는 말은 결코 아니다. 이것이 이성으로 설명할 수 없는 인간 의식의 불가사의라고 할 수 있을 것이다. 앞서 언급한 제임스는 일찍이 이성주의에 대항해 직관의 우위를 설파했으며 직관으로부터 종교체험과 윤리체험의 근원을 밝힌 철학자이다. 이러한 제임스의 생각은 평소 소세키가 지닌 생각과 일맥상통한 것이기에 강한 공감을 표명한 것으로 해석할 수 있다. 인간이 지닌 정신적 능력 중에는 대상과의 감응능력, 그리고 논리적 추론이 없이 파악되는 직관이 있다. 이러한 능력은 사람에 따라 다른 것으로 천차만별이라고 할 수 있다. 소세키는 『문학론』제5편 제1절에서 의식을 모의적(模擬的)의식 · 능재적(能才的)의식 · 천재적(天才的)의식으로 3분류하고 있다. 모의적 의식은 지배 받기 쉽고 모방하는 의식이다. 사회의 대다수가 지니는 의식이기도 하다. 능재적 의식은 적극성을 지닌 뛰어난 소수자의 의식이다. 천재적 의식은 선견성 때문에 대중의 이해를 받지 못하는 단독자의 의식이라고 정리할 수 있다.[13] 소세키의 경우는 천재적 의식이 작동했다고 볼 수 있다. 천재적 의식은 섬세하며 당대에 이해받기 어려우나 나중에 이해받는 선견성이 있다. 둔감한 부류의 사람과 아집에 사로잡혀 완고한 사람들은 천재적 의식을 이해하지 못한다. 그래서 이러한 부류들과는 소통불능의 타자의식을 느낄 수밖에 없다. 여기서 인간과 인간이 진정으로 소통한다는 것은 가능한가라는 근원에서의 물음이 제기된다. 아무리 설명을 해도 소통할

---

13) 佐藤深雪(2014)「夏目漱石とプラグマテイイズム」『Hirosima Journal of International Studies』(20) p.54

수 없는 유형의 인간이 있는가 하면 구구한 말과 설명이 없이도 이심전심 소통되는 유형의 인간이 있다. 서로 다른 두 유형이 부딪혔을 때 예민한 기질의 사람은 답답한 나머지 급기야 울화가 치미고 감정은 극도로 소모되고 피로감은 누적된다. 여기에 해당하는 에피소드는 「12장」에서 「13장」에 걸친 '사코시(作越)의 남자' 와 「18장」'머리 속이 수학처럼 정리되지 않아 답답하다고 상담하러 온 여자' 를 들 수 있겠다.

'사코시의 남자'는 화자에게 단자쿠(短冊) 와 시(詩) 등을 써달라고 부탁하는 사람으로 일방적으로 친화적 공세를 해오던 사람이다. 화자도 이에 선의로 응해 주었다. 그러던 중 양자 간에 오해가 발생하고 만다. 누가 보냈는지 발신인이 없이 배달된 차(茶)를 별생각 없이 개봉해서 먹어버린 것이다. 화자는 얼마 후 사코시의 남자로부터 후지산 그림을 돌려달라는 영문도 모르는 독촉에 시달리게 되고 옥신각신 신경전을 벌인다. 그러던 중 우연히 서재를 정리하다가 사코시의 남자가 보낸 봉투를 발견하게 되는데, 그 안에 후지산 그림과 화찬(畫讚)을 써달라는 내용의 글을 읽게 된다. 오해가 발생한 것이다. 마셔버린 차는 부탁의 대가라는 것을 알아차리고 당혹스런 마음에 보내준 차에 대한 감사인사와 함께 사건의 발단이 된 그림을 돌려보냈다. 그러나 그것으로 끝나지 않고 다른 부탁을 집요하게 해 와서 곤혹스러웠던 인간관계의 경험을 전한다. 화자가 두 장에 걸쳐서 상세히 쓴 것으로 보아 매우 강렬했던 기억이었음에 틀림없다. 결말에 "내가 이런 사람을 만난 것은 태어나서 처음이다."라고 맺는다. 세상에는 각양각색의 인간이 있으며, 도무지 소통이 안 되는 인간 부류가 있음을 작가는 자신의 경험을 사례로 독자에게 전하고자 한 것이다.

「18장」'머리 속이 수학처럼 정리되지 않아 답답하다고 상담하러 온 여자'의 경우도 여기에 해당될 듯하다. 다음은 화자와 방문객의 대화를 발췌한 것이다. 편의상 본문과는 다르게 '여자(女)'와 '화자(話者)'의 대화체로 구성해 보았다.

여자 : 아무래도 내 자신의 주위가 질서정연하게 정리가 안 되어서 갑갑한데 어떻게 하면 좋을까요? 라고 물었다. (이 여성은 어떤 친척집에 기거하고 있어서 집이 비좁은데다 아이들이 시끄러운 거겠지 생각해서 내 대답은 매우 간단했다.)

여자 : 아니에요. 방이 아니라 내 머리 속이 정리가 안 되어 곤란을 겪는 거에요. (중략) 사물에는 뭐든지 중심이 있지 않나요?

화자 : 그것은 눈으로 볼 수 있고 자로 잴 수 있는 물체에 관한 이야기지요. 마음에 형체가 있는지요? 있다면 그 중심이라는 것을 여기에 꺼내 보십시오.

여자 : 저는 처음 선생님을 뵈었을 때, 선생님의 마음은 보통사람 이상으로 정돈되어 있다고 생각했습니다.

화자 : 그럴 리가 있나요.

여자 : 하지만 그렇게 보였는걸요. 내장의 위치까지도 정리 정돈되어 있다고 생각되었습니다.

화자 : 만일 내장이 그 정도로 잘 조절되어 있다면 이처럼 늘 아프지 않겠지요?

여자 : 저는 아프지는 않아요.

화자 : 그건 당신이 나보다 낫다는 증거입니다. 라고 대답했다.

(「18장」)

女 :「どうも自分の周囲がきちんと片づかないで困りますが、どうしたら宜しいものでしょう」と聞いた。(この女はある親戚の宅に寄寓しているので、そこが手狭な上に、子供などがうるさいのだろうと思った私の答は、すこぶる簡単であった。)

女 :「いえ部屋の事ではないので、頭の中がきちんと片づかないで困るのです。」(中略)「物には何でも中心がごっざいましょう。」

話者 :「それは眼で見る事ができ、尺度で計る事のできる物体についての話でしょう。心にの形があるんですか。そんならその中心というものをここへ出してご覧なさい」

女 :「私は始めて先生を御見上げ申した時に、先生の心はそういう点で、普通の人以上に整っていらっしゃるように思いました」

話者 :「そんなはずがありません」

女 : でも私にはそう見えました。内臓の位置までが整っていらっしゃるとしか考えられませんでした」

話者 :「もし内蔵がそれほど具合よく調節されているなら、こんなに始終病気などはしません」

女 :「私は病気にはなりません」

話者 :「それはあなたが私より偉い証拠です」と私も答えた。

위의 문답은 상황으로 미루어볼 때 해학적이고 아이러니에 차 있다. 위의 여성은 강박증에 시달리고 있으며 사물을 지극히 단순하게 해석하는 여성임을 알아차릴 수 있다. 수학에 흥미가 많은 이 여성은 매사를 수학의 한 영역인 기하(幾何)의 중심 이론으로 접근하고자 한다. 사람의 심리와 기하는 전혀 다른 기반 위에 놓여 있음에도 불구하고 수학적 잣대로 해결하고자 한다. 화자는 인간의 마음에는 적용할 수 없는 잘못된 접근이라고 설득시키고 있지만 도무지 소통이 되지 않는다. 결국 단순한 유형의 여성은 육체가 건강하고, 사물이란 상황에 따라 다르게 해석될 수 있음을 통찰하는 화자는 늘 병치레를 하고 있다는 것이 드러난다. 이처럼 인생이란 다양한 인간들이 얽혀 관계를 맺고 제각기 주의주장을 펼치는 무대인 것이다. 이러한 과정에서 드러나는 희극성 내지는 아이러니를 보여주는 일화라고 말할 수 있다.

이와 상반되는 에피소드는 「9장」과 「10장」에 걸친 옛 친구 O의 이야기다. 작가와 O는 학창시절부터 알고 지내온 사이이다. 세월이 많이 흐르고 각각 서로 다른 공간에서 직장인의 삶을 살아왔다. 오랜만에 도쿄에 찾아온 친구는 화자를 만나고 싶다는 전갈을 보내오고 집에서 만나기로 약속을 한다. 화자가 부재중임에도 불구하고 O는 먼저 와서 내실에서 기다리고 있다. 이러한 O의 격의 없는 태도는 시간이 흘러도 이심전심으로 통하는 정겨운 인간의 표본을 보여준다. 그동안 살아온 세월을 말해주듯이 두 사람은 희끗희끗한 머리의 중년 신사가 되어 있다. 오랜만의 상봉임에도 서로 반기는 기색이 역력하고 격의가 없으며 학창시절의 장난기마저 여전하다. 진정한 인간관계는 입신출세나 지위의 고하, 시간의 흐름을 초월하여 소통하는 관계이며 따뜻한 체온을 느끼게 하는 관계임을 보여주고 있다. 앞서 언급한 「12장」'사코시(作越)의 남자' 와 「18장」'머리 속이 수학처럼 정리되지 않아 상담하러 온 여자' 의 일화와 대비되는 일화라고 할 수 있다. 작가는 극명하게 대비되는 인간관계의 사례를 끼워 넣음으로써 독자로 하여금 많은 것을 생각하게 한다.

「24장」은 인간의 인과(因果)를 다룬 독특한 이야기로서 '세배객한테 들은 슬픈 이야기'라는 형태로 전개된다. 작가는 '무사(無事)'와 '정사(情事)'를 거론하며 남자 새배객으로부터 기이한 이야기를 끌어낸다. 이 이야기는 자신이 의도하지 않았지만 부지불식간에 저지르는 업이 있으며 그 지배를 받는다는 것을 암시적으로 전한다.

이 새배객은 과거에 어떤 여인을 알았으며 그 여성도 그에게 마음을 두었다. 그녀는 그가 자신을 데리고 가 주기를 바라고 있었으며 애매한 형태의 약속을 그에게 했다. 그러나 그 남자는 자신이 계획한 목표를 달성하겠다는 굳은 의지 때문에 여인의 마음을 헤아리지 못했다. 얼마 후 그 여인이 스스로 목숨을 끊었는데 그 죽음이 자신과 연관이 있다는 것조차 모른 채 오랜 세월을 살아온 것이다. 세배객은 화자와의 대화를 통해 지나간 일의 진상을 깨닫고 놀란다. 이 세배객은 밤마다 악몽에 시달리고 있으며 아직까지도 미혼이다. 다음은 화자와 세배객이 주고받는 대화이다.

"내가 고용살이를 하고 있을 때 어떤 여인과 2년가량 만났던 적이 있습니다. 상대는 물론 여염집 여인은 아니었습니다. 그러나 그 여인은 이미 없습니다. 목을 매어 죽었습니다. 나이는 열아홉이었습니다. 열흘가량 만나지 않은 동안에 죽어버렸습니다. 그 여자에게는 기둥서방이 둘 있었는데 서로가 고집을 세워 낙적비용으로 경쟁을 했습니다. 양쪽 모두 수양어멈을 자기편으로 삼아 이쪽으로 오라 저쪽에 가지마라 하면서 몰아세웠던 모양입니다......" "당신은 그 여자를 구해줄 수는 없었습니까" (중략) 그 기녀는 당신 때문에 죽은 게 아닐까요 (중략) "당신이 간접적으로 그녀를 죽인 것인지도 모릅니다," "어쩌면 그런지도 모르겠습니다" "당신은 밤에 잠드는 것이 불편하지 않습니까" "정말이지 불편합니다." (「24장」)

「まだ使用人であった頃に、ある女と二年ばかり会っていた事があります。相手は無論素人ではないのでした。しかしその女はもういないのです。首を縊って死んでしまったのです。年は十九でした。十日ばかり会わないでいるうちに死んでしまったのです。その女にはね、旦那が二人あって、双方が意地ずくで、身受の金を競り上げにかかったのです。それに双方共老妓を味方にして、こっちへ来い、あっちへ行くなと義理責にもしたらしいのです。…」「あなたはそれを救ってやる訳に行かなかったのですか」（中略）「その芸妓（げいしゃ）はあなたのために死んだのじゃありませんか」（中略）「あなたが間接にその女を殺した事になるのかも知れませんね」「あるいはそうかも知れません」「あなたは寝覚（ねざめ）が悪かありませんか」「どうも好くないのです」

위의 에피소드는 앞서 언급한 소세키의 '의식 추의(意識推移)' 법칙 중 9번째 항목인" 인과의 법칙이 연상되는 일화이다. 소세키는 인과의 사슬인 업(業)에 대해서도 진지하게 사색했다. 한번 저지른 행위는 카르마라는 형태로 위력을 발휘하고 있음을 상기시킨다. 그 세배객은 의도적으로 여성을 죽게 한 것은 아니지만 여성이 자살함으로써 업이 발생했으며, 그 업은 종결되지 않고 현재에도 진행형으로 지속되고 있다는 것을 보여주고 있다. 소세키는 시간과 공간 그리고 인과에 대해서 깊이 탐색한 작가로서 이는 카르마에 대해 말해주고 있는 일화이다. 사람이 무심코 행한 행위가 비극적 결과를 초래함으로써 업을 짓게 되고 본인은 영문을 모르는 기이한 경험을 한다는 것이다. 새배객으로 등장한 남성이 때때로 악몽을 꾸고 아직까지도 미혼이라는 것은 업보에 의한 것임을 암시한다. 업이란 한번 발생하면 소멸하지 않고 어떤 형태로든 현재에 이어진다는 것을 보여줌으로써 인생에 내재한 불가사의를 보여주고 있다. 무의식적으로 저지른 행위라 할지라도 한번 일어난 것은 지속되어 인과의 사슬을 이어가고 있음은 소세키가 즐겨 사용하는 모티프이다. 『노방초(道草)』의 "한번 일어난 것은 지속된다."[14]는 것과 상통하며 여기서 생의 전율이 생겨난다.

소세키의 텍스트는 의식의 중심에서 밀려나 있는 미약한 의식 존재에 대해서도 다룬다. 이것은 평론 「문예의 철학적 기초」에서도 말하고 있는 내용이다. '갑'이라는 의식이 중심이 되면 지금까지 중심이었던 '을'이라는 의식은 밀려나 희미해지듯이 의식은 어느 하나가 중심이 되면 다른 것은 밀려나가서 희미해진다. 서로 다른 두 의식이 동시에 중심이 될 수는 없다.[15] 이처럼 의식은 끊임없이 유동하면서 우리의 경험 속에 침투하고 있음을 말한다. 『유리문 안』의 일화 중 작고한 형들에 얽힌 이야기가 나올 때는 의식의 중심이었던 형들이 차차 의식에서 멀어져가고 그 주변의 잡다한 인상들이 작가의 의식 속에 자리한다. 또 화자가 태어나기도 전 근왕파(勤王派)와 막부지지파(佐幕派)가 싸우던 유신 전 혼란기, 집안에 도둑이 들었던 사건을 전해들은 '액자형 이야기(入れ子構造の物語)'에는 화자의 상상력이 가미되어 그 시절이 재현되고 의식의 흐름에 의해 여러 정경이 펼쳐지고 있다.

소세키의 작품 세계를 추적하다 보면 '부모미생이전(父母未生以

---

14) 『道草』에는 "一遍起った事は何時までも續くのさ." "片付かない." 가 반복적으로 나온다. p. 556

15) 夏目漱石(2002) 『文芸の哲學的基礎』』 『夏目漱石全集』10권, 筑摩書房,pp.330-331 참조

前)'[16]에 까지 소급되는 경우가 있다. 이 때문에 소세키 문학을 신비주의와 인과의 세계라고 파악되기도 한다. 이러한 세계는 이성이라는 견고한 아성(牙城)에서 벗어난 비일상의 카르마의 세계라고 말할 수 있다.

베르그송과 제임스는 이미 이성 중심주의를 거부하여 이성의 타자들을 통찰했던 선각적인 사상가들이다. 제임스는 의식을 고정된 것으로 믿었던 기존의 설을 뒤엎어 의식은 유동하는 것이라고 설파했다. 또한 일원론적 우주관을 부정하고 『다원적(多元的) 우주』와 『종교적 경험의 제상(諸相)』이라는 저술을 발표했다. 제임스는 일찍 이성주의와 대극에 있는 직관주의를 비롯하여 종교체험과 윤리체험의 본원에 대해 밝힌 철학자이다. 이러한 제임스의 생각은 소세키가 평소 지녔던 생각과 일맥상통한 것이어서 소세키는 이에 강렬한 공감을 표명할 수 있었다고 생각된다. 소세키의 경우 의식과 무의식의 경계는 모호하다. 어떤 의식이 있을 때 그 주위에는 무한한 몽롱한 의식이 공존한다고 말한다. 「38장」의 이야기는 화자가 어릴 적에 어머니가 화자에게 보여준 자상한 사랑을 그린 것으로서 매우 구체적이다. 그래서 시간이 흐른 지금까지도 어머니는 화자의 그리움의 대상이다. 그런데 「38장」의 마무리에서 화자는 이 구체적인 내용이 어디까지가 사실이고 어디까지가 상상인지 모르겠다면서 의구심을 내비치고 있다. 어떤 의식이 있을 때 그 주위에 무한한 몽롱한 의식이 공존한다는 것은 이

16) '父母未生以前' 은 부친과 모친이 태어나기 이전으로서, 『문(門』에서 주인공 소스케(宗助)는 절에 참선을 가서 '父母未生以前本來の面目になって出て來い ' 라는 공안을 받았으나 통과하는데 실패한다. 인간이 자신의 본연(本然)을 추구하고자 할 때 겪는 처절한 고뇌와 결부된다. (三好行雄 (1997) 『夏目漱石事典』學燈社, pp.200 참조)

경우를 말하는 것으로 해석된다.

소세키와 제임스 그리고 베르그송은 인간의 의식현상과 직관에 대해 깊이 추적한 사상가들이라는 점에서 친연성을 보이고 있다. 소세키가 베르그송을 알게 된 것은 제임스를 통해서이다. 소세키 작품의 심리적 경향은 인간의 마음과 인간의 의식 활동의 불가사의를 추구하는 방식으로 나타나는데, 이는 제임스와 베르그송의 사상과 일맥상통하는 부분이다.

3. '말기의 눈'에 비친 원형적 심상

'말기의 눈(末期の目)'은 아쿠타가와 류노스케(芥川龍之介)가 「어느 옛 벗에게 보내는 수기(ある旧友へ送る手記)」(1927)에서 사용한 말이다. 이 수기는 구메 마사오(久米正雄)한테 남긴 아쿠타가와의 유서이다. 이 안에는 자신이 자살을 결심하고 여러 가지 준비를 다 마친 상태에서 하루 하루 살아가는 처절한 심경이 들어 있다. "자연이 아름답다는 것이 죽음을 앞둔 나의 눈에 비춰진다."[17]라고 적고 있다. 이와 같은 심경은 죽음과 대면한 사람의 심경으로서 소세키의 『유리문 안』에서도 친연성을 찾아볼 수 있다. '유리문' 이라는 경계를 이루는 장치를 설정하여 외부 세계와 내부 세계를 공간적으로 나누어 보

17) 1927년 7월24일 밤에 신문 기자에게 공표되고 다음날 신문에 게재된 아쿠타가와의 유서이다. 이 오서 안에 " 今は唯死と遊んでいる.(中略) 唯自然はこういうぼくにはいつもよりも一層美しい.君は自然の美しいのを愛し,しかも自殺しようとする僕の矛盾を笑うであろう.けれども自然の美しいのは,僕の末期の眼に映るからである " 라는 구절이 나온다.

여주고 있다. 내부에서 바라보는 외부세계는 열쇠구멍을 통해 보는 것처럼 시야가 한정되어 있다. 그러나 소세키의 눈에는 자연의 모습이 아름답게 그려진다. 마지막 장도 자연에 대한 싱그러운 묘사로 마무리된다. 이러한 시선은 달관한 듯한 '말기의 눈' 과 닮았다. 한편 내부 세계는 닫힌 공간이지만 작가의 의식은 쉬지 않고 활동한다. 이러한 의식의 흐름은 기억의 파편들이지만 시공을 넘나들고 있으며 영역도 넓다. 그 의식들은 두서가 없어 보이지만 수많은 기억들 중에서 선택된 것들이다. 선택된 내용의 특징을 보면 죽음의 심상들이 많다. 기르던 동물들(개와 고양이)의 죽음에 얽힌 이야기, 가족과 지인들의 죽음, 근대화 속에서 사라져 간 기억속의 장소들이 선택되고 있다. 죽음의 문턱까지 다녀온 사람의 그 이후의 삶은 덤이라고 말할 수 있다. 그래서 화자에게 비치는 인생의 모습은 남다를 수밖에 없다고 가늠해본다. 죽음을 앞둔 작가가 회상하는 과거의 기억은 강렬한 인상을 지닌 것임에 틀림이 없을 것이다. 우리의 의식을 추적하다 보면 어떤 사물이 계기가 되어서 잊힌 과거가 떠오르고 무의식 깊숙이 침잠했던 파편들이 의식 위로 떠오르는 것을 경험할 수 있다.

『유리문 안』은 소세키가 타계하기 1년 전 작품이다. 그래서 죽음을 예감한 작가가 자신의 전인생(全人生)을 관조하듯이 바라보고 있다는 의미에서 '말기의 눈'이라고 부르고자 한다. 말기의 눈으로 바라본 대상들은 어떤 것들인가? 소세키의 텍스트를 충실하게 따라가다 보면 최종적으로 소세키의 심연과 조우하게 된다. 『유리문 안』은 소세키의 심연을 들여다 볼 수 있는 원형들이 많이 발견되는 작품이다. 이 텍스트 속에서 몽롱하게 드러나는 무의식들은 결국 의식을 비추는 '거울'의 역할을 수행하고 있다.

소세키는 봉인(封印)된 무의식을 끌어내어 억압되었던 타자들의 세계를 의식의 표층으로 드러내는 방법을 사용한다. 「29장」에서는 불행한 유년기의 기억을 다루고 「37장」「38장」에서는 어머니에 대한 아련한 추억과 그리움을 나타내고 있다. 이것들은 유년기의 트라우마와 관련한 의미심장한 내용들이며 후일 작가 소세키가 탄생하는 중요한 요인이 된다.

나는 부모가 만년에 낳은 소위 막내이다. 나를 낳았을 때, 어머니는 이 나이에 회임하는 것은 면목이 없다고 말했다던 이야기를 종종 전해 듣곤 했다. (중략) 나의 부모는 내가 태어나자마자 나를 수양아들로 보냈다. (중략) 고물을 팔아 생계를 꾸려가는 가난한 부부였던 듯하다. 나는 그 고물잡동사니와 함께 작은 소쿠리 안에 넣어져서 매일 밤 요쓰야(四谷)의 대로에 있는 야시장에 방치된 것이다. 그것을 어느 날 밤 나의 누나가 우연히 거기를 지나치다 발견해서 불쌍하게 여겼는지, 품에 안고 집으로 데려 왔는데, 나는 그날 밤 아무리해도 잠을 자지 않고 밤새 울어서 누나는 아버지한테 크게 혼났다고 한다. (중략) 그러나 다시 곧 어떤 집에 양자로 보내졌다. 그것은 아마 네 살 때였던 것 같다. 나는 철이 들 나이인 여덟 아홉 살 때 까지 거기서 성장했는데 이윽고 양가에 묘한 일이 발생해 재차 본가에 돌아오게 되었다. (「29장」)

私は両親の晩年になってできたいわゆる末子である。私を生んだ時、母はこんな年歯をして懐妊するのは面目ないと云ったとかいう話が、今でも折々は繰り返されている。(中略) 私の両親は私が生れ落ちると間もなく、私を里にやってしまった。(中略) 古道具の売買を渡世にしていた貧しい夫婦ものであったらしい。私はその道具屋の我楽多といっしょに、小さい笊の中に入れられて、毎晩四谷の大通りの夜店に曝されていたのである。それをある晩私の姉が何かのついでにそこを通りかかった時見つけて、可哀想とでも思ったのだろう、懐へ入れて宅へ連れて来たが、私はその夜どうしても寝つかずに、とうとう一晩中泣き続けに泣いたとかいうので、姉は大いに父から叱（しか）られたそうである。（中略）しかしじきまたある家へ養子にやられた。それはたしか私の四つの歳であったように思う。私は物心のつく八九歳までそこで成長したが、やがて養家に妙なごたごたが起ったため、再び実家へ戻るような仕儀となった。

나는 어머니를 기념하기 위해 여기에 뭔가 쓰고자 하는데, 공교롭게도 내가 알고 있는 어머니는 나의 뇌리에 대단한 재료를 남겨주지 않았다. 어머니의 이름은 지에(千枝)이다. 나는 지금도 지에라는 단어를 그리운 대상 중 하나로 꼽고 있다. (「37장」)

私は母の記念のためにここで何か書いておきたいと思うが、あいにく私の知っている母は、私の頭に大した材料を遺して行ってくれなかった。母の名は千枝といった。私は今でもこの千枝という言葉を懐かしいものの一つに数えている。

어느 날 나는 이층에 올라가 혼자 낮잠을 잔 적이 있다. 그 무렵, 나는 낮잠을 잘 때면 자주 가위에 눌리곤 했다. (중략) 아무리 발버둥을 쳐도 손발을 움직일 수 없거나, 나중에 생각해 봐도 꿈인지 현실인지 분간이 안 되는 경우가 많았다. (중략) 아무튼 내 것이 아닌 많은 돈을 써버렸다. 그것을 무슨 목적으로 어에 썼는지는 불분명하지만 어린 나로서는 변상할 방법이 없어 소심한 나는 자면서도 몹시 괴로워했다. 그리고 마침내 큰 소리를 질러 아래층에 있는 어머니를 불렀다. (중략) 어머니는 내 소리를 듣고 곧 이층으로 올라와 주었다. (중략) 나는 괴로움을 이야기하면서 어떻게 좀 해 달라고 부탁했다. 어머니는 그 때 미소를 지으면서 "걱정하지 말거라. 엄마가 얼마든지 돈을 내 줄테니까" 라고 말씀해 주셨다. 나는 매우 기뻤다. 그래서 안심하고 다시 편안하게 잠이 들었다. 나는 이 사건이 전부 꿈인지, 또는 반쯤만 사실인지, 현재도 의아하게 생각한다. (「38장」)

或時私は二階へ上って、たった一人で、昼寝をした事がある。その頃の私は昼寝をすると、よく変なものに襲われがちであった。(中略)手足を動かす事ができなかったり、後で考えてさえ、夢だか正気だか訳の分らない場合が多かった。(中略) 何しろ自分の所有でない金銭を多額に消費してしまった。それを何の目的で何に遣ったのか、その辺も明瞭でないけれども、小供の私にはとても償う訳に行かないので、気の狭い私は寝ながら大変苦しみ出した。そうしてしまいに大きな声を揚げて下にいる母を呼んだのである。(中略) 母は私の声を聞きつけると、すぐ二階へ上って来てくれた。(中略) 私の苦しみを話して、どうかして下さいと頼んだ。母はその時微笑しながら、「心配しないでも好いよ。御母さんがいくらでも御金を出して上げるから」と云ってくれた。私は大変嬉しかった。それで安心してまたすやすや寝てしまった。私はこの出来事が、全部夢なのか、または半分だけ本当なのか、今でも疑っている。

위에 제시한 인용문은 소세키의 심연을 들여다 볼 수 있는 원형적 심상으로 어머니를 향한 애틋한 그리움을 담고 있다. 어머니를 생의 근원으로 삼아 전인생을 관조하고 있는 듯하다. 불행한 유년기를 거쳤음에도 불구하고 어머니에 대한 무한한 신뢰와 사랑을 확인하는 일화이다. 소세키의 작품을 조명할 때 프로이트적 방법이 유효한 것은 소세키가 유년기에 겪은 트라우마가 창작과 긴밀하게 이어지고 있기 때문일 것이다. 소세키가 겪은 유년기의 트라우마는 그의 의식 심층 깊숙이 각인되어 이후 신경증으로 발현되는 것을 확인할 수 있는데 또한 이것이 창작의 원동력이 되었음은 물론이다. 천재들에게 종종 발견되는 타고난 민감성 기질과 질곡이 많은 인생역정은 혼연일체가 되었을 때 광기가 수반된 그로테스크한 세계를 창출하는 경우를 본다. 보들레르와 포(Poe) 등 천재 작가들은 데모니쉬한 영혼의 심층세계를 보여준 선각적인 예술가들인데 소세키에게서도 이와 같은 면모를 발견할 수 있다. 유년기의 트라우마는 신경질적 기질로 발현하기 쉽다. 또 소세키처럼 실존의 불안을 안고 인생을 출발한 사람은 일반적인 사람들과는 다른 시각으로 삶을 파악할 수밖에 없다. 그러한 질곡 속에서도 생모를 향한 무한한 신뢰와 애정을 보여주고 있다는 점이 작가의 휴머니즘이라고 말할 수 있겠다. 「38장」의 마무리에서 이 일화가 어디까지가 사실인지 화자 스스로도 의구심을 내비치고 있는 점이 흥미롭다.

위에서 보듯이 소세키는 작품 속에 꿈이라는 모티프를 많이 다루는 작가이다. 이는 소세키의 트라우마와 불가분의 관계에 있는 신경증과도 연관이 있다고 생각된다. 소세키는 예술 창작의 원동력으로서의 무의식의 위력을 자각하고 적극적으로 활용한 작가이다.

소세키의 텍스트를 충실하게 따라가다 보면 최종적으로 소세키의 심층의식과 조우하게 된다. 그런 의미에서 『유리문 안』은 소세키의 무의식 심층의 원형이 담긴 작품이라고 말할 수 있다. 소세키는 『그 후(それから)』에서 무의식이라는 심층부는 잠자고 있는 것 같아도 거대

한 회오리바람을 일으킬 수 있어서 강력한 힘을 지니고 있다는 것을 보여주고 있다. 그런 점에서 무의식은 의식을 비추는 거울로서의 역할을 한다고 말할 수 있다.

초기작 『양허집(漾虛集)』[18]에는 '꿈'과 '현실'의 왕복운동을 드러낸다. 소세키는 현실과 꿈을 동일시하고 있으며 현실에서 무력감을 느낄 때 사람은 더욱더 꿈을 꿀 수밖에 없다는 역설을 보여준다. 꿈이라는 것을 알면서도 순간의 꿈에 자신을 몰입하는 것이다. 따라서 '양허'의 '허(虛)'는 곧 '꿈'이라는 등식이 성립하며, 우리의 삶이란 가상에 떠도는 것이라는 뼈아픈 통찰이 보인다. 우리가 영위하는 삶 또한 백일몽으로서 꿈은 잠을 잘 때 만 꾸는 것이 아니다[19]. 소세키는 『유리문 안』에서 무의식 심층부에 가라앉은 기억들을 의식의 표층으로 끌어내어 보여줌으로써 침묵하던 타자들의 세계를 백일하에 드러내고 있다.

「3장」「4장」「5장」은 기르던 개 헥토르의 일생을 다룬 이야기다. 헥토르와의 인연에서 시작하여 가족이 된 헥토르의 일상, 그리고 죽음에 이르는 과정이 애잔하게 묘사되어 있다. 소세키는 슈젠지 대환 이

---

18) 소세키는 『나는 고양이다(吾輩は猫である)』집필 중에 『런던탑(倫敦塔)』『칼라일 박물관(カライル博物館)』『환영의 방패(幻影の楯)』『거문고 소리(琴の空音)』『하룻밤(一夜)』『해로행(薤露行)』『취미의 유전(趣味の 遺傳)』등의 작품도 세상에 내놓는다. 이 작품들을 모아서 『양허집(漾虛集)』이라는 제목을 붙였는데, 이것은 두보(杜甫)의 詩 '춘수양허벽(春水漾虛碧)'에서 따온 것이다. "허무하게 떠돈다"는 뜻으로 꿈과 같은 현실로부터 진실을 추구하려는 작가의 자세를 엿볼 수 있다.

19) 소세키는 1896년 (明治29) 「인생(人生)」이라는 에세이에서 인생과 소설의 관계를 말한다. 소설은 일정한 법칙을 따라 전개되지만 우리 인생은 예측이 불가능해서 간단히 소설화할 수 없다는 것이다. 갑자기 닥쳐오는 천재지변을 어떻게 이해해야 하는가? 라며 소설보다 부조리한 인생의 특성을 말한다. 여기서 백일몽이 나오며 잠을 잘 때만 우리는 꿈을 꾸는 것이 아니라 의관속대(衣冠束帶)한 채로 꿈을 꾸기도 한다면서 '생의 부조리성'을 예리하게 간파하고 있다.

후 자주 병석에 누워 있었기 때문에 죽음이라는 명제를 진지하게 대면하고 있음을 본다. 생명이란 태어나서 죽는 것이 자명한 이치이지만 우리는 번잡한 일상 속에서 그 자명함을 잊고 살아간다. 만년의 소세키의 텍스트는 유독 죽음의 심상이 짙게 배어 있음을 본다.

「28」장은 기르던 고양이에 얽힌 이야기다. 소세키는 여러 차례 고양이를 기른 경험이 있다. 여기에 나오는 고양이는 부엌의 선반 위에 올라갔다가 기름통에 빠지는 사고로 털이 전부 빠져버리고 피부병까지 얻어 고통스러워하는 고양이이다. 화자는 고양이가 안쓰러워 차라리 약물로 안락사를 시키는 편이 낫겠다고 생각하고 있었다. 그러나 본인이 지병 때문에 병원에 입원하는 등 분주한 나머지 고양이에 대해 잊고 있었다. 그러던 어느 날 집에 돌아와 보니 그 아프던 고양이 몸에 까만 털이 돋아나기 시작하고 건강이 회복되고 있는 것이다. 정말 신기한 일화이다. 이는 인간의 이성에 의한 판단이라는 것이 얼마나 허약하고 오판을 할 수 있는 것인가. 그리고 생명이란 얼마나 끈질기고 신비한 것인지를 말해주는 다소 경이로운 이야기라고 할 수 있다.

3. 마무리

『유리문 안』은 소세키가 타계하기 1년 전에 발표한 글로서 자전적 요소가 강한 소품이다. 죽음을 예감한 작가가 세상을 바라보는 태도는 초연하며, 특히 「1장」과 「종장」은 많은 것을 함의하고 있다. 이 작품 안에 소세키는 인생에 대한 여러 감회를 담고 있는데 현재를 기점으로 서술되어 가다가 점점 과거의 희미한 기억으로 거슬러 올라간다. 뭔가에 촉발되어 뇌리에 되살아나는 기억들을 현재의 의식으로 선명하게 되살려내고 있다. 이것은 제임스의 '의식의 흐름'의 방법이며, 베르그송의 직관과 상통하는 방법이다. 작가는 변화무쌍하고 신비한 인간의 의식 활동을 활용하여 독특한 문학세계를 창출해냈다. 강물처럼 흘러가는 시간의 흐름 속에서 인간은 기억이라는 메커니즘을 통해 지나간 시간을 되살릴 수 있다. 과거에 있었던 대부분의 사건은 기억의 저편으로 사라져버린 듯 보이지만 어떤 계기가 주어지면 망각된 것들이 되살아난다. 이 작품은 기억 속에서 아스라이 멀어져간 과거의 사건들이 불현듯 주마등처럼 현재의 의식 속에 되살아난 것을 예리하게 포착해 생생하게 기술한 것이다.

본고는 『유리문 안』의 세계를 인생이 지닌 불가사의와 카르마의 위력이라는 관점으로 살펴보았으며, 제임스의 의식의 흐름과 베르그송의 직관의 철학을 적용하여 고찰했다. 소세키는 『행인』 『마음』 등의 작품에서도 알 수 있듯이 인간의 의식현상에 대해서 깊이 탐색한 작가이다. 『유리문 안』 또한 이 연장선에 있는 작품이며 인간의 의식현상에 대해 깊이 닻을 내리고 있다.

우리의 수많은 기억들은 선택과정을 거친 것들로서 강렬한 인상을 지닌 것들이 선택되기 마련이다. 우리는 일상의 번잡함 속에서 많은 것들을 망각한 채로 살아간다. 그러다가 까맣게 잊힌 것들이 불현듯 뇌리에 되살아나는 경험을 종종 하게 된다. 이처럼 과거는 기억을 통해 회상되고 있으며 때로는 온전하지 않은 파편화된 조각들로 구성된다. 어쩌면 사실로서 실재했는지 여부조차 확신할 수 없다고 소세키는 말한다. 소세키의 설(說)에 의하면 의식의 주의에는 몽롱한 의식이 함께 하고 있다고 한다. 소세키는 의식의 심층부를 탐색하여 존재의 근원을 의식 표층에 가까스로 재현해 내고 있는데 여기에는 몽롱한 의식도 포함된다.

소세키의 원형적 심상 안에는 두 번씩이나 버려진 유년기의 트라우마가 들어있으며, 어머니에 대한 애틋한 그리움, 살아오면서 인연을 맺은 지인들의 죽음, 생명의 불가사의가 들어 있다. 특히 어머니에 대한 그리움은 존재의 근원에 대한 탐색이라고 여겨진다. 이를 바라보는 시선은 죽음을 예감한 사람의 시선이라는 의미에서 '말기의 눈'에 비친 원형적 심상이라고 고찰했다.

소세키의 『만한여행』과 아쿠타가와의 『중국기행』 -타자 인식과 오리엔탈리즘-

1. 머리말

제국주의 각축기였던 19세기에서 20세기 초반 아프리카 · 아시아는 서구열강에 의해 영토가 분할되고 식민지가 되는 운명에 처해졌다. 급변하는 세계질서 속에서 일본은 아시아에서 유일하게 근대화에 성공하여 열강들의 식민지가 되는 비운을 겪지 않았다. 탈아입구(脫亞入歐)[1]를 선언하며 아시아 속의 유럽을 표방, 중국과 한국을 정복해야 할 대상으로 인식한다. 일본은 서구열강이 밟아왔던 제국주의의 수순을 그대로 중국과 한국에 적용하여 침략의 야욕을 불태우는데, 이러한 시기를 살아간 근대 일본지식인들은 타자를 어떻게 바라보고 시대적 인식을 드러내고 있는지 궁금하다. 주변국을 여행한 견문록이

1) 메이지 유신 후 아시아적인 것에서 탈피하여 서구에 동화하려는 사상과 행동을 말한다.

나 기행문이야말로 이를 보여주는 좋은 자료일 것이다.

메이지 시대를 대표하는 문호 나쓰메 소세키와 다이쇼 시대를 풍미하던 작가 아쿠타가와 류노스케는 메이지시대와 다이쇼시대라는 각각 시기는 달리하지만 공교롭게도 중국을 다녀온 기행문을 남기고 있다. 이 두 사람의 기행문에 주변국은 어떻게 비쳐지며 표현되는지 살펴보는 것은 일본지식인의 시대인식의 한 단면을 드러낼 수 있는 작업이 될 것이다.

본 논문은 소세키의 「만한여행(滿韓ところどころ)」과 아쿠타가와의 「중국기행(支那遊記)」을 텍스트로 제국주의 각축기 일본 근대작가들의 타자에 대한 시선을 드러내 보이고자 하며, 아울러 그 시선은 서양이 아프리카 · 아시아를 식민지화 하는데 적용한 오리엔탈리즘의 언설과 연관지어 살펴보고자 한다.

2. 소세키의 「만한여행」

(1) 선행연구

『만한여행』에 대한 연구는 소세키의 다른 작품과 달리 일본의 연구자가 외면하거나 변호하는 시각에서 다루어져 왔다. 변호하는 측의 대표가 요네다 도시아키(米田利昭)다. 그는 소세키 기행문에 나타난 중국인에 대한 차별적 표현은 "자신과 상대를 함께 폄하하는 표현" 으로서 『나는 고양이다(吾輩は猫である)』 『도련님(坊っちゃん)』과 같

은 문학방법으로 보고 있다.[2] 전후(戰後)에 오면 조금씩 달라져서 전후파(戰後派) 비평가인 아라 마사토(荒正人)는 "소세키 작품 중 가장 평판이 낮다. 군국주의 실상에 대한 인식부족이다."[3]라고 일갈한다.

전후(戰後)의 비평가 가라타니 고진(柄谷行人)은 이 기행문에는 제국주의적 시각이 들어있다고 말한다.[4] 다나카 도시히코(田中敏彦)는 「왜 나쓰메 소세키는 만한여행을 중단했는가?」에서 나쓰메 소세키를 제국주의에 대해 정면으로 마주하지도 않았지만 그렇다고 앞장서서 옹호하지도 않았다는 중립적 입장을 취하고 있다.[5]

비판적 연구는 일본의 식민지였던 한국인과 중국인 연구자에 의해 이루어져 왔다. 한국의 연구는 박유하의 「내셔널 아이덴티니와 젠더」[6] 유상희의 「나쓰메 소세키 연구」[7]등이 비판적 논조를 견지하고 있다. 이 논문들은 일본 내에서 윤리적 국민작가로 추앙되는 소세키의 사고방식에 대해 이의를 제기하거나 이중성을 파헤치고 있다.

한편 여러 작가의 기행문을 함께 고찰한 연구들도 눈에 띈다. 예를 들면 노영희의 「요시노 사쿠조와 나쓰메 소세키의 한국관 비교연구」[8]는 정치가의 관점과 소설가의 관점의 차이로부터 생겨난 기행태도의 상이점을 다룬 논문이며, 강우원용은 「국민작가가 스쳐간 만주와 무

---

2) 米田利昭 (1972. 9) 「漱石の滿韓旅行」『文學』岩波書店, p.64
3) 三好行雄 (1999) 『夏目漱石事典』學燈社, p.245 참조.
4) 柄谷行人 (1994) 『漱石を讀む』岩波書店, p. 15
5) 田中敏彦 (2006) 「なぜ夏目漱石は『滿韓ところどころ』を中斷したのか？」『日本語文學』34집
6) 박유하 (2011) 『내셔널 아이덴테티와 젠더』문학동네
7) 유상희 (2001) 『나쓰메 소세키연구』보고사
8) 노영희(2002) 「요시노사쿠조와 나쓰메소세키의 韓國觀」비교연구-『만한을 시찰하고』와 『만한여기저기를 중심으로』-『일어일문학연구』

명작가가 발견한 만주」[9]에서 귀족여행을 한 나쓰메 소세키가 바라본 만주와 이름 없는 작가 기야마 쇼헤(木山捷平)가 고생하며 발견한 만주를 대비하며 고찰하고 있다. 본고는 소세키와 아쿠타가와의 기행문을 동시에 비교 고찰하고자한다.

(2)『만한여행』의 성립배경과 글쓰기 태도

소세키는 대학 예비문(予備門)시절의 친구이자 훗날 만철총재가 된 나카무라 제코(中村是公)의 권유로 만주와 한국을 여행하게 된다. 1909년 9월 3일 오사카에서 철령호(鐵嶺丸)를 타고 대련(大連)으로 건너간다. 여행기간은 46일이며 만주와 한국의 여러 곳을 둘러보고 10월 17일 귀경한다. 이 여행을 소재로 쓴 기행문이 「만한여행」이다. 이 여행기는 같은 해 아사히신문에 게재된다(1909. 10. 21-12. 30). 이 기행문은 '만한' 이라는 제목처럼 대련(大連)에서 부산(釜山)까지 기록할 예정이었으나 '51장' '무순(撫順)'에서 중단되고 만다. 아사히신문 연재 닷새 만에 이토 히로부미(伊藤博文)가 하얼빈에서 암살되는 충격적인 사건이 발생해 일본 내에 긴장된 분위기가 고조된 것과 관련이 있어 보인다. 소세키가 불과 한 달 전에 여행간 장소가 긴박한 정치현장이 되었으며, 신문지면을 얻지 못하는 일도 생겼다. 이 때문에 기행문은 단속(斷續)적으로 실리게 된다. 이 기행문의 특징은 해학과 여유의 사생문(寫生文)이라는 '글쓰기 태도' 에 있다. 소세키가 사

---

9) 강우원용(2009)「'국민작가'가 스쳐간 만주와 '무명작가'가 발견한 만주-나쓰메 소세키와 기야마 쇼헤의 경우-」『동아시아문화연구』제46집

생문을 택해 기행문을 서술한 것은 우연이 아니라 주도면밀한 계산이 깔려있다고 보인다. 소세키는 사생문에 대해 "흉중(胸中)의 사상을 꾸밈없이 평이하게 직서(直敍) 하는 것" 이라고 시키(子規)한테 말한다.[10] 또 평론 「사생문」에서 "사생문은 대상을 묘사하는 심적 태도" 라고도 말한다. 소세키의 사생문이 견지하는 여유로운 어조는 소세키가 민감한 부분을 교묘하게 피해갈 수 있는 무기가 되고 있다. 일본의 연구자들이 『나는 고양이다』 『도련님』과 같은 맥락에서 『만한여행』을 바라보아야 한다는 데에 쉽게 동의 할 수 없는 점이다. 소세키가 말한 그대로 "흉중의 사상을 꾸밈없이 직서" 했다고 보이기 때문이다.

그런데 이 '사생문' 이라는 글쓰기가 당황스럽게 되는 사건이 연재도중 발생한다. 소세키가 거친 장소 중 하나인 하얼빈에서 이토 히로부미가 암살된 것이다. 시국은 얼어붙어 긴장이 고조된다. 여유로운 태도의 사생문은 이러한 분위기에 어울리지 않는 문체가 되고 만다. 연말이 되자 작가는 "해를 넘기며 쓰는 것은 이상하다"[11]는 모호한 이유를 대면서 연재를 일찍 종결시킨다. 조기중단으로 인해 '무순' 이후의 여행지와 한국에 관한 기록은 볼 수 없게 되었다는 경위를 말해둔다.

『나는 고양이다』의 경우는 인간보편의 약점을 무명의 고양이에 의해 서술했기 때문에 위화감 없이 독자들은 웃으며 읽을 수 있다. 그러나 『도련님』과 『만한기행』은 21세기 현 시점에서 볼 때 결코 웃으면서 책장을 넘길 수 있는 책이 아니다.

---

10) 메이지 22. 12. 31에 시키한테 보낸 편지.

11) 소세키는 기행문 연재를 51장을 끝으로 종결시키고 다음 글을 후기로 넣어 마무리 했다. "ここまで新聞に書いて來ると,大晦日になった.二年に亘るのも変だからひとまずやめる事にした."

다음은 맨 처음 도입부인 소세키와 제코의 대화 내용이다 .

남만철도회사는 도대체 무슨 일을 하는 곳이냐고 진지하게 물었더니, 만철총재도 한심하다는 표정으로 자네도 참 바보군. 하고 말했다. 제코한테 바보소리를 들었다 해도 무섭거나 아무렇지도 않았기 때문에 잠자코 있었다.(중략) 해외에서 일본인이 어떤 일을 하고 있는지 좀 와서 보는 게 좋겠어. 자네처럼 아무것도 모른 채 오만한 얼굴을 하고 있어선 주위 사람들이 난처하니까 라고 매우 적절한 이야기를 한다.

(1장)

위의 글에서 소세키는 아이러니적 태도인 '시침떼기' 로 독자에게 다가온다. 독자들은 당대의 교양인 소세키가 '남만철도' 에 대해 무지해서 물었다고 생각하지 않는다. 이것은 정치적인 것이 개입된 예민한 사항에 거리를 두려는 소세키의 계산된 태도인 것이다. 또한 위 글에서 제코가 소세키에게 "다른 사람한테 폐를 끼치지 말고 만주에 와서 일본인의 활약상을 보라"는 것 역시 표면에 드러난 의미를 훨씬 뛰어넘는 행간이 있다. 소세키의 작가적 계산과 제코의 경영자적 수완이 맞물려 묘한 효과를 창출하고 있다. 제코한테는 일본의 식민지경영 현장을 유명 소설가인 소세키에게 보여주고 선전하고 싶은 욕망이 내재해 있다. 소세키의 만주여행 시기는 러일전쟁에서 일본이 승리(1905년)하여 만철조사부가 발족(1907년)한 이후로서 경제개발계획이 입안되어 혁혁한 활동을 할 때였다.

1대 만철총재는 고토 신페이(後藤新平)[12]였고 2대 만철총재가 나

12) 岩手, 水澤藩士의 자제로서 관계에 진출한다. 위생국장을 거친 후 대만총독부 민

카무라 제코다. 소세키가 상세히 기록한 중국은 만주의 중심도시이자 러일전쟁의 격전지였던 요동반도 끝에 위치한 대련(大連)과 여순(旅順)이다. 만철 총재의 특별한 배려로 짜인 프로그램에 의한 호화여행이다. 최상급의 교통편과 숙박시설이 제공되었으며 현지수행원이 통역을 맡았다. 이 기행문은 여행하는 동안 지병인 위장병으로 고통을 받는 것이 강조되고 있으며 학창시절의 친구들과의 재회에 감개무량해하는 것이 대부분이다. 소세키는 일본의 국민작가로 현재까지도 추앙받는 근대지성의 표상이다. 그러나 이 기행문에는 지성인의 투철한 눈으로 중국을 응시하는 대목은 찾아볼 수 없다.

이 여행보다 7년쯤 앞선 시기인 1902년까지 그는 런던에서 2년간의 유학을 했다. 당시 소세키는 자본주의 산업대국 대영제국을 관찰하며 고국 일본의 장래를 진지하게 통찰했다. 1901년 12월 영국주재 하야시(林董)공사와 영국 외무대신 랜스다운이 교섭하여 1902년 1월 30일에 런던에서 영일동맹이 체결되는 것을 보고 의연금을 걷자는 일본인들에게 냉소를 보이기도 한다. 영일동맹은 영국과 일본이 러시아를 공동의 적으로 하여 동아시아의 이권을 분할하려고 체결한 조약이다. 이때 소세키는 일본의 이익을 도모하기 위해 체결하는 영일동맹에 대해 동시대 일본인들과는 다른 태도를 보였다. 그것은 이후 작품 『산시로(三四郎)』 『그 후(それから)』에도 반영되어 있다. 만한여행의 시선과는 사뭇 대조적이다. 『만한여행』의 소세키의 태도는 달라져있다. 영국에서 걱정하던 가난한 고국 일본이 아니라 혁혁한 발전을 하고 있는 일본을 마주했기 때문일까? 그렇다고 대놓고 좋아 할 수도 없

정장관 · 만철총재로서 식민지경영에 수완을 발휘했다. (1857-1029)

다. 그래서 「만한여행」은 '사생문' 이라는 레토릭으로 민감한 부분을 노회하게 회피하고 있음을 지적하고자 한다.

'남만철도(南滿)鐵道)'는 러일전쟁 승리로 일본이 얻어낸 수확이다. 또 러일전쟁은 청일전쟁의 승리로 한국을 독점하려던 일본의 계획이 러시아가 주도한 삼국간섭에 의해 저지된 것이 계기가 되어 일어난 전쟁이다. 열강들 간의 이해관계가 실타래처럼 얽혀 만주와 한국은 강대국들의 노획물의 대상이 되었다. 러일전쟁 이후 일본은 '남만주 철도회사'를 설립하고 식민지경영에 열을 올린다. 이 철도회사 총재가 동창인 나카무라 제코이니까 제코는 세속적으로 상당히 출세한 인물이다. 별로 뛰어나지도 않았던 자신의 학창시절 친구를 세상은 이구동성으로 '총재님' '총재님' 하며 거창하게 부르는 것에 위화감을 느낀다면서 25년동안 친근하게 불러온 '나카무라 제코' 라는 이름을 이 여행기간에는 포기하기로 했다고 넉살을 부린다. (2장) 이처럼 성공한 친구 덕에 호화여행을 하는 소세키는 호기심의 눈으로 대상을 관찰하고 묘사하고 있다.

2장에서 불독(bulldog) 개를 데리고 승선한 영국인 청년(부영사)에 대한 묘사는 호기심에서 출발하여, 문명인의 우아한 매너에 대한 칭송으로 마치고 있다. 개가 들어와서는 안 되는 식당에 자신의 개가 들어오자 손님들에게 누가 되지 않도록 덩치가 큰 개를 조용히 안아서 나가는 매너에 대한 미감(美感)이 감동으로 기술되고 있다.

한편 현지에서 만난 중국인의 이미지는 혹독하게 표현된다. 문명과 야만의 대비적 시선이 들어있다. 소세키가 중국에 대해 맨 먼저 느낀 것은 노동자인 쿠리(苦力)에 대한 불쾌감이다. 중국에 대한 호칭은 지나(支那)로 일관한다. '지나' 는 중국의 진(秦)에 대한 음역으로 영어

차이나(China)에서 유래한다. 그 자체는 경멸의 뜻이 없지만 청일전쟁 승리 이후 사용되기 시작되었다는 점에서 '중국(中國)' 이라는 호칭보다는 차별적 의도가 들어 있다고 해석된다. 「만한여행」4장을 보자.

> 한사람만 보아도 더러운데 둘이 모여 있으면 더욱 더럽다. 이렇게 많이 뭉쳐 있으면 목불인견이다.(중략)배는 유유히 부두노동자의 무리 앞에 닿는다. 배가 멈추자마자 잡역부들이 화난 벌집모양으로 갑자기 웅성대기 시작했다. (4장)

쿠리는 중국의 밑바닥 노동자로서 육체노동을 주로 하는 일용직 잡역부들을 말한다. 위의 글은 인력거꾼들이 손님을 태우기 위해 부두에 모여 있는 모습을 비하적으로 묘사한 것이다. 작업복을 입고 허드렛일을 하는 노동자들의 모습을 우월적 시선으로 관찰하고 있음을 본다. 쿠리들은 일본의 제국주의 팽창정책 때문에 더욱 분주해진 노동자들이며, 억압받는 하층민들이다. 청일전쟁과 러일전쟁에서 승리한 일본은 만주의 풍부한 지하자원인 철을 시장기반으로 삼아 제철 · 조선 · 제사 · 방적업 등 근대산업을 확장시켜왔다. 원료와 노동력을 현지에서 조달 · 동원하여 해결하였다. 소세키는 제국주의 침탈 현장 속에 투입된 것이다. 러일전쟁 후 일본의 식민지가 된 만주라는 지정학적 관점에서 만주의 실상을 보는 것은 외면하고 있다.

배에서 내리자 소세키를 찾아 많은 사람들이 인사하러 오는 등 인기작가로서의 유명세를 타는 모습이 그려져 있다(4장). 소세키는 목적지까지 이동을 하는데 호텔이 제공하는 마차로 갈 것인지 인력거로 갈 것인지 결정하는 과정에서도 위의 쿠리들을 떠올리며 그들에게 소란스럽다는 뜻에서 '명동련(鳴動連)'이라는 짓궂은 별명까지 붙인다. "마차든 인력거든 일본과 비교 했을 때 상태가 좋지 않다. 마차와 인력거 모두 거친 '명동련' 들이 끌고 있다" 며 "모두 같은 부류로 더러운 것뿐" 이라고 서술한다. (4장) 또 마차들이 더러운 이유에 대해서는 다음과 같이 기술한다.

> 옛날 러일전쟁 당시 로스케(露助)가 이대로 일본에게 넘기는 것은 아까우니 정성껏 구멍을 파서 흙속에 묻어둔 것을 짱(チャン)이 흙냄새를 킁킁 맡으며 다니다가 코를 대고 마침내 찾아내어 한 개 파서는 명동(鳴動)시키고 두 개 파서는 명동시키고 마침내 대련을 종횡 열십자로 명동시킬 때까지 파냈다는 소문이다. 어디까지나 소문이니까 진실은 모르지만 이 소문이 갖가지 소문 중에서 제일 교묘하다고 모두가 인정할 정도로 흙투성이마차이다. (4장)

위의 글은 작가가 재미있게 표현하려고 한 나머지 자신의 경박성과 무신경함을 그대로 노출하고만 문장의 전형이다. 로스케(露助)는 러시아인 '러스키(Russkii)'를 일본인들이 일본식으로 얕잡아 부르는 멸칭이다. 짱(チャン)은 '중국인'의 중국어 음역인 '쭝꿔뤈(zhongguoren)'에서 나온 '짱코로(チャンコロ)' 의 줄임말로서 중국인에 대한 멸칭이다.[13] 청일전쟁과 러일전쟁에서 승리한 이후 일본이 중국과 러시아에 대해 얼마나 우월의식을 지니고 있었는지를 알 수 있는 대목이다.

---

13) 『廣辭苑』'露助' 'チャンコロ' 항목참조.

만주 땅에 얽힌 중국 · 러시아 · 일본의 역학관계는 복잡하다. 우리는 만주라는 토폴로지를 19세기 국제정세 속에서 바라보아야 한다. 19세기 후반 러시아와 일본은 만주라는 지역이 제국주의적 팽창으로 많은 결실을 얻을 수 있는 유익한 땅으로 주목하기 시작한다. 만주의 지배권을 둘러싸고 무력충돌을 한 것이 러일전쟁이다. 이 전쟁의 배후에는 미국 · 영국 · 프랑스라는 서구 열강의 자본이 투입되었다. 청일전쟁에서 이긴 일본은 중국 측에 만주로 이어지는 요동반도를 전리품으로 요구했으나 러시아 · 프랑스 · 독일 삼국의 간섭으로 권리를 포기할 수밖에 없었다. 한편 러시아는 갖은 수단을 동원해 요동반도를 25년동안 통치할 수 있는 권리를 얻는 한편 대련과 여순항 (러시아명 : 포트아서) 에서 중국동부까지 이어지는 연결철도부설권까지 얻어냈다. 일본은 개전을 결정하고 일본이 승리했다.[14] 이후 만주는 일본의 식민지가 되어 동아시아 제국주의 팽창의 교두보가 된다. 이러한 만주 땅을 밟은 소세키는 의기양양하게 호화 여행을 하고 있으며 현지인들을 능멸하는 표현을 쏟아내고 있는 것이다.

만주에서 만난 소세키의 친구와 지인들은 모두 출세해서 식민지 만주에서 한자리 차지하고 있거나 시찰을 나온 사람들이다. 토착민들을 억압하고 착취하는 것이 그들의 임무수행이다. 소세키는 자국이 주변국을 침탈하여 이익을 도모하는 제국주의 표상의 심장부에서 진실을 직시하는 것을 외면한 것이다. 평소 윤리적 작가로 자임해왔던 그가 현실을 냉정하게 직시한다면 자가당착에 빠질게 뻔하다. 그래서 '사생문' 이라는 문체는 효율적인 무기가 된다. 이 기행문의 글쓰기는 소

---

14) 『브리태니커 세계 대백과사전』 (2009) '러일전쟁' '요동반도' 항목 참조.

세키의 다른 작품이 보여준 진지한 주제의 글쓰기와는 대척점에 있다. 진실을 회피하기 위해 채택한 해학적 문체는 시대인식에 무감각한 경박성을 보이고 말았다. 또 기행문 도처에 중국인에 대한 편견과 우월감이 난무한다. "중국인은 입을 것 먹을 것도 없는 주제에 새(鳥) 소리를 들으며 풍류를 즐긴다.(9장)" "아무리 청소를 해도 중국인이 남기고 간 냄새는 없어지지 않는다. (47장)"는 표현이라든가, 또 중국인 노동자들의 강도 높은 노동을 보며 "그들은 혀가 없는 인간처럼 묵묵히 아침부터 밤까지 무거운 콩자루를 짊어지고 3층까지 올라가서는 또 세 개층을 내려온다. 그 침묵과 규칙적인 운동, 인내, 정력이 운명의 그림자처럼 보였다."(17장)라고 적고 있다. 식민지 백성의 설움과 암울한 삶을 저렇게 냉정하게 표현할 수 있다는 것은 일본의 침략적 제국주의에 대한 성찰이 없을 뿐 아니라 옹호했다는 것을 방증한다고 할 수 있겠다.

3. 아쿠타가와의 「중국기행」

(1) 선행연구

아쿠타가와의 『중국기행(支那遊記)』에 대한 연구는 세키구치 야스요시(關口安義)의 『特派員 芥川龍之介』[15]를 들 수 있다. 세키구치(關口)는 이 중국인상기(印象記)에 대해 "일개 소설가로서 쓴 것이 아니

15) 關口安義(1997)『特派員 芥川龍之介』朝日新聞社

라 풍부한 천분을 지닌 저널리스트의 시선으로 쓴 것"[16]이라고 종래의 일본 논자(論者)들의 평가를 재고하고 있다.

2008년 '국제 아쿠타가와 류노스케 학회' 에서 발간된 『아쿠타가와 류노스케연구』제 2호는 '소특집(小特輯)'으로 『支那游記』를 다루고 있다.[17] 이 논문들은 일본의 타자인 중국에 대한 아쿠타가와의 시선을 일본 · 중국 · 한국 3국의 아쿠타가와 연구자가 해부하고 있는 연구물이다.

(2)『중국기행』 성립배경과 글쓰기 태도

아쿠타가와는 1921년 3월 하순에서 7월 상순까지 약 120여일 약 4개월간 중국여행을 한다. 소세키의 만한여행(1909년) 보다 12년 후이며 기간은 3배에 가깝다. 그 산물이 『중국기행(支那遊記』이다.[18] 아쿠타가와의 중국시찰여행은 오사카 마이니치신문(大阪毎日新聞) 특파원 자격으로 사명(社命)을 띠고 간 여행이다. 신문사측에서는 현대 중국의 정치 · 풍속 · 사상 등 전반에 걸친 견문록을 기대한 것 같으나 아쿠타가와의 시선은 중국 고전문학에 나오는 노스탤지어를 추적하

16) 앞의 책 p. 13
17) 國際芥川龍之介學會 (2008)『芥川龍之介研究』第2号 小特輯『支那遊記』《シンポジウム『支那遊記』を讀む》『支那遊記』の再發見 - (關口安義)「現代の支那の悪口」が如何に形成されたか -『支那遊記』における中國の現實批判の言說について- (單 援朝)『支那遊記』における〈私〉 -「文芸的」紀行文の成立と記述者の表現意識をめぐって- (秦 剛) 芥川龍之介の『支那遊記』論 -脱中心の方法論とオリエンタリズムの再生産- (金 孝順)
18) 이 기행문은「상해유기」「강남유기(江南遊記)」「장강유기(長江遊記)」「북경일기초(北京日記抄)」「잡신일속(雜信一束)」5부로 구성되어 있다.

는데 쏠리고 있다. 아쿠타가와 또한 소세키의 경우와 마찬가지로 회사에서 계획한 프로그램에 따라 견문을 해야 하는 제약이 따랐을 것으로 보인다. 소세키가 여행 중 위장병으로 고생한 것처럼 아쿠타가와 역시 현지에서 늑막염으로 고생한다. 3주 동안이나 일본인이 경영하는 사토미 병원(里見病院)에 입원하는 등 건강상태가 좋지 않았다. (『상해유기』5장) 건강이 양호하지 못해 고생한 대목이 많이 나오지만 소세키의 경우처럼 노골적인 경박한 언행은 발견되지 않는다. 이 점이 소세키와 아쿠타가와를 차별화한다.

여행범위는 소세키의 여행지역이 요동반도 일대 만주인데 비해 아쿠타가와의 여행지역은 상해(上海) · 남경(南京) · 구강(九江) · 한구(漢口) · 장사(長沙) · 낙양(洛陽 · 북경(北京) · 대동(大同) · 천진(天津) 등 중국전역에 걸쳐있다. 내용을 보면 아쿠타가와의 관심사는 중국문화에 한정되어 있다. 그는 예술가로서의 신념을 고수하고자 했으며, 정치 · 경제 · 시사는 가급적 외면하려 한다. 개입하더라도 소극적으로 개입한다. 그 대신 자연과 예술에는 극도의 관심을 집중한다. 이에 대해 요시다 세이치(吉田精一)는 "『중국기행』은 시시한 글은 아니지만 요컨대 소설가가 본 중국이며 신문 혹은 신문독자가 기대했을 중국의 현재나 장래를 깊이 통찰한 것은 아니다"[19] 라고 말한다. 그 정도로 아쿠타가와는 심미적 태도로 견문을 기록하고 있는 것이다. 아쿠타가와 본인은 자서(自序)에서 "이 『중국기행』 한권은 하늘이 나에게 베풀어준(혹은 재앙을 준) Journalist적 재능의 산물이다"[20]라고 말

---

19) 吉田精一(1942)『芥川龍之介』三省堂
20) 芥川龍之介『支那遊記』'自序' p.11

하고 있으나, 신문사 특파원이라는 저널리스트로서의 시각은 결여되어 있다고 말할 수 있겠다. 이에 대해 세키구치는 당시 일본의 정치상황 즉 검열제도를 염두에 두고 아쿠타가와를 평해야 한다고 말한다.[21] 하지만 장병린(章炳麟) 과의 일화를 보면 과연 검열제도와 결부시킬 문제인가 의구심이 든다.

「선인 (仙人)」「두자춘(杜子春)」 등 이미 중국을 소재로 한 일련의 작품을 쓴 적이 있는 아쿠타가와는 평소 문화적 예술적 관심에서 중국여행을 갈망해왔다. 또 다니자키 준이치로(谷崎潤一朗)와 사토 하루오(佐藤春雄) 등이 사비(私費)로 중국에 여행하고 돌아와 작품의 모티프를 얻는 것을 보고 그들을 선망했으며, 중국여행에 대한 갈증이 있었던 차에 사측의 제안이 들어온 것이다. 이런 것을 고려에 넣을 때, 아쿠타가와의 관심이 심미적 방면으로 쏠린 것은 너무도 자연스럽다고 말할수 있겠다. 그래도 신문사 특파원이라는 특수신분으로 파견된 여행인 만큼 시사적인 것을 공공연하게 외면하는 듯한 위의 태도는 직무유기라는 생각이 든다. 하지만 아쿠타가와는 그가 견지한 작가적 신념에도 불구하고 소세키의 경우와는 달리 격동기 중국의 현실을 회피하지 않고 진솔하게 마주하기도 한다.

아쿠타가와가 중국을 방문했던 1920년대의 시대상황 역시 열강들의 각축기였다. 중국은 1840년 영국과의 아편전쟁[22]에서 패하고 내

---

21) 關口安義(2008)「『支那遊記』の再發見」p.2

22) 아편전쟁(1840-42) : 淸의 '아편무역금지'를 둘러싼 영국과 청조간의 전쟁. 18세기말 이후 인도산 아편밀무역이 성행해 흡연의 폐해가 중국내에서 정치문제화하고, 銀의 국외유출로 재정적으로도 문제화되었다. 1839년 청의 道光帝는 林則徐를 흠차대신으로 廣東에 파견한다. 그는 광동에서 아편을 몰수해 소각하는 등 강경책을 썼다. 40년 영국은 원정군을 파견한다. 42년 청이 총공격을 시도했으나 영

부적으로 혼란을 거듭한데다 태평천국의 난 (1851-64)[23]과 5.4운동 (1919년)[24] 이 일어나고 진독수(陳獨秀)[25]에 의해 중국공산당이 창립되는 등 노선을 달리한 여러 움직임이 곳곳에서 보이던 격변기였다. 아쿠타가와가 견문한 상해 · 강남 · 북경 등에서 배일 감정이 팽배함을 목도한다. 또 그가 만난 다양한 인물로부터 예기치 않은 말을 듣게 된다. 학자이자 정치가인 장병린(章炳麟), 청국부흥에 힘쓴 정치가 정효서(鄭孝胥), 사회주의자 이인걸(李人傑) 등을 만남으로써 정치를 애써 외면해 오던 아쿠타가였음에도 자신의 신념대로 의지를 관철시킬 수는 없었던 듯하다. 상대방이 꺼낸 국제정세를 화두로 대화를 해야만 했다. "중국에서는 열등한 정치이야기를 하지 않을 수 없을 정도로 분위기가 들떠있다"(『상해유기』13장) 라는 말이 이를 말해준다.

> (정효서 : 인용자 주)씨를 포함한 우리들은 잠시 중국문제를 논의했다. 물론 나는 뻔뻔하게도 새로운 차관단 성립이후 일본에 대한 중국의 여론 등 어울리지 않는 것을 설파했다. — 이렇게 말하면 매우 불성실해 보이겠지만 그때 내가 엉터리로 그런 것을 늘어놓은 것은 아니다. 나로서는 진지하게 나의 설을 피력하고 있었다. 그러나 지금 돌이켜 생

국군에게 대패한다. 이 사건은 일본에도 큰 충격을 주어 외국세력의 위협에 대해 각성하는 계기가 된다. (『日本史事典』 'アヘン戰爭' 항목 참조)

23) 청대 말기 홍수전(洪秀全)이 일으킨 농민운동으로 청조타도와 새왕조건설을 목적으로 하고 있다.

24) 1919년 5월 4일부터 2개월간에 걸쳐 중국전역에서 일어난 반일애국운동. 1차대전 패전국인 독일이 산동(山東)에서 차지하던 식민지적 권익을 중국이 돌려받지 않고 일본에게 빼앗긴데 대해 분노한 북경의 학생들이 5월4일에 천안문(天安門)에 모여 시위를 거행하기로 했다.

25) 진독수(1879-1942) : 중국의 사상가 · 혁명가 · 정치가. 북경대학 문과대학장 역임. 1921년 중국공산당 제1차 전국대회 개최, 중앙서기장에 피선되었다.

각하니 아무래도 당시 나는 온전한 생각이 아니었던 것 같다. 그렇게 격앙된 원인은 나의 경박성 외에 현대의 중국이 책임져야할 것 같다. 만일 거짓이라면 중국에 가보아라. 반드시 한달 이내에 기이하게도 정치를 논하고 싶어질 것이다. 그것은 현대 중국의 분위기가 20년전인 무술정변 때부터 정치문제를 품고 있기 때문이다.

(『상해유기』13장. '정효서씨 'p.54)

아쿠타가와는 정치에서 일정거리를 유지하고 개입하지 않는 것을 이상적인 작가의 태도로 생각해왔다. 그런데 중국에서는 부지불식간에 깊이 개입하게 되었다고 말한다. 이것은 중국의 현실 탓이며 자신의 경박성 때문만은 아니라고 변명하듯 강조하고 있다. 당시 자신의 이런 언행은 진정성을 지닌 것 이었지만 일본에 돌아와서 생각해보니 아무래도 자신의 행동은 비정상이었다. 스스로도 위화감이 든다고 정색하며 말한다. 위의 글을 보면 세키구치가 변호하듯이 일본의 정치적 상황 즉 검열제도 때문이라고 보기에는 석연치 않다.

아쿠타가와는 중국을 시찰하면서 현지 중국인인들의 항일분위기와 중국이 안고 있는 문제에 직면했다. 아쿠타가와는 평소 정치를 비롯하여 실생활과 연결된 모든 것은 열등한 것이고 예술과 같은 심미적인 것은 고상한 것이라는 이분법적 척도를 가지고 창작에 임해왔다는 것은 주지의 사실이다. 그런 작가이지만 당시 중국의 현실은 이를 용납하지 않았으며 아쿠타가와 역시 외면할 수 없었다. 그리고 귀국 후 아쿠타가와는 중국여행의 산물로 『모모타로(桃太郎)』(1924) 『장군(將軍)』(1922) 『호남의 부채(湖南の扇)』(1927)를 쓴다. 인간의 행위 결정은 의지로만 이루어지는 것은 아니다. 중층적인 동기에 의해 복

잡하게 나타난다. 아쿠타가와의 중국여행이 없었다면 위에 열거한 작품들은 태어나지 않았다는 점에는 동의한다. 그러나 이것이 아쿠타가와의 저널리스트로서의 뛰어난 자질 때문에 탄생한 작품이라는 견해는 결과를 보고 원인을 추정하는 것이라고 말하고 싶다. 아쿠타가와는 여행에서 돌아와 일정기간 경험을 내면화 할 시간을 요했으며 그것이 위의 작품으로 형상화 된 것이다. 『중국기행』에는 찾아볼 수 없는 인식이 중국여행 이후 작품에 발현하고 있기 때문이다.

소세키가 중국과 한국의 자연을 예찬했듯이 아쿠타가와도 어릴 적부터 독서를 통해 뇌리에 각인된 중국의 신비와 아름다움을 추적한다. 그러나 아쿠타가와의 기대는 종종 환멸과 배반으로 돌아왔다. 서호(西湖)의 아름다움 등 중국의 자연에 대해서는 찬탄한다. 하지만 아쿠타가와의 눈에 비친 현실의 중국은 부패한 노대국(老大國)이었다. 중국에 대한 실망감이 자주 표출된다. 아쿠타가와가 바라본 중국은 전반적으로 불결함과 미개함, 쇠락해가는 노대국에 대한 센티멘털리즘이라고 말할 수 있다. 도처에서 발견되는 거지들, 찻집에서 들리는 고막이 터질 듯한 꽹가리의 굉음, 새들을 좋아하는 중국인들의 야릇한 취향 등이 미개함의 표상으로 묘사되고 있음을 본다.

> 늙은 소경거지가 앉아있다. 거지는 로맨틱하다. 중세기의 유령, 아프리카, 꿈, 여자의 논리는 모두 불가해한 무언가를 동경한데서 기인하다. 그런 의미에서 거지가 회사원보다 로맨틱하다. 중국의 거지는 불가해한 게 한 두 가지가 아니다. 비오는 길에서 뒹굴며 자고 신문지로 된 넝마 옷을 입고 석류같은 슬개골을 핥는 등 매우 로맨틱하다. 중국의 설화에는 난봉꾼이나 신선이 거지로 화신한 이야기가 많다. 이것은 거

지로부터 발현한 로맨티시즘이다. 일본의 거지는 중국의 거지처럼 초자연적인 불결함이 결여되어 저런 이야기가 나올 수 없다.

(『상해유기』 제7장 '성내' 中. p. 31)

아쿠타가와는 신선을 모티프로 한 『선인(仙人)』을 두 편씩이나 썼다. 그는 유년기부터 초자연적인 것에 대한 호기심이 많았다.[26] 인구가 많은 중국대륙에는 각양각색의 사람이 눈에 띄었을 것이다. '늙은 소경거지' 도 그중 한 사람이리라. 장애를 지닌 하층민에게서 '로맨티시즘' 을 끌어내는 것은 현실과 동떨어진 꿈꾸는 소설가의 시선이다. 결코 저널리스트의 시선이 아니다. 이와 관련하여 에드워드 사이드의 말을 인용해본다.

동양이란 사실상 유럽인의 머릿속에서 조작된 것이었고, 옛날부터 로맨스나 이국적인 존재, 무엇엔가 사로잡힌 기억과 풍경, 진지한 체험담 등의 무대가 되어왔다. (사이드 『오리엔탈리즘』 서문)

아쿠타가와 역시 자신이 중국고전을 통해 막연히 품어왔던 조작된 환상을 현실의 중국에 대입시켜 '기억과 풍경' 을 환기하고 있는 것은 아닐까. "일본의 거지는 중국의 거지처럼 초자연적인 불결함이 결여되어있다" 라는 서술은 일본의 청결성과 문명국적 자질을 은연중에 내비치는 표현이 되고 말았다. 아쿠타가와는 "악취가 나는 중국을 피해서 일본에 돌아가고 싶다."는 말을 여러 번 한다. 이 점은 소세키와

26) 중국 청대 괴담집 『요재지이(聊齋志異)』를 본 딴 『椒圖志異』 노트를 남기고 있다. 기이하고 초자연적인 이야기에 대한 관심이 많았다.

맥락을 같이 하고 있으며 문명과 야만이라는 이분법에 의한 오리엔탈리즘적 시각이라고 말할 수 있다.

4. 마무리 -오리엔탈리즘의 언설-

이제까지 소세키의 「만한여행」과 아쿠타가와의 「중국기행」을 함께 고찰해 보았다. 본고는 두 작가의 기행태도를 비교하여 근대 일본지식인의 타자인식을 드러내 보였다.

소세키의 '만한여행' 은 1909년 9월이며, 아쿠타가와의 '중국여행' 은 1921년 3월로서 시차는 12년이 채 안 된다. 비슷한 시기인 1913년에 다카하마 교시(高浜虚子)는 조선을 여행한 『조선』을 남겼으며 요시노 사쿠조(吉野作造) 등도 만주와 조선에 대한 기록을 남겼다. 일본근대 지식인들의 식민지 해외여행이 붐을 이루었음을 엿볼 수 있다.

기행문에 드러난 서술태도를 보면 소세키는 '사생문' 의 태도인 여유로움으로 일관하고 있으며, 아쿠타가와는 소설가의 심미적 태도로 기술하고 있다. 소세키는 만주에서 혁혁하게 활약하는 일본인들에게 긍지를 느낀다. 러일전쟁 격전지를 돌아보며 일본군인의 애국정신과 스토익한 근검정신을 러시아의 스텟셀 장군과 비교하며 일본이 승리할 수밖에 없었음을 암시한다(24장). 아쿠타가와는 현지 요인과의 회견으로 인해 국제정세와 맞물린 중국의 현실에 소극적이나마 참여하고 있었다. 두 작가 모두 중국이라는 타자에 대한 인식에서는 투철한 역사적인 시야를 보이지 못했다는 것은 한계라고 말할 수 있다.

그들의 기행문은 풍속관찰 내지는 심미적 태도가 두드러지는데 이

안에는 오리엔탈리즘적 시선이 발견된다. 오리엔탈리즘은 중동출신의 지식인 에드워드 사이드의 저서 『오리엔탈리즘』에 의해 대두된 용어이다. 사이드는 서구가 동양을 바라보는 시선으로서 '오리엔탈리즘' 에 대해 언급한다. 서구인의 동양관에 대한 비판이다. "오리엔탈리즘은 오리엔트 곧 동양에 관계하는 방식"으로서, 동양의 본질이 아니라는 것을 환기한다. 오리엔탈리즘은 서양인들이 멀리 떨어져있는 동양이라는 이문화(異文化)를 인식하기 위한 유럽적 이미지로서 후진성 · 관능성 · 수동성을 그 특징으로 한다."[27] 그럼으로써 서양의 우월을 수립하고 동양을 지배하는 명분을 찾는 '언설' 로서 표상해 왔다고 해석한다. 이러한 방식은 일본이 중국과 한국에 관계하는 방식에도 적용할 수 있다. 이러한 표상은 우리가 모르는 미지의 제도 · 전통 · 관습 등을 이해하기 위한 서양의 합의에 근거한 암호일 뿐, 실재하는 동양에 토대를 둔 것이 아니다. 이는 식민지주의 · 인종차별주위와 긴밀히 연결되어 아시아 · 아프리카를 착취해왔다고 본다. 이런 태도는 소세키와 아쿠타가와의 기행문에서도 발견된다. 중국은 불결한 곳, 무지몽매한 곳, 자연이 아름다운 곳, 그로테스크하면서 이국적 정취가 나는 곳이라는 서술이 이를 여실히 보여준다. 이와 더불어 일본의 문명성을 강조한다. 일본의 문명성이 강조될수록 중국의 나태와 야만성은 부각된다.

사이드가 말하는 유럽인이 바라본 동양의 이미지처럼 일본지식인들은 중국과 한국을 무지몽매한 지역으로 바라봄으로써 지배 · 피지배의 구도를 고착화하는데 근거를 제공해 왔다고 말할 수 있다. 일본

---

27) 에드워드 사이드(1999) 『오리엔탈리즘』교보문고, p.49

도 그 시기에서 100년쯤 과거로 거슬러 올라가면 똑같이 열악한 상황에 놓여있었다는 것을 망각하고 있는 것이다.

일본은 '탈아구입'를 선언함으로써 아시아와 분명한 획을 긋고 근대화를 선취했으며 아시아의 서양이라는 이미지를 구축한다. 그들이 바라본 중국과 한국은 후진성을 면치 못한 지형으로 일본지식인에 의해 의식적 · 무의식적으로 기술되고 있다. 18세기 서양의 문인 · 예술가들이 동양을 바라본 방식으로 일본지식인들은 중국과 한국을 바라봄으로써 또 하나의 '오리엔탈리즘'의 언설을 보여주었다. 한 시대를 풍미하던 작가들의 역사인식은 타자에 대한 진지한 성찰에는 이르지 못했다. 이는 일본 제국주의의 진행을 당연시하는 국내분위기에 편승한 것이거나 방관적 태도라고 말할 수 있다. 이러한 일본 지식인들의 저술들은 일본이 제국주의 침략전쟁으로 이행하는데 적잖은 영향을 주었다고 말할 수 있다.

소세키와 아쿠타가와의 상호텍스트성

여성혐오 · 꿈의 방법 · 종교비판 · 모티프

1. 머리말

상호텍스트성이란 하나의 문학텍스트가 다른 문학텍스트와 맺고 있는 상호관련성이다. 상호텍스트성은 무지개처럼 그 스펙트럼이 꽤 넓다. (김욱동 2009 : 65) 상호텍스트성 이론에 의하면 모든 문학텍스트는 선행하는 다른 문학텍스트와 의존관계에 있다고 말한다. 고립된 텍스트는 없으며 모든 텍스트는 다른 텍스트를 흡수하거나 변형시킨 모자이크 문양을 한 인용(引用)의 직물(織物)이라는 것이다. 그것도 텍스트간의 상호기호체계의 프로이트적 전이(轉移)로서 나타난다고 말한다.(川口喬一 2000 : 62)

나아가 일상생활의 담화나 텍스트에서의 우리의 언어행위에는 자신의 사고나 표현 뿐 아니라 다른 사람의 언어표현을 무의식적으로 수용하여 자신의 언어 속에 그대로 용해하여 사용한다. (김인환, 2003 : 66) 고 본다. 이처럼 일상의 대화에서도 상호텍스트성을 찾아볼 수 있다면 상호텍스트성이란 매우 흔한 현상이라고 말할 수 있겠다.

문화현상을 논할 때 상호텍스트성이 화두가 되기 시작한 것은 1960년대 이후로 비교적 최근이다. 그러나 아쿠타가와는 일찍이 상호텍스트성에 대해 통찰한 작가다. 평론 「문예적인 너무나 문예적인」의 '모방'과 '창작' 이라는 항목을 보면, "독창이란 것도 완전한 독창은 없으며 장미다발에 꽃 한송이를 더 얹어놓은 것만으로도 위대한 업적" 이라고 말한다. 이것은 텍스트는 기존의 텍스트와 겹쳐진다는 상호텍스트성과 맥락을 같이하는 인식이다. 상호텍스트성은 새로운 사실이 아니며 그것이 화두가 된 것은 포스트모더니즘 논의가 활발해지기 시작한 최근일 뿐이다. 포스트모더니즘은 모더니즘과 달리 텍스트의 독창성이나 창조성을 받아들이려 하지 않는다. (김욱동 2009 : 62)

그러나 아쿠타가와가 활동했던 시기는 모더니즘의 시기이며 당시 일본문단은 자연주의 사조가 대세를 이루고 있었다. 자연주의적 사소설이나 심경소설만이 독창이라는 인식이 팽배했다. 그래서 아쿠타가와의 작품은 비평가들이 쏘아대는 화살의 과녁이 된다. 자신의 이야기를 쓰지 않아 독창성이 없다. 『곤자쿠모노가타리(今昔物語)』등 선행 텍스트에 의존해서 창작을 하기 때문에 창조가 아니라는 관점이다. 이에 대해 이의를 제기한 것이 위의 '모방'과 '창조'라는 글이다.

아쿠타가와의 많은 텍스트에 다른 작가의 작품의 그림자가 투영되었다는 것은 1929년 「아쿠타가와류노스케론(芥川龍之介論)」으로 동경대 졸업논문을 쓴 호리 다쓰오(堀辰雄)[1]를 시발점으로 해서 지금까

1) 堀辰雄(1904~1953) : 아쿠타가와의 中學 高校 大學 후배로서 아쿠타가와의 영향을 강하게 받아 작가가 된다. 그는 동경대 국문과 졸업논문으로 「芥川龍之介論-藝術家として彼を論ず-」를 쓴다. 호리 다쓰오는 아쿠타가와의 '本から現實へ'를 '예

지 많이 논해졌다. (호리 다쓰오 : 1929) 호리 다쓰오는 아쿠타가와에 대해 "그는 끝내 자신의 문학을 가지지 못했다"고 맺는다.

많은 이들이 지적하듯이 아쿠타가와는 포, 보들레르 등 유럽의 세기말작가의 영향을 지대하게 받았으며 도처에 그들의 잔상(殘像)이 도처에 발견된다. 또한 일본작가로는 오가이와 소세키로 부터 방법론과 인간통찰을 받아들이고 있다. (鷺只雄 2001 : 149)고 사기 다다오는 말한다.

본고는 다른 작가들과의 관계는 차치하고 소세키와 아쿠타가와의 텍스트에 보이는 상호텍스트성에 주목하고자한다. 아쿠타가와의 텍스트를 보면 소세키적인 것이 의식적 혹은 무의식적으로 투영되어 있음을 본다. 먼저 소세키와 아쿠타와의 텍스트를 보면 인간통찰 및 모티프에서의 유사성이 보인다. 우선 두 작가 모두 인간을 에고이즘의 존재로 봄으로써 인간성에 대한 회의를 보여주고 있다는 공통점이 있다. 또 반복적으로 나타나는 여성혐오, 종교비판, 꿈의 방법 등 모티프가 비슷하다. 이를 상호텍스트성의 관점에서 고찰하고자 한다.

2. 여성 혐오

소세키와 아쿠타가와의 여성관은 부정적이라는 공통점이 있다. 『나는 고양이다(吾輩は猫である)』[2]를 비롯한 소세키 텍스트에 나오는

술에 의해 예술을 만들어내는 작가'로 규정하고 그것은 그의 재능이고 실로 심오한 예술가임을 입증하는 것이라고 말한다. (『堀辰雄全集』 4卷 : 564)

2) 제목이 긴 관계로 이후 『고양이』라고 칭함.

여성인물 묘사를 보면, 여성은 기교적이며 비논리적이고 책략적이고 위험하다. 『산시로(三四郎)』에서는 히로인 미네코(美禰子)를 무의식의 위선자로 만들어 버리고, 『양귀비꽃(虞美人草)』에서는 매력적인 신여성 후지오(藤尾)를 덕의심이 없다며 죽게 만든다.

처녀작 『고양이(猫)』에 이미 소세키의 주제가 두러나 있다. 여성관 또한 예외가 아니다. 이 작품에 나오는 여성들은 무지하고 책략을 즐긴다. 『고양이』11장에서 작가의 분신이라 할 수 있는 구샤미(苦沙彌)가 토마스 내쉬의 『불합리의 해부』를 인용하며 '여성은 재앙' 이라는 관점을 피력한다. 소세키를 희화화한 인물인 구샤미의 공감에서 독자는 소세키의 여성혐오적 인식을 엿볼 수 있다.

> "아리스토텔레스는 말하기를 여자가 어차피 변변치 못한 것이라면 아내를 맞아들일 때 커다란 아내보다는 작은 아내 쪽이 재앙이 적다." (중략) "피타고라스 말하기를 천하에 가공할만한 것이 셋 있는데 불, 물, 여자이다." (중략) "소크라테스 말하기를 부녀자를 다스리는 것은 인간 최대의 난제이다. 데모스테네스 말하기를 적에게 고통을 주려면 내 여자를 적에게 주는 것보다 좋은 계책은 없다고 한다. 집안에 밤낮으로 풍파를 일으켜 적을 기진맥진하게 만들 것이기 때문이다. 세네카는 여자와 무학(無學)을 세계의 2대재앙이라 말하고 마르쿠스 아우렐리우스 말하기를 여자는 제어하기 힘들다는 점에서 선박(船舶)과 닮았다고 한다. 플로투스는 여자가 아름다운 옷으로 치장하는 것은 천품의 추(醜)를 감추기 위한 계책이라고 말한다." (『고양이』11장 549-50)[3]

3)「アリストートル曰く女はどうせ碌でなしなれば、嫁をとるなら、大きな嫁より小さな嫁をとるべし。大きな碌でなしより、小さな碌でなしの方が災い少なし…」(略)「ピサゴラス曰く天下に三の恐るべきものあり、曰く火、曰く水、曰く

위에 열거한 여성의 기교, 비논리, 책략, 위선적 요소는 여성의 전유물이 아니라 인간에게는 내재된 속성들이다. 그럼에도 소세키는 마치 여성만이 지닌 열악한 본질인양 호도하고 있다. (김난희 2003 : 155)

아쿠타가와의 경우는 여성성 속에 내재한 강인한 생활력과 고혹성에 대해 위화감을 내비친다. 여성 이전에 동물의 암컷을 연상하고 있다. 거미가 교미한 후 수컷을 잡아먹는 것을 보고 동일선상에서 여성을 바라보고 공포감을 느낀다. 이는 아쿠타가와의 『여자(女)』에 잘 나타나 있다. 『카르멘(カルメン)』에서는 남성을 파멸시키는 운명적 여인이라는 이미지를 지닌 팜므파탈형 여성 이미지를 떠올리며 공포감을 표출하고 있다. 아쿠타가와의 텍스트 역시 소세키의 경우처럼 여성에 대한 왜곡과 심리적 굴절이 보인다. 이를 단순히 소세키로부터의 영향이라고 한정하기는 쉽지 않다. 아쿠타가와의 경우 히데 시게코(秀でしげこ)라는 여성과의 숙명적인 관계도 가세하여 그 경향은 두드러졌다고 본다. 그러나 두 사람 모두 영문학을 전공했으며, 유럽의 라파엘 전파적인 여성이미지를 영문학을 통해 알았다. 라파엘 전파의 최대관심대상은 여성이었다. '숙명의 여인(팜므파탈)'은 세기말에 유행한 양식화된 아르 · 누보(art-nouveau)미인이라고 말해진다. (三好行雄1999 : 246-7) 이로 미루어볼 때 영문학을 전공한 두 작가

女」(略)「ソクラテスは婦女子を御するは人間の最大難事と云えり。デモスセニス曰く人もしその敵を苦しめんとせば、わが女を敵に与うるより策の得たるはあらず。家庭の風波に日となく夜となく彼を困憊起つあたわざるに至らしむるを得ればなりと。畝セネカは婦女と無学をもって世界における二大厄とし、マーカス·オーレリアスは女子は制御し難き点において船舶に似たりと云い、プロータスは女子は綺羅を飾るの性癖をもってその天稟の醜を蔽うの陋策にもとづくものとせり」

모두 서구문화에 뿌리내린 여성이미지를 자신의 여성이미지로 내면화했을 개연성이 높다. 아쿠타가와는 서구문학에 뿌리내린 여성이미지와 소세키가 형상화한 여성이미지에 자신의 체험을 오버랩해서 내면화했을 수도 있다. 『양귀비꽃』의 후지오와 『산시로』의 미네코를 조형한 소세키와 『여자』 『카르멘』을 쓴 아쿠타가와 모두 유럽의 팜므파탈 이미지 쪽으로 기울어져 있다.

3. 꿈의 방법

소세키와 아쿠타가와는 꿈이라는 모티프를 즐겨 사용하는 작가이다. 소세키의 『열흘 밤의 꿈(夢十夜)』 『하룻밤(一夜)』는 꿈을 모티프로 한 대표적 작품이다. 또 다른 작품 『그 후(それから)』는 도입부에 주인공 다이스케(代助)가 동백꽃이 뚝뚝 떨어지는 선명한 이미지의 꿈을 꾸고 깨어나는 것이 나온다. 소세키는 유난히 작품 속에서 꿈을 많이 다룬다. 처녀작 『고양이』에도 구샤미 선생의 꿈이 자주 나온다. 소세키는 꿈과 현실의 유사성을 포착하고 있다. 꿈의 메커니즘은 형식에 있어서의 자유로움과 표상에 작용하는 융합, 치환, 상징, 형상화라고 할 수 있다. 꿈의 형식 속에서 문학적 본질을 끌어낼 수가 있다. 꿈은 의식이 억압한 인간의 심층을 들여다 볼 수 있는 열쇠라고 보는 프로이트류의 인식을 소세키는 이미 작품 속에 구현하고 있다.

『열흘 밤의 꿈』은 꿈 이야기를 통해서 인간 실존을 우의(寓意)적으로 나타내는데, 꿈의 부조리성에 의탁해 인생의 부조리성을 형상화했다. 꿈은 무의식의 세계로 통한다. 텍스트 안에는 '억압'과 '죽음에 대한 공포' 등 인간실존에 관련된 불안이 많이 들어 있다. 소세키의 텍스트를 따라가다 보면 최종적으로 소세키의 무의식과 조우하게 된다. 그런 의미에서 『열흘 밤의 꿈』은 소세키의 무의식의 원질(原質)이라고 할 수 있다. 또한 무의식 심층부는 고요한 것 같아도 무시무시한 괴력을 지니고 있음을 본다.

소세키는 일기, 단편(斷片), 서간(書簡)에도 꿈에 대해 기술하고 있다. 소세키의 심연을 들여다 볼 수 있는 작품들은 꿈의 방법에 의탁하는 경우가 많다. 초기작 『양허집(漾虛集)』[4]은 '꿈'과 '현실'이 교차하는 작품이다. 현실의 무력을 느낄 때 사람은 더욱 꿈을 꿀 수밖에 없다는 역설을 보여준다. 그런 의미에서 꿈은 잘 때 만 꾸는 것이 아니다[5]. 소세키의 텍스트는 우리의 무의식을 의식으로 끌어낸 백일몽을 보여주고 있다.

아쿠타가와 또한 많은 작품 속에 꿈의 모티프를 차용하고 있다. 그러나 초기작품은 역사소설이라는 옷을 입고 있어서 아쿠타가와의 내면을 직접 느낄 수 없으며 꿈을 사용한 것은 『지옥변(地獄變)』의 화가 요시히데의 악몽 정도다. 그러나 만년에 쓴 작품에서는 꿈이 빈번하

---

4) 소세키는 『고양이(猫)』집필 중에 『런던탑(倫敦塔)』『칼라일 박물관』『환영의 방패』『거문고 소리』『하룻 밤』『薤露行』『趣味의 遺傳』을 세상에 내놓는다. 이 작품들을 모아서 『漾虛集』이라고 제목을 붙였는데, 이것은 杜甫의 詩 '春水漾虛碧'에서 따온 것이다. "푸른 세계에 허무하게 떠돈다"는 뜻으로서 꿈과 같은 현실로부터 진실을 추구하려는 작가의 자세를 엿보게 한다.

5) 소세키는 1897(明治29)년에 『人生』이라는 에세이를 쓴다. 여기서 인생과 소설의 관계를 말하면서 소설은 일정한 법칙을 따라 전개되지만, 우리 인생은 예측이 불가능해서 간단히 소설화할 수 없다고 서술한다. 갑자기 닥쳐오는 천재지변을 어떻게 이해해야 하는가? 소설보다 부조리한 인생의 특성을 말한다. 여기서 백일몽이 나오며 잠잘 때만 우리는 꿈을 꾸는 것이 아니라 의관속대(衣冠束帶)한 채로 꿈을 꾸기도 한다면서 인생의 부조리성을 예리하게 간파하고 있다.

게 나온다. 만년의 작품들은 아쿠타가와의 심층을 직접 들여다 볼 수 있다. 『사후(死後)』(1925) 『연말의 하루(年末の一日)』(1925) 『바닷가(海のほとり)』(1926) 『신기루(蜃氣樓)』(1927) 『꿈(夢)』(1927)등 만년의 작품을 보면 꿈이 창작의 중요한 방법으로 사용되고 있다.

아쿠타가과의 꿈은 인간의 의식세계를 넘어선 불가사의의 세계로 제시된다. 만년의 아쿠타가와는 의식세계를 넘어선 또 다른 세계에 대해 지대한 관심을 가진다. 아쿠타가와는 이성의 세계를 신봉하는 주지적 작가로 출발했다. 빈틈없는 플롯, 인생에 대한 주지적 해석이 아쿠타가와 문학의 특성이다. 그런 점에서 그는 18세기 이후 서구를 풍미한 계몽주의 전통을 계승한 작가였다고 말할 수 있다. 그가 자주 언급하고 영향을 받은 볼테르는 계몽주의의 대표적 사상가이다. 그런 아쿠타가와가 차츰 이성의 무력을 인정하고 차츰 의식세계를 넘어선 또 다른 세계에 눈을 돌려 미지를 탐험하는 과정을 보면 그의 정신세계가 균열을 일으켰다는 생각이 든다.

기억과 무의식이라는 주제는 베르그송과 프로이트에서 비롯한다. 소세키의 텍스트에는 프로이트에 대한 언급이 없으나 베르그송에 대한 언급은 많다. 소세키가 지닌 많은 장서 중에서 프로이트와 관련된 서적은 발견되지 않았다고 한다. (김정숙 2004 : 27) 특히 소세키는 베르그송에 경도했으며 인간의 의식 활동과 마음의 작용에 대해 진지하게 매달렸다. 그런 의미에서 『마음(心)』이라는 소설을 남긴 것은 우연이 아니다.

아쿠타가와의 경우는 소세키와 달리 프로이트에 대한 직접 언급이 있다. 『사후(死後)』라는 작품의 말미에 "나는 꿈 속의 나와 동일하지는 않다. 프로이트는 —" 이라는 대목이 불쑥 나온다.[6] 아쿠타가와가 프로이트에 대해 알고 있다는 방증이다. 프로이트는 꿈을 히스테리와 억압된 리비도로 해석하여 신경증의 치료에 활용했다. 이를 증명이라도 하듯이 아쿠타가와는 그의 텍스트에 프로이트적인 강박증과 불안을 상징적으로 드러낸다. 신경이 예민한 예술가나 발명가들은 꿈의 도움을 받아 창조하는 것을 볼 수 있는데, 심신이 피폐해진 만년의 아쿠타가와에게서 이를 확인할 수 있다.

또『연말의 하루(年末の一日)』에서 '나'가 쓸쓸한 벼랑 위를 걷는 꿈을 꾼다. 나쓰메 선생의 묘소를 안내하는데 꿈에서 날지 못하는 물새가 나온다. 이는 작가가 직면한 만년의 현실적 상황을 상징적으로 드러내고 있다.『신기루』등 만년의 작품에 꿈의 모티프가 많이 나오는 것은 아쿠타가와 자신의 심적 상태와 창작에 대한 강박관념의 표상임을 알 수 있다.

만년의 아쿠타가와는 의식의 영역(識域)을 벗어한 무의식의 영역에 지대한 관심을 보인다. 명료한 의식적 작가로 출발한 아쿠타가와가 만년에는 의식을 초월한 무한한 세계와 이성을 넘어선 신비의 세계에를 직관한 것은 죽음이라는 타자에 대한 응시이다. '인공의 날개'로 상징되는 이지, 이성, 의식, 기교에 대한 초기의 창작태도를 접고 예술가의 의식을 초월한 무의식의 세계가 있음을 통찰했을 때 그의 문학은 새로운 영역을 탐사한 것이다.

---

6) 프로이트 부분은 〈이와나미 전집〉 에서는 나오는데 〈치쿠마 문고전집〉에서는 삭제되어 있다. 작품의 흐름상 갑작스런 돌출로 여겨졌기 때문에 없앤 것이 아닌가 생각한다.

4. 종교 비판

소세키와 아쿠타가와의 텍스트에는 종교라는 모티프도 자주 나온다. 소세키의 텍스트에는 근대인의 불안과 초조를 상징하는 신경증적인 지식인이 많이 등장한다. 그들은 '죽음이냐, 광기냐, 종교냐'[7]의 한계상황에 직면해 있다. 위기와 불안에 처한 인간은 이를 타개하기 위해 초월적인 힘을 갈구하게 되며 이것이 필연적으로 종교라는 주제로 이어진다. 그러나 소세키는 종교에 입문하는 것에 대해서는 회의적이다. 종교 입문은 타력에 의지하여 구원을 얻으려는 행위로 보기 때문이다. 소세키는 '자기본위'를 중시한 작가인 만큼 인간이 위기와 불안을 타개하는 방법으로서 종교대신 명상과 체관을 중시한다. 종교입문은 외부의 힘인 타력에 의지하는 것이고 명상과 체관은 내부의 힘인 자력에 의한 극복이기 때문이다. 소세키는 인간의 삶이란 커다란 우주적 의지에 의해 운행된다고 보고 자연을 따름으로써 인간은 자신을 초극할 수 있다고 믿는다. 자연(自然) · 천(天) · 신(神)은 형태만 다를 뿐 '이상(理想)의 집합체'로 보고 있다. 그의 텍스트에 자주 언급되는'천(天)'사상은 고대 중국의 종교사상에서 연유하며 일본과 한국 등 동양에서는 보편화되어 있다. 천사상(天思想)에 따르면, 인간의 세계는 상대적이고 유한한데 비해 천(天)의 세계는 절대적이고 무한하다고 상정한다. 천지와 만유를 지배하는 절대자로서 천제(天帝) 또는 상제(上帝)개념을 만들어냈다. 서양의 유일신 개념과는 다르지만 인간

7) 『行人』 『こころ』의 주인공들은 "死ぬか,氣が違うか,それでなければ宗教に入るか"로 번민하다가 자살하거나, 광기로 치닫는다.

의 유한성을 초월한 절대적 존재를 상정한 점은 동서양이 공통된다.

하늘(天)은 공평무사하며 인간의 구원과 관련되어 있다. 『도련님』 10장에는 "하늘을 대신하여 응징하겠다."[8)]는 표현이 나온다. 소세키는 동양의 민간 신앙의 기저를 이루는 천(天)의 사상에는 친근감을 나타내고 있다. 그러나 교리체계와 형식주의적 의식을 갖추고 교조화한 기독교의 유일신 사상, 인격신 사상에는 극도의 위화감을 드러내고 있다. 이것이 기독교를 비롯한 제도화된 종교에 대한 반감으로 나타나고 있다고 생각한다. 다음은 소세키가 영국유학길에 오를 때 선상에서 외국선교사와 토론한 일화이다.

> 저 사람들은 자신만만하게 우리를 우상 숭배자라고 말한다. 저들은 그리스도는 신이 수육(受肉)한 것이라고 한다. 신은 그리스도를 통해서만 그들에게 의미가 있을 뿐이다. 그들의 신앙에는 신의 수육이 근거를 지을 수 있는 기초를 만드는데 필요한 것이다. 이것 또한 어떤 의미에서 우상숭배가 아닌가. 그들은 유일지고(唯一至高)한 신의 관념을 주장한다. 그러나 신의 관념은 종교에 따라 여러 가지가 아닌가. 기독교야말로 세계에서 유일한 참된 종교라고 하는데, 그런 언설은 각 종파가 제각기 자기종교의 지고신(至高神)에 대한 관념을 참이라고 주장할 때 다른 종파들은 모두 틀렸으며 기독교만이 참이라고 주장하는 것과 마찬가지다. 나는 특별히 기독교에 대해 원한이 없으며 오히려 그것은 훌륭한 종교라고 굳게 믿고 있다. 그리고 기독교에서 신앙을 발견한 사람은 기독교에 의해 구원을 받는 것이 확실하다. 하지만 그들이 우상숭배자라고 부르는 자들도 제각각의 숭배 방법에 따라 구원을 발견할 수

---

8) 원문은 "僕が天に代って誅戮を加えるんだ 이다.

있는 것이다. 종교는 결국 신앙의 문제이며 논리와 이성의 문제가 아니다. (『日本文學研究資料叢書 夏目漱石』Ⅱ : 194)[9]

일본은 '야오요로즈노가미(八百万神)'라는 말이 대변하듯이 다신교사회다. 이를 본 서양의 선교사들은 우상을 숭배하는 야만인이라고 멸시했다. 이에 대해 소세키는 근원에서 문제를 제기하고 종교의 본질을 해부한다. 소세키는 기독교 목사와 선교사들이 자신들의 종교만이 참이라며 배타적 우월의식을 지닌 데 대해 반격하고, 모든 종교는 각자의 신념에 따라 구원을 받을 수 있다는 견해를 피력한다.

이에 대해 하가 야이치(芳賀矢一)는 『유학일지(留學日誌)』"나쓰메씨 예수교 선교사와 이야기를 하면서 그들의 코를 납잡하게 만들었다. 매우 유쾌하다"[10]라고 기록한다.

『산시로』의 미네코는 교회에 다니는 신여성으로 '길 잃은 양(stray sheep)'이라는 표현을 한다. 그리고 교회 앞에서 산시로와 헤어질 때 "나는 나의 죄를 안다. 나의 죄는 늘 내 앞에 있다"라고 구약성서 「시편」 구절을 인용한다. 미네코를 기독교 신자로 설정한 것은 결코 좋은 이미지가 아니다. 미네코가 산시로를 대하는 태도는 애매하다. 미네코의 애매함은 기독교의 모호성과 통하는 패러디로 나타난다.

『꿈 열흘밤』 '제7야'에 "서쪽으로 조금씩 향해 가는 배"를 타고 목적지도 모르는 채 초조해 하는 등장인물이 나온다. 갑판에서 한 서양인

---

9) 桝田啓三郎 「漱石が愛讀したウィリアム・ジェイムズ」漱石의 英文 문장을 번역한 것을 재인용함)

10) 三好行雄 編 『夏目漱石事典』중 「漱石比較文學事典」'漱石とキリスト宣教師' 항목 참조. p.244

이 "당신은 천문학을 압니까. 저것들은 모두 하느님이 만들었습니다." 라는 말을 듣고 권태를 느낀 등장인물이 배에서 뛰어내린다. 이는 소세키의 기독교에 대한 부정적 시각을 엿볼 수 있는 하나의 단서다.

> 어느 날 밤 한 외국인이 와서 천문학을 알고 있냐고 물었다. 그리고 별도 바다도 모두 신이 만든 것이라고 말했다. 마지막으로 나에게 신을 믿느냐고 물어보았다. 나는 점점 지루해졌다. 마침내 죽을 결심을 했다.(중략) 어느 날 밤 결심을 하고 바다 속으로 뛰어내렸다. (제6야)

소세키는 『성서』를 윤리 서적으로 수용하고 있으며, 예수에 대해서는 성현의 한사람으로 보고 있다. 그리고 기독교의 신은 서양의 문화에서 생겨난 신에 지나지 않으며 문화를 달리하는 일본인의 신과는 무관하다는 인식이다. 『고양이(猫)』「5장」에서 "신의 전지전능은 무지무능의 발로이다"라고 나온다. 이는 고양이의 시점을 통한 서구의 유일신 개념의 풍자다.

『문(門)』에서 소스케(宗助)는 '종교의 문' 아래 서 있다. 친구 야스이(安井)의 아내와 맺어진 소스케는 사회와 단절되어 살아간다. 야스이가 왔다는 소식을 듣고 불안을 느낀 소스케는 위기에서 벗어나려고 참선하러 갔지만 실패하고 만다. 이는 타력본위로 문제를 해결하려는 것이 잘못이라는 것을 보여주기 위함이다. 인간의 근원적 불안은 타력으로 해소되는 것이 아니라 불안과 더불어 살아가야 하는 것이다. 현대 실존주의 철학과 맥락을 같이하고 있다. 숙명과 더불어 살면서 자기를 초극하는 것이 가장 높은 자기 극복이며, 이것을 해내는 사람이 이상으로서의 초인(超人)이다. 소세키는 니체의 『짜라투스트라는 이렇게 말했다』를 읽었으며'힘에의 의지'에 공명한 흔적이 보인다. 소세키 문예의 이상은 진 · 선 · 미 3요소와 더불어 장(莊)이 추가되는 만큼 소세키가 창출한 인물들은 자신의 신념에 따라 장렬하게 살아가는 경우를 종종 본다. 『태풍(野分)』의 시라이 도야(白井道也) 는 가라타니 고진(柄谷行人)이 이미 지적했듯이 문제성을 내포한 인물이지만 자신의 신념에 따라 장렬하게 살아가는 인물로 조형되어 있다.[11]

아쿠타가와의 종교비판은 『중국기행(支那游記)』과 『갓파(河童)』에 잘 나타나 있다. 『중국기행』'20 서가회(徐家滙)'에는 명나라 만력제(萬曆帝)때 마테오 리치(Matteo Ricci)[12]가 천주교를 포교하던 시절이 나온다. 『천주실의(天主實意)』의 방법을 본따 승려(雲水)와 동자, 천주교 사제와 시종이 문답하게 한다. 이들은 서로 옥신각신하다가 사제의 시종이 미치광이라며 승려를 찌른다. 사제는 어쩐지 눈빛이 이상했다면서 승려를 연민한다. 여기서 천주교도의 아전인수식의 사태해석과 연민이라는 만병통치약으로 상황을 단순화시키는 안이함을 풍자하고 있다.

또 같은 작품에서 십자가가 세워져 있는 서양인의 묘지에 대해서도 위화감을 드러내는데 "저런 의심스러운 곳에 묻히고 싶지 않다"[13]

---

11) 가라타니 고진은 『野分』의 시라이 도야에 대해 "도야(道也)안에는 자기를 절대화하려는 추악한 자의식이 '義' 로 둔갑하고 있다. 그런데 그것을 본인이 알아차리지 못하므로 우리를 불쾌하게 만든다" 라고 말한다. (柄谷行人 2001 : 22)

12) 이탈리아의 예수회 선교사로서 漢字名은 利瑪竇(1552-1610)이다. 1582년 마카오에 도착, 중국 에 포교활동을 하는 한편 서구문화를 소개함. 서광계(徐光啓)와 친교를 맺는데 서광계의 집이 나 중에 천주교 회당이 된다. 그곳이 서가회이다. 저서로 『天主實義』 『기하원본』등이 있다.

13) 장병린과의 문답식의 글로 되어 있다. (문) 靜安寺路에 있는 서양인 묘지는 어땠는가? (답) 과연 묘지는 운치가 있었다. 그러나 나는 대리석 십자가 밑보다는

고 말하는 한편 중국의 봉분 무덤에 대해서는 "무덤도 저 정도라면 괜찮다"[14] 고 말한다. 동양과 서양이라는 문화적 이질감이 카톨릭에 대한 야유로 표출되고 있다.

또 『갓파(河童)』에는 종교가 내거는 금기 속에서 감수성과 이지가 말살되는 것을 지적하고, 종교에 내재한 위선, 모순, 에고이즘을 고발한다. 『갓파』의 '근대교(近代教)'의 대사원(大寺院)의 모습은 거대한 촉수를 하늘을 향해 뻗친 기분 나쁜 형상으로 묘사되어 있다. 이는 유럽의 고딕식 교회건축물의 이미지를 그대로 재현한다. 『갓파』에서 선교를 하는 장로들이 자신들도 신을 믿지 못한다고 고백한다. 장로라는 직책과 고딕식 건축물에서 아쿠타가와가 지닌 기독교에 대한 회의적 시각을 읽어낼 수 있다. 다음은 『갓파』의 염세시인 토크가 종교에 대해 말한 글이다.

> 우리들 갓파는 뭐니 뭐니 해도 갓파의 생활을 완수하기 위해 — 아무튼 우리들 갓파 이외의 뭔가의 힘을 믿어야만 합니다.
>
> 야자 꽃이랑 대나무 안에
> 불타(佛陀)는 이미 잠들어 있다.
>
> 길가의 마른 무화과와 함께
> 그리스도도 이미 죽은 것 같다
>
> 우리들은 쉬지 않으면 안 된다.

봉분(土饅頭) 밑에 누워 있고 싶다. 하물며 야릇한 천사들을 조각한 밑에서라면 더욱 질색이다.

14) 『長江游記』'古揚州(中)' : 169

비록 연극의 배경 앞이라 할지라도 (『갓파』17장)

위의 글에서 이성의 무력을 깨달은 아쿠타가와의 내면과 마주한다. 아쿠타가와는 이성을 넘어선 초월적 존재 즉 절대자의 필요를 인정한 셈이다. 그러나 불교도 기독교도 어떤 종교도 생생한 감동을 주지 못한 노방의 풍경에 지나지 않는다는 것이 그의 비극이다.

자살 직전까지 아쿠타가와는 인간 예수에 대한 관심을 멈추지 않았다. 그 결과 도출한 것이 저널리스트로서의 예수상이었다. 아쿠타가와는 일찍이 카톨릭에 지대한 관심을 보였지만, 그의 기독교에 대한 관심은 심미적 관심이었다. 만년에는 실존적 관심으로 변한다. 신앙적 관심은 희박했으며, 그 자리를'예술지상주의' 라는 신념으로 대치했다.

기독교가 내거는 수많은 금기는 인간의 자유를 말살되는 것이며, 순교자의 심리는 마조히즘이라는 병적심리로 이해했다. 이처럼 소세키와 아쿠타가와의 텍스트에는 종교에 대한 회의라는 시선이 공통적으로 들어 있다. 아쿠타가와의 종교비판에는 소세키적인 주제가 나타나고 있어 상호텍스트성으로 보고자한다.

5. 『나는 고양이다』와 『코(鼻)』의 모티프

『나는 고양이다』9장과 『코』의 모티프의 유사성은 소세키의 외손녀이자 문학연구가인 마쓰오카 요코(맥클라인)[15]가 지적한 바 있다. 소

15) 松岡陽子(1924~) : 작가 마쓰오카 유즈루(松岡讓)와 소세키의 장녀 후데코(筆子)의 차녀로 태어났다. 1952년에 渡美하여 오레곤 대학에서 프랑스어를 전공, 미

세키가 아쿠타가와의 『코』를 격찬한 것은, 소세키 자신의 곰보얼굴로 인한 자존심 훼손, 정신적 불안심리를 너무나도 교묘하게 적중시켰기 때문이 아닐까 그녀는 추정한다. (유상희 1997 : 42)

이는 소세키가 아쿠타와의 『코』를 칭찬한 것은 곰보라는 신체적 열등감을 지닌 소세키의 자의식과 조우했다는 시각이다.

두 텍스트를 비교해 보면 구샤미의 곰보관찰과 젠치 나이구가 거울을 앞에 놓고 코를 관찰하는 것이 매우 닮았다. 곰보 구샤미는 곰보 소세키의 희화(戱畵)한 자화상이다. 그래서 독자는 마음껏 웃는다. 다음은 『고양이』9장에서 고양이가 주인인 구샤미 선생을 관찰하고 있는 대목이다.

> 주인은 곰보다. 유신(維新) 이전에는 곰보도 상당히 유행했다는데, 영일동맹을 맺고 있는 오늘날에는 이런 얼굴은 시대에 뒤떨어진 느낌이다.(중략) 주인은 길을 걸을 때 곰보얼굴을 세며 걷는다고 한다. 오늘 몇 명의 곰보를 만났으며 그 사람은 남자인지 여자인지 그 장소는 백화점인지 우에노 공원인지, 죄다 그의 일기에 기록한다. (중략) 욕실에 있어야 할 거울이 그것도 하나밖에 없는 거울이 서재에 와있는 것은 거울이 몽유병에 걸렸거나 아니면 주인이 욕실에서 가져왔음에 틀림없다. (『고양이』9장)

위의 글은 곰보인 구샤미가 자신의 얼굴에 대해 불안해하는 모습을

국인 로버트 맥클래인(Robert McClain)과 결혼했으며 대학원에서는 비교문학을 연구했다. 저서 『漱石の孫のアメリカ』『孫娘から見た漱石』『漱石夫婦愛のかたち』등이 있다.

매우 해학적으로 묘사하고 있다. 그러나 동시에 어린 시절과 사춘기를 거치면서 마음의 상처를 받았을 수줍고 예민했던 소세키를 떠올리게 된다. 위의 글 속에는 마냥 웃을 수만은 없는 페이소스가 들어있다. 해학 속에 깃들어 있는 페이소스야말로 소세키 특유의 창작기법이다. 이름조차 없는 하찮은 고양이의 관찰과 해학적 문체 때문에 독자는 마음이 무겁지 않다. 그러나 웃음과 슬픔은 동전의 양면이다. 다음은 아쿠타가와의 『코』의 인용이다.

> 젠치 나이구(禪智內供)의 코는 이케노오(池の尾)에서 모르는 사람이 없다. 길이가 대여섯치가 되며 윗입술 위에서 턱밑까지 축 늘어져 있다. (중략) 쉰을 넘긴 나이구는 동자승 시절부터 내도장 공봉(內道場供奉)이라는 직위에 오른 오늘까지 내심 코 때문에 고뇌해왔다.(중략) 나이구는 일상의 담화 중에서 코라는 말이 나오는 것이 무엇보다 두려웠다.(중략)나이구가 생각해낸 것은 이러한 긴 코를 실제 이상으로 짧게 보이게 하는 방법이다. 사람이 없을 때 거울을 향해 여러 각도에서 얼굴을 비춰보며 열심히 궁리했다. (중략) 이곳에 출입하는 승속(僧俗)의 부류는 아주 많다. 나이구는 이런 사람들의 얼굴을 끈기 있게 물색했다. 한사람이라도 자신과 같은 코를 지닌 사람을 찾아내어 안심하고 싶었기 때문이다.

위의 글의 젠치 나이구가 순대처럼 긴 코를 짧게 해보려고 궁리하는 모습과 『고양이』에서 구샤미 선생이 욕실의 거울을 서재까지 가져와서 되도록 곰보의 영역을 축소시켜 보려는 모습은 매우 닮았다. 또 절에 드나드는 승려와 속인들의 얼굴을 관찰하며 기형의 코를 한 사람을 찾아보려고 안간힘을 쓰는 나이구의 모습과, 구샤미가 길을 걸으면서 자기와 같은 곰보얼굴을 한 사람을 열심히 찾아내 기록하는 것은 모티프가 같다. 그리고 문체가 주는 해학성 또한 두 작품이 매우 흡사하다.

젠치 나이구의 '기형의 코' 역시 구샤미의 '곰보' 처럼 콤플렉스의 상징이라는 점에서는 공통이지만 아쿠타가와의 방법이 보다 은유적이다. 젠치 나이구가 "일상담화에서 코 이야기가 나오는 것을 두려워한 것" 은 아쿠타가와에게는 '광기(狂氣)의 어머니에 대한 언급이 금기(禁忌)'라는 외연확장이 가능하기 때문이다. 현실의 아쿠타가와의 콤플렉스는 텍스트에 직접 나타나지 않고 위장된 모습으로 나타나고 있다. 이는 무의식적 전이라고 할 수 있겠다.

6. 마무리

소세키와 아쿠타가와의 텍스트에 보이는 상호관련성을 모티프를 비교하며 살펴보았다. 아쿠타가와의 텍스트에 보이는 인간통찰, 여성혐오, 종교비판, 모티프는 소세키를 계승하고 있다. 이 때문에 많은 비평가들이 아쿠타가와를 평할 때 소세키를 인성면에서 계승했다고 말한다. 또 이 때문에 아쿠타가와는 독창성이 없다는 평가를 종종 받았는데 이는 다른 작가의 흔적이 보이기 때문이다.

1960년대 이후 포스트모더니즘이 대두되면서 예술계는 장르붕괴 또는 장르확산이라는 지각변동을 보이고 있다. 이탈리아의 기호학자 움베르토 에코의 소설 『장미의 이름』은 여러 종류의 텍스트를 가지고 짠 직물과 같은 소설이다. 에코 자신도 이 작품은 독창적인 문장이 하나도 없으며 다른 인용문으로 이루어져 있다고 말했다. 모든 책은 궁극적으로 상호텍스트적인 성격을 지닌다는 것을 밝히고 있는 셈이다. 아쿠타가를 대상으로 맨 처음 논문을 쓴 호리 다쓰오가 "그의 작품에는 항상 다른 작가의 그림자가 드리워져 있으며 끝내 그의 작품을 지니지 못했다"는 것도 지금의 시점에서 보면 격세지감이 든다. 모든 이야기는 이미 말해진 이야기를 다시 반복하는 것이기 때문이다. 아쿠타가와는 자신이 활동하던 다이쇼기에 이미 이를 통찰했다. 그 만큼 선견성이 있는 작가이다. 그에 비해 문단은 경색되어 있었다.

아쿠타가와는 소세키 만년의 문하생으로 소세키가 임종할 때까지 '소세키 산방' 에 다녔다. 또 중학시절에 이미 소세키의 거의 모든 작품을 독파했다. 따라서 모티프에 있어서 소세키적인 것이 발견되는 것은 우연이 아니다. 이것은 아쿠타가와의 텍스트에 의시적 혹은 무의식적으로 소세키적인 것이 투영되었음을 시사한다. 여성혐오, 종교비판 등의 모티프는 의식적 수용이라고 한다면 『고양이』9장과 『코』는 무의식적 전이라고 말할 수 있다.

아쿠타가와가 소세키를 의식했음은 『문예적인 너무나 문예적인』에 「나쓰메 선생님(夏目先生)」라는 글을 남긴 것으로도 알 수 있다. 소세키는 아쿠타가와를 발견했으며, 아쿠타가와는 소세키를 의식한 작가라는 것을 고려할 때 두 작가의 텍스트에서 감지되는 분위기와 모티프의 유사성이 발견되는 것은 자연스럽다고 할 수 있겠다.

아쿠타가와『무도회』와 피에르 로티의「에도의 무도회」
-차용과 전복-

1. 머리말

아쿠타가와 류노스케(이후, 아쿠타가와)의『무도회(舞踏會)』(1920)는 피에르 · 로티(Pierre Loti 이후, 로티)의「에도의 무도회(江戸の舞踏會)」(초출 : 카르맨 레뷔서점출판,1889)를 흡수 · 변형 · 인용한 작품이라는 점에서 상호텍스트성[1]을 지녔다. 상호텍스트성은 모든 문학텍스트는 선행하는 다른 문학텍스트와 상호의존관계에 있다는 사고를 말한다. 이런 관점에서 볼 때 아쿠타가와의 많은 텍스트는 선행 작품의 흔적이 뚜렷하며 상호텍스트성의 관점에서 논하기 적합하다고 말할 수 있다. 아쿠타가와의 창작 특징은 "텍스트가 텍스트를 낳는 방

1) 상호텍스트성 이론은 기호학자 줄리아 크리스테바의 용어이다. 크리스테바는 모든 문학텍스트는 선행하는 다른 문학텍스트와 상호의존 관계에 있다고 말한다. 크리스테바에 의하면 고립된 텍스트는 없으며 모든 텍스트는다른 텍스트를 흡수 변형시킨 모자이크 문양을 한 인용의 직물이라고 말한다. (川口喬一 外 編(2000)『文學批評用語辭典』, 研究社出版.. pp.28-9 / p.62)

법"으로 잘 알려져 있다. 로티의 「에도의 무도회」가 없었다면 아쿠타가와의 『무도회』는 나올 수 없는 작품이다. 그래서 호리 다쓰오(堀辰雄)는 일찍이 「아쿠타가와 류노스케론(芥川龍之介論)」에서 "아쿠타가와는 자신만의 걸작을 갖지 못했다."라고 말했다.[2] 그 만큼 아쿠타가와의 작품에는 선행 작품의 흔적이 발견된다는 것을 지적한 것이다.

창작시기로 볼 때 로티의 작품이 아쿠타가와 작품보다 약 30년쯤 앞선다. 그래서 본고에서는 로티의 작품을 먼저 다루기로 한다. 로티의 작품은 영어권에서 영역되었고 일본에서도 세 차례나 번역되었다. 아쿠타가와는 영역본과 일본어로 번역된 로티의 작품을 읽은 것으로 알려져 있다.[3]

로티는 『오키쿠상(お菊さん)』과 『일본의 가을(秋の日本)』을 쓴 프랑스 작가이며 나가사키에도 체제한 적이 있다. 아쿠타가와는 수필 「속야인생계사(續野人生計事)」에서 '피에르 로티의 죽음'[4]이라는 제목으로 로티에 대한 글을 남기고 있다.

본고는 아쿠타가와의 『무도회』와 로티의 「에도의 무도회」의 기술태도와 로쿠메이칸 표상을 비교분석하는 한편 아쿠타가와의 『무도회』

---

2) 호리 다쓰오(堀辰雄 : 1904-1953)는 동경대 국문과 졸업논문(1929년) 「『芥川龍之介論』 藝術家としての彼を論ず 」에서 아쿠타가와의 초기작품에서 만년 작품에 이르기까지 상세하게 분석, 아쿠타가와의 문학정신의 형성과 고뇌의 과정을 밝히고 있다. (『堀辰雄全集』(第四卷)筑摩書房1996. pp.559-609)

3) 村上菊一朗 吉永清 공동번역 『秋の日本』 (1942년, 青磁社) 후기(後記)에 따르면 다이쇼3년 新潮社간행(高瀬俊郎譯) 『日本印象記』와 메이지 28년 春陽堂간행(飯田旗軒譯) 『おかめ八目』을 소개하고 있다. (後記 : pp.294-304)

4) 『속야인생계사(續野人生計事)』 「피에르 로티의 죽음」에서 "로티는 일본문학에 새로운 감각묘사를 가져다 주었으나 새로운 도덕은 안겨주지 않아서 높이 평가받지 못한 것 같다"라고 썼다. (芥川龍之介 『續野人生計事』青空文庫)

가 함의하고 있는 중층적 메시지를 도출하고자 한다. 먼저 전거가 되는 로티의「에도의 무도회」를 살펴보기로 한다. 이 논문에서 사용한 텍스트「江戸の舞踏會」는 무라카미 기쿠이치로 · 요시나가 기요시(村上菊一朗 · 吉永清)가 공동번역(1942년)한『秋の日本』중「江戸の舞踏會」이다.

2. 피에르 · 로티의「에도의 무도회」

(1) 기술태도 : 희화화(戲畵化) · 오리엔탈리즘

피에르 · 로티의「에도의 무도회」는 일본과 일본인에 대한 희화화가 두드러진 작품이다. 그의 본명은 '루이 마리 줄리앙 비오 (Louis Marie Julien Viau)'이다. 줄리앙 비오라는 이름은 아쿠타가와의『무도회』에서 의미 있는 역할을 수행하게 된다. 그는 17세에 해군사관학교에 입학하고 19세에는 해군사관학교 2등후보생 자격으로 지중해 · 남북아메리카 대륙에 이르기까지 연습항해를 시작으로 하여 60세에 해군대령으로 은퇴한 이력을 지녔다. 전 세계를 항해하며 얻은 견식을 바탕으로 다수의 작품을 남겼다. 일본에는 1895년과 1900년 2회에 걸쳐 체류했는데 첫 번째 체류 때의 경험은『일본의 가을』과『오키쿠상』이라는 작품으로 나왔다. 두 번째 체류 때 나온 작품은『오우메상(お梅さん』이다.[5]

---

5) 菊地弘(2001)『芥川龍之介事典』pp.415-416

로티의 작품들은 오리엔탈리즘을 표방한 대표적 사례로 회자된다. 그것은 유럽인의 우월적 시선으로 개화기의 일본을 폄하해 관찰했기 때문이다. 아쿠타가와는 로티의 작품에 내포된 편견을 통찰했는데 이문화를(異文化) 바라보는 시각은 상대적이라는 인식을 분명히 하고 있다. 이를 확인하기 위해서는 앞에서 언급한 수필 『속야인생계사(續野人生計事)』 에 나오는 「피에르 로티의 죽음」 을 살펴볼 필요가 있겠다. "로티는 일본문학에 새로운 감각묘사 혹은 서정시를 가져다주었으나 도덕은 가져다주지 않았다. 그래서 일본에서는 높이 평가하지 않는 것 같다"[6] 라고 아쿠타가와는 쓰고 있다. 또 같은 글에서 로티는 "수년간 프랑스 문단의 인물이기는 했으나 프랑스문단의 '힘'은 아니었다. 동시대 작가와 비교했을 때 위대한 작가는 아니다"라고 쓰고 있다. 아쿠타가와는 특유의 비유와 패러독스로 로티에 대해 평가하고 있다. 비록 로티의 작품에서 창작의 모티프는 얻었으나 그렇다고 해서 로티의 작품자체를 높이 평가하고 싶어 하지는 않음을 알 수 있다. 또 같은 수필 속의 「여인과 그림자(女と影)」 에는 다음과 같은 글이 나온다.

> 가문(家紋)이 새겨진 일본예복을 입은 서양인은 우스꽝스럽다. (중략) 클로델 대사의 「여인과 그림자」는 이른바 문복(紋服)을 입은 서양인이다. (중략) 풍문에 의하면 클로델대사는 최근의 서양예술을 대하는 일본인의 감상력에 의혹을 품고 있다고 한다. (중략) 우리 일본예술에 대한 서양인의 감상력은 어떤가—나는 요전날 밤 사쿠라마 긴타로

---

6) 芥川龍之介 『續野人生計事』 「三 ピエル ロテイの死」 青空文庫)

(櫻間金太郎)가 연기하는『스미다강(墨田川)』을 보면서 하품하고 있는 클로델 대사에게 동정어린 미소를 금할 수 없었다.

(『續野人生計事』「女と影」)

위의 글은 문화의 상대주의를 말하고 있다. 어떤 문화에 대한 이해의 폭과 깊이는 해당 문화에 대한 배경지식과 관심과 비례한다. 클로델과 같은 유럽 문화권에 속한 사람의 입장에서 진지하게 서양예술을 감상하는 일본인을 보고 있노라면 과연 이해하고 있을까 하고 의혹을 품게 되는 것은 당연해 보인다. 일본과 유럽은 엄연히 다른 문화권에 속해 있기 때문이다. 그러나 클로델은 마치 그것이 지적 능력의 우열인 것처럼 거만하게 말하고 있음을 알아차릴 수 있다. 이에 대해 아쿠타가와는 같은 잣대로 서양인은 일본예술을 얼마나 제대로 이해하는지 되묻고 있다. 문화는 상대적이며 차이에 기반하며 우열의 문제가 아니라는 것을 간파했기 때문이다. 서양인들이 일본의 전통예능 노가쿠(能樂)에 흥미를 못 느끼는 것은 서양인들이 일본예술을 감상하는데 필요한 기본적인 문화에 대한 지식과 훈련이 없기 때문이라고 이해할 수 있다. 흥미를 못 느끼는 것은 어쩌면 자연스러운 현상일 것이다. 역지사지 입장을 바꾸면 마찬가지다. 서양의 문물이 조금 앞서 있다고 해서 마치 일본인의 지적 능력에 문제가 있는 것처럼 폄하하는 서양인의 태도에 아쿠타가와는 이의를 제기하고 있음을 본다. 로티의『가을의 일본』역시 클로델과 마찬가지로 서양인의 우월적 시선으로 묘사되었기 때문에 아쿠타가와는 로티에 대해 좋은 평가를 내릴 수 없었을 것이다.

로티의 로쿠메이칸 묘사에 영감을 받은 또 다른 작가로는 미시마 유키오(三島由起夫)가 있다. 미시마 유키오는 유년기 조모(祖母)의 영향을 많이 받았는데 양장(洋裝)을 한 할머니의 젊은 시절의 사진을 보게 된다. 그것은 로쿠메이칸 파티에 참석해서 찍은 사진이었다. 이 사진을 보고 미시마 유키오는 메이지기의 가장 아름다운 시절로 '로쿠메이칸'을 몽상해 왔다고 전한다. 미시마 유키오는 '로쿠메이칸'을 환상적인 로맨티시즘의 세계로서 선망의 시선으로 수용하고 있다. 이에 대해서는 염소교(冉小嬌)의 논문 「미시마 유키오 『로쿠메이칸』론」[7]이 잘 분석하고 있다.

로티의 '일본인상기(日本印象記)'는 일방적 시선에 의한 편향된 관찰이다. 사물이나 상황은 다각적으로 바라볼 때 제대로 된 모습이 드러난다. 로티의 기행문은 지금의 독자가 읽기에는 노골적으로 폄하하는 표현이 많아서 위화감이 드는 작품이다.

피에르 · 로티의 『일본의 가을』은 서양인이 본 개화기 일본 및 일본인에 대한 인상기(印象記)로서 당시 일본의 시대상 및 풍속을 잘 보여주고 있어서 사료로서 의미가 있는 자료임은 분명하다. 그러나 로티는 일본과 일본인에 대해 우월적 시선으로 바라보면서 희화화하고 있다는 것이 오늘날 비판의 대상이 되고 있다. 로티는 언어의 차이 · 문화의 차이 · 인종의 차이를 우열이라는 잣대로 판단하는 태도를 보이고 있기 때문이다.

본고는 『일본의 가을』에 나오는 「에도의 무도회」가 아쿠타가와의

7) 미시마 유키오의 『鹿鳴館』은 1956년 『文學界』12월호에 발표된 희곡이며, 같은 해 〈文學座〉에 의해 초연되었다. 로쿠메이칸을 무대로 사랑과 암투가 벌어지는 가정비극이 벌어진다. 冉小嬌(2002) 「三島由起夫 『鹿鳴館』論」早稲田大學院紀要別冊(19-2) pp.29-40

『무도회』의 전거가 되는 작품이지만 두 작품의 분위기는 확연히 구분되는데 주목했다. 로티가 우스꽝스럽게 만들어버린 일본인 중 한 사람을 아쿠타가와는 로코코 미를 구현한 화사한 인물로 재창출한다. 이는 로티의 작품에 대한 비판의식의 반영이며 아쿠타가와의 반전(反轉)으로 해석하고자 한다.

로티는 시종일관 일본인을 희화화하는데 로티가 붙인 일본인의 이름이 매우 특이하다. 서양인이 일본인의 이름을 처음 대했을 때의 생경함과 신기함이었다고 말할 수 있을 것이다. 여기에서 나온 해프닝이라고도 말할 수 있겠다. 실제로 로티는 "기묘한 이름을 가진 여러 후작부인과 마찬가지로 백작부인의 이름은 나를 미소 짓게 했다." 라고 말한다.[8] 1886년 11월 3일 '천장절(天長節)' 즉 메이지천황의 생일에 로쿠메이칸(鹿鳴館)에서 열리는 무도회에 초청을 받은 로티는 초청장에 새겨진 초청자 명의(名義)의 백작부인의 이름을 '소-데스카' 백작부인이라고 칭하는가 하면, 눈길을 끄는 귀족여성에 이르러서는 '아리마센' 후작부인이라고 명명한다. 아리마센 후작부인은 루이 15세식 성장(盛裝)을 하고 있으며 고양이새끼처럼 사랑스럽다고 표현된다. 연회에서 소개 받은 아가씨들의 이름에 대해서는 '아리마스카' 양 '쿠니치와(곤니치와)'양 '묘고니치(明後日)' 양 '카라카모코' 양 등으로 호칭한다. 일본인들의 대표적인 성과 이름이 아니라 일상에서 많이 듣게 되는 일본어의 소리를 따서 이름처럼 만들어 별명으로 붙인 것이다. 로티 자신은 실명(實名)을 쓰게 되면 당사자들에게 상처를 주게 될 것 같아서 이를 피하기 위해 가나로 표현했다고 후기(後記)를

8) 앞의 책 p.56

붙임[9]으로써 교묘하게 빠져나가고 있다. 그러나 로티가 취한 배려에도 불구하고 그 가나 발음이 주는 효과는 일본인의 이름이 지닌 우스꽝스러움이라는 인상을 토대로 희화화되고 있음이 분명하다.

또 인력거꾼(人力さん)을 '인간 말(man-horse)'이라고 표현한다. "그들(인력거꾼)은 까마귀 떼(鴉の群)처럼 우리들 위로 덤벼들어 광장(廣場)이 새까맣다." "악마의 자식(惡魔の子)이 질주하며 끌고 있다." 라는 표현을 스스럼없이 도처에서 남발한다. 일본의 하층민에 속한 육체노동자들에 대해서 '까마귀 떼' '악마의 자식' 등 그로테스크하게 묘사한다는 것은 서양 문명권에서 바라본 동양에 대한 멸시가 노골적으로 드러난 것이다. 로티는 서양의 우월적 시선으로 동양을 바라보는 시각을 시종 견지하고 있다.

로쿠메이칸 도착 이후 이어지는 야회(夜會)의 관찰도 마찬가지다. 춤추는 일본인 남녀에 대한 묘사는 '마카쿠 원숭이'[10] 라고 말함으로써 서양을 열심히 흉내내는 한심스러운 국민으로 묘사된다. 일본인의 용모와 체구 등에 대해서도 우스꽝스럽게 표현함으로써 인종적 편견까지 드러내며 희화화하고 있다.

> 아리마스카 양 쿠니치와 양 카라카모코 양은 하얀색 장미빛 푸른색의 옷을 입고 있으나 얼굴 생김새는 모두 똑같다. (중략) 눈은 아몬드처럼 찢어져 올라가고 대체적으로 둥글고 납작하며 고양이 새끼같이 우

---

9) 私は登場人物の誰雄も傷つけないために,敢えて全部の名前を仮名とした.앞의 책 p.80

10) 마카쿠(macaque) : '짧은 꼬리 원숭이'를 말하는데 무리를 지어살며 주로 아시아에 서식한다. 몸체가 단단하며 팔과 다리의 길이가 거의 같다. (『브리태니커 세계대백과사전』 '마카쿠' 항목참조)

스꽝스럽고 자그만 얼굴이다. (중략) 나는 대체 어떻게 아리마스카 양 카라카모코 양을 구별해 내고, 또 카라카모코 양과 쿠니치와 양을 구분한단 말인가? 그 점이 매우 신경이 쓰인다. 그만큼 그녀들은 닮았다. (p.60)

서양식 원무(圓舞)에서 춤을 출 때 파트너가 바뀌면서 진행되다가 다시 파트너를 데려와야 하는데 일본아가씨들의 얼굴이 똑같아서 파트너를 찾을 수 없다는 것을 이렇게 표현한 것이다. 또 동양인의 평면적 얼굴과 위로 올라간 외꺼풀 눈을 아몬드와 고양이새끼의 모습으로 묘사하며 해학적으로 말하고 있다. 그녀들이 추는 춤은 개성과 독창이 없으며 자동인형처럼 기계적으로 춘다고 덧붙인다. 일본인의 신체구조는 연미복이 어울리는 구조가 아닌데도 이런 몰골을 한 것은 추태라고 서슴없이 내뱉는다. 여성들의 파티복도 예외는 아니다. 어디가 허리이며 어디에 코르셋이 걸려 있는지 모르겠다면서 서양인의 춤과 의상은 서양인에 맞게 생겨난 것이며 동양인에게는 처음부터 맞을 수 없어서 어색하다는 것을 꼬집고 있는 것이다. 그밖에도 소인국에 온 것 같다는 비유도 사용한다. 일견 맞는 말이라고 해도 표현이 너무 노골적인 점이 작가의 인품을 의심하게 만든다. 이러한 기술태도는 전형적인 오리엔탈리즘의 시각이라고 말할 수 있겠다.

(2) 로티의 '로쿠메이칸(鹿鳴館)' 표상

로티가 목도한 로쿠메이칸의 첫인상은 급조한 싸구려의 조잡한 건물이라는 것이다. 먼저 로티는 로쿠메이칸 건물의 외관에 주목한다.

유럽인은 유구한 역사를 지닌 오래된 건축물과 예술적 골동품에 가치를 두는 전통이 있다. 이러한 유럽인의 가치관으로 볼 때 역사가 짧거나 새로 만들어진 건물은 폄하의 대상이 된다. 로티는 로쿠메이칸 건물을 아메리카풍이라고 말한다. 이는 미국이 신생국가임을 염두에 둔 발상이다. 유럽인은 미국에 대해서도 역사가 짧다는 이유로 얕보려고 하는 경향이 있는 것이다. 하물며 극동에 위치한 일본이 근대문명이라고 내세운 '서양적인 것'들에 대해서 경박하고 조야하게 바라보는 로티의 시선은 당연한 귀결이다.

'로쿠메이칸'은 메이지 신정부가 서양의 건축가[11]를 고용하여 서양식으로 공들여 만든 야심찬 건축물이다. 이 건축물에 대해 로티는 일언지하에 폄하한다. "프랑스 온천장의 어디에서나 볼 수 있는 카지노 같다. 이곳이 꼭 에도(도쿄)일 필요는 없다." 라고 말한다.

> 로쿠 · 메이칸 그 자체는 아름다운 건물이 아니다. 유럽풍 건축으로 만들어졌으며 새하얗고 아주 새 건물이며 그런 것은 프랑스 어딘 가의 카지노를 닮았다. 사실 여기가 꼭 에도일 필요는 없다. 어디라 해도 상관없다고 생각된다. (p.60)

로티는 극도로 주관적인 인상을 토대로 이 작품을 기술하고 있다. 세계를 주유한 여행가답게 첫인상을 순간적으로 포착하여 재기발랄

11) 1881년 영국인 콘도르 설계에 의해 만들어진 서양식 2층 벽돌건물. 1883년에 완성되었다. 도쿄 고지마치구(麴町區) 야마시타초(山下町 : 現 히비야 공원 근처)에 위치했다. 에도막부시절에 체결된 '불평등조약' 의 개정을 위한 구화정책('歐化政策)'의 일환이었다.

하게 써내려가는 데 능숙한 솜씨를 보이고 있다. 로쿠메이칸을 영혼이 없는 건물로 만들기 위해 굳이 카지노의 이미지를 들이대고 있는 것이다. 다음은 로쿠메이칸의 외부에서 내부로 향하는 대목이다.

> 이색적인 무도회. 가스등이 빛나는 현관에는 상당히 정확하게 넥타이를 매고는 있으나 거의 눈이 없는 누렇고 우스꽝스런 표정의 연미복을 입은 시종들이 정중하게 접대한다. 살롱은 2층에 있다. (중략) 하얀색, 노란색, 분홍색의 국화울타리 (중략) 계단을 올라가자 4명의 주최자들이 미소를 머금은 채 각각의 살롱의 입구에서 손님을 맞이하고 있다. (중략) 첫번째 여성은 백작부인에 틀림없다. 아까 기차 안에서 이 여성의 신상에 대해 들었다. 전에 게이샤였으나 장래가 유망한 외교관의 눈에 들어 부인이 되었으며 지금은 사교계에서 에도(江戸)의 명예를 지키는 역할을 맡고 있다는 것이다. 그래서 나는 구경거리처럼 꾸민 기묘한 여성을 기대했는데 그녀는 어깨까지 장갑을 낀 손색이 없는 여성이었으며 빈틈없는 헤어스타일을 하고 있다. 수려한 모습을 한 여인 앞에서 나는 놀라 멈춰 섰다. (중략) 그녀의 인사는 깍듯하고 정중하다. 그리고 아메리카 여성처럼 나에게 악수를 청한다. (pp.60-61)

위의 성대한 연회에서 시중드는 일본남자들은 동양인이기에 동양인다운 신체적 조건을 지녔다. 이에 대해 로티는 노란 피부색과 작은 눈이라는 인종적 특성을 골계적으로 묘사한다. 또한 로티의 일본인 묘사는 남성들에게는 야박하고 여성들한테는 비교적 후한 것이 특징이다. 위의 백작부인은 당시 외무대신 이노우에 가오루(井上馨)[12]를

12) 井上馨(1835-1915)조슈번(長州藩)출신으로 제1차 이토(伊藤)내각에서 外相을

말하고 있음을 알아차릴 수 있다. 로티는 게이샤(芸者)라는 낮은 신분의 여성을 아내로 맞이하여 사교계의 여왕으로 활약시키는 이노우에를 향해 시니컬한 시선을 보내고 있음이 분명하다. 그러나 그 여성이 로티의 선입견을 깨고 기품 있는 자태로 자신을 비롯한 외빈들을 정중하게 맞이하고 있는 데에 당혹감을 느끼고 있다. 백작부인이 아메리카 여성들처럼 먼저 악수를 청한다는 표현에서는 일본의 개화를 주도하는 여성은 유럽의 여성처럼 조신하지 않고 개방성과 활달함을 지녔음을 은연중에 내비친다.

메이지초기 로쿠메이칸 무도회는 일본 속에 유럽을 체현했다. 로티의 표현에 따르자면 "일본과 프랑스의 18세기를 합금(合金)한" 이미지다. 로쿠메이칸 무도회개최라는 발상은 막부말기에 체결한 불평등조약을 해소하기 위해 정부각료들이 고안해 낸 각고의 노력의 일환이다. 그러나 정작 서구열강들의 태도는 요지부동이었다. 파티에 초대받은 고관들의 마음을 움직여 불평등한 조약을 개정하는 성과를 내기는커녕 로티의 표현처럼 오히려 야유를 샀다는 것은 많은 것을 시사하고 있다.

역임했다. 이 때 조약개정을 위해 극단적인 유럽화정책을 써서 비난을 샀다. 그 표본이 '로쿠메이칸'무도회이다. 平凡社(1981) 『日本史事典』p.145 참조.

3. 아쿠타가와의 『무도회』

(1) 기술태도 : 아이러니와 풍자 · 문명비평

아쿠타가와의 『무도회』[13]의 주인공은 로티가 희화화시킨 우스꽝스런 일본인의 모습이 아니다. 앞의 수필 「속야인생계사(續野人生計事)」 '피에르 로티의 죽음'에서 아쿠타가와는 "로티는 우리들 일본인의 누이들인 오키쿠양과 오우메양을 작품으로 써서 프랑스에 전했기에 그녀들은 파리의 보도 위를 걷게 되었다. 그 점 로티에게 감사를 표하고 싶다." 고 시니컬하게 적는다.

아쿠타가와의 『무도회』의 주인공은 아키코(明子)라는 이름을 지닌 명문가의 17세 소녀이다. 우아하고 세련된 자태가 군중의 이목을 집중시킨다. 아키코 또한 자신의 아름다움에 대해 자각하고 있다. 아키코의 빼어난 미모와 자태는 뭇 사람의 시선을 끄는데 그치지 않고 그녀도 본능적으로 이를 알고 즐긴다. 야회가 한창일 때 미에 대한 경쟁의식에 사로잡힌 아키코는 자신의 미가 서양에 가서도 통할 수 있을지 초조해 한다. 그 때 무도 파트너인 프랑스 해군장교가 그녀의 아름다움은 파리에 가도 손색이 없다는 말을 해주고, 이 확인을 받고서야 아키코는 안도한다. 아쿠타가와는 아키코의 심경과 프랑스해군 장교의 의식을 병치시킴으로써 일본과 서양의 관계를 은유적으로 드러나도록 장치를 하고 있다. 그것은 서양의 인정을 받아야 안심할 수 있는 일본의 실상인 것이다. 아쿠타가와는 일본의 어설픈 근대화의 실상을

13) 이 논문의 텍스트는 『芥川龍之介全集 3권』(2000)ちくま文庫를 사용했다.

통찰할 수 있는 시선으로서 프랑스 해군장교라는 외부인을 설정했다. 현실에 매몰되어 있는 일본인은 자기도취에 빠져 냉철하게 볼 수 없기 때문이다. 그래서 국외자인 외국인의 시선에 의해 객관성을 담보하고자 한 것으로 보인다. 그 역할을 프랑스 해군장교가 수행하고 있다. 프랑스 해군장교의 의식 안에는 아쿠타가와의 의식이 짙게 투영되어 있음은 물론이다. 그것은 아이러니와 냉소에 찬 문명비평의 시각이다. 아키코의 자아도취와 이에 대한 끝없는 선망과 찬사는 '개화기 일본문명'의 실상을 풍자적으로 나타낸 것이며, 해군장교의 냉소 섞인 어조에는 아쿠타가와의 문명비평이 고스란히 담겨져 있다.

> 프랑스 해군장교는 아키코에게 팔을 맡긴 채 정원 위로 별이 가득한 밤하늘을 조용히 응시하고 있었다. 그녀에게는 그 모습이 어쩐지 향수에라도 잠긴 듯이 보였다. 그래서 아키코는 그의 얼굴을 올려다보며 "고향생각을 하고 계시지요?"하고 반쯤 응석부리듯이 물어보았다. 그러자 해군장교는 여전히 미소를 머금은 채 조용히 아키코를 돌아다보았다. 그리고는 '아니' 라고 말하는 대신 아이처럼 고개를 저어 보여주었다. "하지만 뭔가를 생각하고 계신 듯 보이는 걸요." "뭔지 맞춰보실래요" (중략) "나는 저 불꽃에 대해 생각하고 있었습니다. 우리들 인생과 같은 불꽃에 대해서요." (pp.304-5)

아키코와 해군장교는 무도를 잠시 중단하고 군중을 빠져나와 발코니에 나와 있다. 정원 위로는 불꽃(花火)이 터지고 해군장교는 밤하늘을 바라보며 사색에 잠겨있다. 두 사람의 대화는 엇박자를 낸다. 해군장교는 하나비와 같은 찰나적인 허무한 인생에 대해 생각하고 있으며, 아키코는 이방인이 가지기 쉬운 노스탤지어에 잠겨있다고 생각한다. 두 사람이 품고 있는 생각의 어긋남과 '하나비' 라는 찰나의 미가 부각되면서 작품은 허무가 흐른다. 아키코는 겉보기에는 서구적 아름다움과 에티켓을 겸비했지만 그것은 한낱 외관에 지나지 않기에 허망하다. 아쿠타가와는 짓궂게도 이 두 사람에게 공감대를 형성할 수 있는 애틋한 로망스를 부여하지 않고 부숴버린다. 독자만이 아이러니한 상황을 알아차릴 수 있다. 이 날 로쿠메이칸의 감미로운 밤은 아키코에게는 일생 잊을 수 없는 추억이 된다. 아키코는 해군장교의 내면을 헤아릴 수 있을 만큼의 판단능력과 섬세한 감수성을 지니지 못했기 때문에 2부에 나오는 H노부인이 되어서도 그 날을 회상하면 행복하다. 그래서 이 작품은 드러난 모습과 실상이 다른 아이러니의 구조라고 말할 수 있겠다.

아쿠타가와의 작품은 탄탄한 플롯을 지녔다. 기교파 작가답게 내용과 형식을 긴밀하게 연결함으로써 조형미를 부각시키고 있다. 1부에서는 17세 소녀 아키코가 '로쿠메이칸 무도회' 첫 데뷔를 앞두고 마음속에서 일으키는 미묘한 설렘의 심경과 무도회에서의 벅찬 느낌을 포착하여 그려냈다. 2부에서는 49세 귀부인이 된 아키코가 가마쿠라(鎌倉)별장에 가기 위해 기차를 타게 되고 안면이 있는 젊은 소설가와 우연히 동승하게 된다는 또 하나의 스토리를 끼워 놓았다. 청년은 가마쿠라의 지인에게 선물할 '국화다발'을 기차 안의 선반에 얹어놓았다. H부인이 된 아키코는 국화꽃을 볼 때마다 생각나는 일이 있다면서 32년 전 로쿠메이칸에서 열렸던 무도회 이야기를 청년 소설가에게 들려준다. 특정한 사물에 연상되어 과거를 회상하는 기법은 마르셀 푸르스트가 『잃어버린 시간을 찾아서』에서 사용한 방법이다.[14] 아쿠타가와는 국화다발이 상기시킨 아키코의 잃어버린 시간을 회상하도록 장치를 한다. 동승한 소설가는 H부인의 회상 속의 해군장교가 피에르 로티임이 자명한 사실이기에 확인하듯이 "피에르 · 로티 군요" 말하자 아키코는 틀렸다며 부정한다. 그녀는 피에르 · 로티가 아니라 줄리앙 비오라는 사람이라고 이름을 정정한다. 이런 장치를 통해서 작가는 피에르 · 로티와 줄리앙 비오가 동일한 인물임을 모르는 아키코의 순진함과 무지를 드러내고, 행복과 무지는 함수관계가 있다는 평소의 지론[15]을 피력하고 있다.

작가는 세부적 아이러니와 함께 플롯 전체를 아이러니 구조로 만들고 있으며, 아이러니와 냉소 · 상징 · 풍자가 뒤섞여 이 작품은 중층적 여운을 남기고 있다.

(2) 아쿠타가와의 '로쿠메이칸(鹿鳴館)' 표상

아쿠타가와의 『무도회』에 나타난 '로쿠메이칸'과 거기서 벌어지는 파티는 근대 계몽기 '일루미네이션'의 허상을 표상한다. 로쿠메이칸

---

14) 마스셀 푸르스트의 『잃어버린 시간을 찾아서』는 마들렌 과자 때문에 연상된 과거 회상이다. '의식의 흐름' 이라는 20세기 현대 문학의 한 흐름을 창시했다. 아쿠타가와도 만년에는 차츰 이런 수법을 도입한 작품을 쓰고 있다. 이와 관련하여 1927년에 "스토리가 없는 소설" 논쟁을 다니자키 준이치로(谷崎潤一郎)와 벌인다. 「谷崎氏に答ふ」 『文芸的な,余りに文芸的な』수록.

15) 『侏儒の言葉』 「椎の葉」"완전히 행복할 수 있는 것은 백치에게만 허용된 특권이다"(p.173) 「彼の幸福」"그의 행복은 그 자신이 교양이 없다는 데에 있었다."(p.246) 라고 나온다. 그외에도 『南京の基督』의 송금화의 행복도 순진과 무지 때문에 가능했다.

은 눈부실 정도로 찬란하다. 히로인 아키코(明子)는 인간화한 로쿠메이칸이라고 말할 수 있다. 아키코의 자태에 대한 디테일한 묘사는 로코코풍을 체현하고 있다. 로쿠메이칸은 외부와 내부 모두 화사하고 인공적인 로코코양식을 취했으며 이국정취를 물씬 자아내는 건물이다. 일본의 근대화는 서구화이며 서구화 정책의 상징이 로쿠메이칸이다. 거기서 열리는 무도회는 일본근대의 허상으로서 비판되어 왔다.[16] 로쿠메이칸의 내부는 로코코풍의 실내장식으로 우미(優美)의 극치를 보여주고 있다. 로코코양식의 특징은 장식적 인공미(人工美)이다. 일본의 근대 역시 이처럼 인공적이며 정체성이 결여된 것이다. 외관은 우아하며 내부에서는 감미로운 왈츠가 흐르고 있어도 그 안에 일본의 아이덴티티는 소거(消去)되어 있다.

> 아키코는 그 프랑스 해군장교와 '아름답고 푸른 다뉴브' 선율에 맞춰 왈츠를 추고 있었다. 상대 장교는 빰이 햇볕에 그을린 이목구비가 선명한 짙은 수염을 한 남성이었다. 그녀는 그 상대의 군복을 입은 왼쪽 어깨에 기다란 장갑을 낀 손을 얹을 만큼 너무나 키가 작았다. 하지만 이런 상황에 익숙한 해군장교는 능숙하게 그녀를 다루며 사뿐사뿐 군중 속으로 춤추며 나아갔다. (p.299)

---

16) 도쿠토미 로카는 사회소설 『흑조(黑潮)』에서 '유유칸(呦呦館)' 이라는 이름으로 '로쿠메이칸'을 표상하고 있다. '鹿鳴'이 사슴의 울음소리라는 데 착안하여 '울다' 라는 뜻을 지닌 '呦呦'를 채택해 패러디했음을 알 수 있다. 『흑조』 제1장 서두를 보면 "明治20年(1887) 四月初旬, 東京 麴町區 山下町 呦呦館"이라고 나오는데 로쿠메이칸의 위치와 동일함을 알 수 있다. 아쿠타가와의 『무도회』의 시간은 메이지 19년 천장절(1886년 11월 3일)이다.

위의 인용부분은 로티의 「에도의 무도회」에서는 "우리들이 함께 추고 있었던 '아름답고 푸른 다뉴브' 왈츠가 끝나자 두 번째 왈츠를 추기 위해 나는 그녀의 수첩에 내 이름을 적었다."[17] 라고 나와 있다. 아쿠타가와는 로티의 작품을 큰 줄기로 수용하면서도 세부는 로티의 작품과는 달리 장인(匠人)이 세공하듯이 정교하게 묘사하고 있다.

근대화에 발맞춰 메이지 일본은 제도와 생활양식을 서구식으로 바꾸어 나갔다. 일본인지 서양인지 구별이 안 될 정도로 완벽하게 서구를 재현해 놓은 것이 '로쿠메이칸' 이다. 이를 주최한 외무대신과 초대받은 일본인들은 자아도취에 빠져 있다. 로쿠메이칸은 일본 개화기의 꽃이며 자기만족적 완성품이다. 여기에 아쿠타가와는 문명비평적 시선을 보내고 있다. 아쿠타가와는 프랑스 해군장교의 시각으로 로쿠메이칸의 내부와 외부를 보여줌으로써 일본인의 자아도취를 비판하고 있다. 메이지 신정부가 주도하는 일본의 개화는 단적으로 말해 서양 흉내내기이며 한심한 행태라는 것이 지적되어 왔다. 이를 위해 '프랑스 해군장교'라는 외부의 시선이 필요했다고 볼 수 있다.

연미복 하얀 어깨가 빼곡하게 왕래하는 가운데 은과 유리로 된 식기류로 뒤덮인 테이블에는 고기며 송로(松露)버섯이 소복이 쌓여 있고 샌드위치와 아이스크림이 탑을 이루고 있는가 하면 또 석류와 무화과가 피라미드처럼 쌓아져 있다. (중략) 프랑스 해군장교는 아키코와 하나의 테이블로 가서 함께 아이스크림 스푼을 들었다. 그녀는 그 때도 상대의 눈이 때때로 그녀의 손이랑 푸른 빛 리본을 단 목에 쏠리고 있음을 알아챘다. 그것은 물론 그녀에게 불쾌한 것은 아니었다. 하지만

17) 피에르 로티 「에도의 무도회」 p.71

그 찰나에 여성특유의 의구심을 나타내지 않을 수 없었다. 그곳에 검정 빌로드 옷의 가슴에 빨간 동백꽃을 장식한 독일여성인 듯한 아가씨가 두 사람 곁을 스쳐갔을 때 그녀는 그 의구심을 표명하기 위해 다음과 같은 감탄의 말을 발명했다.

"서양의 여성분들은 정말 아름다운 걸요."

해군장교는 이 말을 듣자 의외로 진지하게 고개를 저었다.

"일본여성도 아름답습니다. 특히 당신은 - " (중략) 이대로 파리의 무도회에 나갈 수 있습니다. 그러면 모두가 놀랄 겁니다. 와토의 그림 속 공주님 같아서."

아키코는 와토를 몰랐다. 그래서 해군장교의 말이 환기시킨 아름다운 과거의 환상도 어슴푸레한 숲의 분수와 시들어가는 장미의 환영도 일순간에 모두 사라지고 말았다. 하지만 남보다 감이 빠른 그녀는 아이스크림을 먹으면서 겨우 하나 남아있는 화제에 매달리는 것을 잊지 않았다.

"저도 파리의 무도회에 가보고 싶어요."

"아니, 파리의 무도회도 여기와 똑 같아요."

해군장교는 이렇게 말하면서 (중략) 시니컬한 미소의 파문이 눈동자 안에서 움직이는가 싶더니 아이스크림을 먹던 스푼을 멈추고, "파리 뿐만이 아닙니다. 무도회는 어디나 똑 같아요" 라고 혼잣말처럼 덧붙였다. (pp.301-2)

위의 글은 로쿠메이칸 1층 대기실에 대한 묘사다. 1층대기실은 2층 살롱에서 춤을 추다가 지친 사람들이 쉬기 위해 내려오는 곳이다. 연미복과 하얀 드레스를 입은 손님들로 붐비는 1층 대기실에는 여러 개의 테이블이 있으며, 그 위에는 서양식 식기류에 담긴 진기한 음식들이 즐비해 있다. 일본 속에 유럽을 구현해 놓았다. 여기서 아키코의 초조는 서양 따라잡기에 초조해하는 일본의 메타포이다. 아키코가 해군장교의 시선을 해석하는 것과 해군장교가 아키코에게 보내는 시선은 질적으로 다르다. 아키코의 해석은 자기도취이며 해군장교의 시선은 냉소의 시선이다. 위의 글은 일본 근대의 자아도취적 속성과 이를 바라보는 비판적 시선의 낙차(落差)라고 말할 수 있겠다. 와토[18]는 로코코 미술을 대표하는 유명한 화가이다. 그런 와토를 아키코가 모른다는 것은 모순임을 텍스트는 넌지시 암시하고 있다. 아키코는 외관상으로는 파리의 무도회에 가도 손색이 없을 정도로 세련되고 아름답지만 내실은 그렇지 않다는 것이 드러나며 이것은 일본적 현실의 메타포이다.

아키코는"와토의 그림 속 공주님 같다."라는 해군장교의 표현에서"공주님 같다"는 절반의 이미지에 매달려 상황을 이해하려고 애쓴다. 그러니까 몽롱하고 답답할 수밖에 없다. 이러한 애매하고 몽롱함이 일본개화의 실상임을 아쿠타가와는 은유적으로 표현했다고 생각된다. 난관에 봉착한 아키코가 출구전략으로 취한 것은 "파리의 무도회에 가보고 싶다." 는 말이다. 이 말에 대해서도 해군장교는 싸늘하게 답변한다. 로쿠메이칸의 무도회든 파리의 무도회든 무도회라는 것은 모두 똑같다고 함으로써 모든 가치의 등가(等價)가 이루어진다. 해군장교의 입을 빌려 나온 수박겉핥기식의 피상적 일본개화에 대한 냉소는 아쿠타가와 특유의 니힐리즘의 표출로 해석된다.

---

18) 와토(Jean-Antoine Watteau : 1684-1721)는 프랑스 화가이다. 서정적인 매력과 우아함을 풍기는 로코코 양식으로 유명하다. (『한국브리태니커백과사전』 '와토' 항목참조)

4. 마무리

지금까지 아쿠타가와의『무도회』와 로티의「에도의 무도회」두 텍스트의 기술태도와 로쿠메이칸 표상을 비교분석하고, 나아가 아쿠타가와의『무도회』가 내포하고 있는 중층적 메시지를 도출했다. 로티의「에도의 무도회」는 기행수필로서 개화기 일본을 상징하는 로쿠메이칸에서 열린 무도회 풍경과 그 주변의 인상적 광경을 포착한 글이다. 로티는 시종일관하여 일본과 일본인이 연출하는 개화풍경을 비하하고 인종적 편견을 드러내고 있어서 오리엔탈리즘적 태도가 특징이라고 해석했다. 이에 비해 아쿠타가와의『무도회』는 소설작품으로서 소설이라는 장르에 걸맞게 탄탄한 플롯과 중층적 함의를 지녔음을 분석했다.

두 작품 모두 로쿠메이칸 무도회의 광경을 눈앞에서 보고 있는 것처럼 박진감 있게 재현해 놓았다. 특히 아쿠타가와의 텍스트는 주요 등장인물인 아키코와 해군장교의 심경을 섬세한 필치로 파헤치고 있었다. 이처럼 아쿠타가와는 기교파 작가답게 아이러니 · 풍자 · 상징 등 다양한 레토릭을 구사하여 다성적(多聲的)의미를 창출해내고 있음을 구체적으로 살펴보았다. 여기에는 문명비평과 함께 로티의 기행수필「일본인상기」에 대한 비판도 들어있음을 도출했다.

아쿠타가와 텍스트의 특징은 인식의 다양성과 인식의 상대주의를 지향한다. 아쿠타가와는 로티의「에도의 무도회」의 기조(基調)를 계승하면서도 이를 문명비평으로 환원했다는 점이 확연히 다르다. 또 해군장교와 아키코의 대화를 통해 인식의 낙차를 극대화시키면서 아니러니 효과를 냈는데 이를 통해 문명비평이라는 효과를 배가시키고 있다. 그리고 여주인공 아키코의 조형과 '하나비'의 심상은 아쿠타가와 특유의 예술지상주의적 심미주의를 드러내고 있음을 밝혔다. 이처럼 아쿠타가와의 『무도회』안에는 중층적 메시지가 함의되어 있으며 이 안에는 로티의 텍스트에 대한 비판까지도 포함되어 있다고 보았다.

아쿠타가와 문학 속의 팜므파탈
-샤킨 · 마사고 · 이이나 · 암갓파-

1. 머리말

아쿠타가와 류노스케는 독서에 의해 인생을 배우고 독서로 얻은 지식에 의해 창작을 한 작가이다. 이것은 그가 심취했던 아나톨 프랑스(1844-1924)의 태도이기도 하다[1]. 아쿠타가와는 중학시절에 영어로 된 아나톨 프랑스의 『타이스』(1889) 를 읽고 감명을 받았다. 수사(修士)가 창녀를 계도하여 성녀가 되게 하는데 성공했으나 정작 수사 자신은 타락하고 만다는 반전의 플롯에 전율을 느꼈던 것 같다. 아나톨 프랑스가 고대전설에서 차용한 여성인물 타이스[2] 안에는 남자를 파

---

1) 아나톨 프랑스는 서적상의 아들로서 일생을 책과 더불어 보냈다. 책에만 애착을 가지고 현실생활에 적응하지 못한 문헌학자를 다룬 『실베스틀 보나르의 범죄』가 있다. 아쿠타가와는 『다이도지 신스케의 반생』'책'에서 "그는 가난한중에도 책, 특히 세기말 유럽이 낳은 소설과 희곡에 의해 —모든 것을 책 속에서 배웠다." 라고 말한다. 아쿠타가와의 "本から人生"의 태도는 아나톨 프랑스에게서 나온 것이다.

2) 타이스는 고대 아테네의 전설적 창녀이다. 수사 파프누티우스의 인도로 기독교도

멸시키는 팜므파탈의 맹아(萌芽)가 보인다. 아쿠타가와의 문학은 회의와 냉소 아이러니가 두드러진다. 그런 경향은 세기말 유럽문학에서 발견되는데 아쿠타가와 또한 세기말 유럽문학의 영향을 많이 받았다는 것은 주지의 사실이다.

세기말 유럽문학의 특징은 고티에(T · Gautier) 오스카 와일드(Oscar Wilde) 적인 향락추구 · '예술을 위한 예술'적인 경향과 포(E · A Poe) 보들레르와 니체로 대표되는 불안 · 공포 · 우수 · 권태 · 니힐리즘의 경향을 들 수 있다. 아쿠타가와의 문학은 향락적인 것 보다는 불안과 공포를 드러낸 것이 많다. 팜므파탈의 모티프도 불안과 공포의 맥락에서 이해할 수 있다. 팜므파탈 안에는 여성은 그 자체로 불가해하다는 인식이 들어있다.

최근 페미니즘 비평에서는 남성작가들에 의한 여성묘사에 대한 새로운 읽기가 시도되고 있는데 남성작가들에 의해 왜곡된 여성이미지를 복원하겠다는 취지이다. 인류의 역사를 보면 종종 이해할 수 없는 것은 배제되고 소거되거나 변형되어 왔다. 그 중 하나가 여성이며 여성은 남성의 타자로서 존재해 온 것이다. 팜므파탈은 불가해한 여성성을 남성이 이해하기 쉽게 변형시킨 타자화된 이미지다. 이런 변형을 반복계승하면서 남성예술가들은 신비성과 공포를 동시에 지닌 유혹적 여성을 창출하고 유포시켜왔다고 말할 수 있다. '라파엘 전파(前派)'[3] 에 이르면 팜므파탈은 예술가들의 영감의 원천이 된다. 팜므파

가 되었으며 그때 호화로운 의상과 보석류를 불태워버렸다고 전한다. 기독교에서 회개한 성녀로 추앙받는 인물이다. 타이스를 모티프로 한 예술작품으로는 아나톨 프랑스의 『타이스』와 마스네의 오페라 『타이스』가 유명하다. 『브리태니커세계대백과사전』'타이스' 항목 참조.

3) The Pre-Raphaelite Brotherhood(P.R.B). 르네상스 이후 만연한 인습적 아카데미

탈은 남성작가들의 상상에 의해 만들어진 기이한 인간형이라고 말할 수 있겠다. 오스카 와일드의 『살로메』(1893)를 위시하여 프레보의 『마농레스코』(1731)[4] 메리메의 『카르멘』(1845)등이 '팜므파탈'의 계보를 보여준다. 이는 여성혐오와도 긴밀하게 이어진다고 말할 수 있겠다.

아쿠타가와의 작품 중 위험한 여성 즉 팜므파탈을 모티프로 한 작품으로는 『투도(偸盜)』(1917.4) 『덤불숲(藪の中)』(1922.1) 『카르멘(カルメン)』(1926.7) 『갓파(河童)』(1927.3) 등을 들 수 있겠다. 본고는 이 작품들에 나타난 다양한 팜므파탈의 표상과 여기에 투영된 작가의 실체험을 아울러 살펴보고자 한다. 이를 위해 먼저 아쿠타가와가 즐겨 쓰는 여성인물 유형에 대해 알아보기로 한다.

2. 타자로서의 여성

아쿠타가와가 창출한 여성의 유형은 착한 여성형과 악녀형이라는 스테레오 타입으로 나타난다.[5] 전자는 『남경의 예수그리스도(南京の

즘을 배척하고 자연회귀와 성실한 세부묘사를 중시했다. 예술의 고상한 이상과 풍부한 시상(詩想)을 강조했다. 화가로는 로세티 · 헌트 · 밀레이 등이 그 대표이다. 『夏目漱石事典』p.246

4) 원제는 『슈발리에 데그리외와 마농레스코의 이야기』이다. 화류계 여성과의 사랑으로 파멸하게 되는 한 귀족청년의 이야기다.

5) 쓰루타 긴야(鶴田欣也)는 논문 「芥川龍之介における阿呆と天才」에서 "아쿠타가와는 여성을 천사와 악마로 나누는 경향이 있는데, 그 중에서도 악마화하는 경향이 두드러진다. 악의적 여성을 묘사하는 것이 천사를 묘사하는 것보다 생기를 띠고 있다."고 말한다. 武田勝彦編著(1970) 『古典と現代-西洋人の見た日本文學-』清水弘

基督)』의 송금화(宋金花)와 『밀감(蜜柑)』의 소녀를 들 수 있다. 이 여성들이 착한 이미지를 지녔다고 해서 결코 긍적적 인물유형은 아니다. 그녀들은 가난하고 교육을 받지 못해서 사물에 대한 판단능력이 없어 무지한 것으로 나온다. 타고난 내면의 순박함이 무지와 어우러져 찰나적 미감을 독자에게 전할 뿐이다. 아쿠타가와는 인간은 단순하고 무지할 때 행복할 수 있다는 인식을 보이는데 여성들이 이러한 범주에 들어간다. (주유의 말)

악녀형은 본 논문에서 다루고자 하는 팜므파탈형이다. 팜므파탈형은 서양문학에서 이미 오랜 전통을 이어왔다. 멀리 소급해서는 성서 속의 악녀들인 릴리트[6] 데릴라[7] 유디트[8] 살로메[9]가 있다. 또 그리스 신화에 나오는 헬레네[10] 키르케[11] 사이렌[12] 메두사[13] 등을 들 수 있다.

文堂, pp.284-7

6) 릴리트는 원래 수메르와 바빌로니아 신화에서 폭풍을 장하는 악마이다. 그러다 기원 후 초기히브리어 문헌에서 신이 흙으로 빚어낸 첫 번째 여성으로 나온다. 릴리트는 관능성이 우세하여 라파엘전파 취향에 맞는 은밀하게 유혹하는 미녀의 이상적 이미지가 되었다. 요하힘 나겔 『팜므파탈』pp.18-9

7) 신에게 봉헌된 이스라엘의 인물 삼손은 적국 블레셋의 연인 데릴라에게 한 눈에 반해 결혼한다. 데릴라는 남편의 힘의 원천이 정수리의 머리카락에게 나온다는 것을 간계로 알아내고 무력화시킨다.

8) 유디트는 구약성서 외전에 나오는 여성이다. 잔혹한 학살자 홀로페르네스를 죽이고 민족을 구한 여성영웅이다. 바로크시대에 오면서 유디트는 팜므파탈의 이미지로 변용된다. 앞의 책, pp25-8

9) 살로메는 헤로데와의 형수이자 왕비인 헤로디아스의 딸이다. 헤로데는 의붓딸의 관능적인 황홀한 춤을 보고 감사표시로 살로메에게 소원을 말하게 한다. 살로메는 감옥에 있는 세례요한의 목을 원하고 쟁반에 담아오게 한다. 『마태복음』(14장 : 1-12절)

10) 헬레네의 미모 때문에 그리스와 트로이 사이에 10년간 전쟁이 일어나게 된다. 제우스와 레다의 딸이다.

11) 호메루스의 『오딧세이』에 나오는 마녀이다. 트로이전쟁이 끝난 후 고향에 돌아오기까지 오디세우스는 수년 동안 항해에 시달리는 데 이때 키르케가 사는 섬에 도

특히 기이한 것을 추구하는 호사취미(好事趣味)를 지닌 세기말 작가들은 팜므파탈형 여성에 관심이 많았다. 그래서 고대의 신화적 여인들을 재탄생시켜 붉은 머리카락과 창백한 얼굴을 한 신비한 여성으로 형상화했다. 메리메의 『카르멘』과 와일드의 『살로메』 등이 그 표본이다. 아름답고 매력적인 것 속에서 무섭고 섬뜩한 것을 발견하는 충격과 전율을 세기말 작가들은 실감 넘치게 표현하고 있다. 아쿠타가와가 창출한 여성들도 이러한 계보를 이어가고 있다. 아쿠타가와의 여성묘사는 독서체험에서 얻은 지식과 실생활에서의 여성체험에서 나왔다고 말할 수 있다. 독서체험의 경우는 스위프트 · 스트린트베리 · 니체 · 나쓰메 소세키 등의 영향이 지대하다. 이들은 모두 여성혐오를 보이는 작가들이다. 실생활의 체험으로는 히데 시게코(秀しげこ)와의 만남을 들 수 있겠다.

아쿠타가와의 많은 작품에서 여성에 대한 부정적 이미지를 발견하는 것은 쉽다. 여성의 유혹적 성질에 위화감을 느끼는가 하면 여성성 속에 내재한 강인한 생명력을 보고 공포를 느끼는 것을 알 수 있다. 아쿠타가와의 유작(遺作) 『주유의 말(侏儒の言葉)』중 '여자(女人)'에서 "여자는 우리들 남자에게 있어서 실로 인생 그 자체이다. 다시 말해 모든 악의 근원이다" 라고 말하고 있다. 남성중심주의와 로고스중심

착하고 마법에 걸린다. 그녀는 치명적인 유혹자가 되며오디세우스의 선원들을 돼지로 만들어 버린다.

12) 사이렌은 키르케에서 벗어난 오디세우스가 새로운 항해를 시작하자 마자 마주친 위험한 유혹자이다. 사이렌들은 감미로운 노래로 지나가는 배의 선원들을 유혹하고 방향감각을 잃게해 파멸로 몰아넣는 존재다.

13) 메두사는 뱀의 머리카락에 이글거리는 눈동자와 날름거리는 혀를 지닌 날개달린 여성괴물이다. 메두사의 머리를 본 사람은 돌로 변한다. 페르세우스가 메두사의 머리를 잘라 죽인다.

주의에 의해 고착된 문화권의 담론에서는 여성이 타자화되고 있음을 보는데[14] 아쿠타가와의 텍스트에서도 이런 인식을 엿볼 수 있다.

3. 텍스트 속의 팜므파탈

(1) 『투도(偸盜)』의 샤킨(砂金)

왕조물(王朝物)로 분류되는 『투도』는 『라쇼몽(羅生門)』의 세계를 이어가는 도둑들의 이야기다. 『라쇼몽』에서 무기력한 하인은 자기변혁을 통해 강도가 되기로 결심한다. 다시 말해서 무기력한 인물에서 행동하는 인간으로 변모한 것이다. 이제 그는 도둑이 되어 교토거리를 활보할 것이다. 『라쇼몽』의 하인과 같은 도둑들이 모여 사는 공동체가 『투도』의 세계다. 패륜과 음모 배신이 판을 치는 카오스의 세계다. 도둑들 중에는 아름다운 여성이 끼어있다. 그 여성의 이름은 샤킨(砂金)이다. 샤킨을 연모하는 남성 중에 다로(太郞)와 지로(次郞) 형제가 있다. 이들은 샤킨으로 인해 연적(戀敵)이 된다.

> 샤킨을 지로에게 빼앗길지 모른다는 공포는 목전에 다가왔다. 저 여자는 — 지금의 (그녀의) 의붓아버지에게 조차 몸을 내주었던 여자다.

---

14) 서구철학의 팔로고센트리즘(phallogocentrism)은 남근중심주의(phallocentrism)와 로고스중심주의(logocentrism)가 주류문화의 언설로 형성되어 많은 것들을 배제하거나 소거했음을 고발하고 있다. 유색인종과 여성 어린이들이 타자로 정의된다. 『文學用語批評事典』

저 여자가 곰보에다 사팔뜨기이고 추남인 나보다, 햇볕에 그을리기는 했으나 이목구비가 반듯하고 젊은 동생에게 눈을 돌리는 것이 이상할 것도 없다. 나는 다만 어릴 적부터 나를 따르던 지로가 나의 마음을 헤아려서 설령 샤킨이 손을 뻗어 유혹해도 거기에 응하지 않을 만큼의 신중함을 지닐 거라고 굳게 믿고 있었다. 그런데 지금 생각해보니 그건 너무 동생을 과대평가한 뻔뻔한 생각에 지나지 않았다. 아니 동생을 높이 샀다기보다는 샤킨의 음란한 교태를 과소평가한 것이 잘못이었다. 지로 하나만이 아니다. 저 여자의 눈빛 하나 때문에 몸을 망친 남자의 수는 이 염천(炎天)에 날고 있는 제비들의 숫자 보다도 많다. 실제 이런 말을 하는 나만해도 단 한번 저 여자를 쳐다본 것으로 마침내 지금처럼 몸을 망쳤다.

沙金を次郎に奪われるという恐れは、ようやく目の前に迫って来た。あの女が、——現在養父にさえ、身を任せたあの女が、あばたのある、片目の、醜いおれを、日にこそ焼けているが目鼻立ちの整った、若い弟に見かえるのは、もとよりなんの不思議もない。おれは、ただ、次郎が、——子供の時から、おれを慕ってくれたあの次郎が、おれの心もちを察してくれて、よしや沙金のほうから手を出してもその誘惑に乗らないだけの、慎みを持ってくれる事と、いちずに信じ切っていた。が、今になって考えれば、それは、弟を買いかぶった、虫のいい量見に過ぎなかった。いや、弟を見上げすぎたというよりも、沙金のみだらな媚びのたくみを、見下げすぎた誤りだった。ひとり次郎ばかりではない。あの女のまなざし一つで、身を滅ぼした男の数は、この炎天にひるがえる燕の数よりも、たくさんある。現にこう言うおれでさえ、ただ一度、あの女を見たばかりで、とうとう今のように、身をおとした。

샤킨은 원래 다로의 정부(情夫)이다. 다로는 추하게 생겼으나 자의식이 강하고 샤킨에게 애착을 보인다. 그래서 샤킨을 잃을까 불안에 떨고 있다. 다로는 자신에 대해 객관적으로 인식하고자 한다. 자신은 곰보에다 사팔뜨기이며 내면적으로 파고드는 성격이다. 그런 다로에게 샤킨이 싫증이 나서 잘 생긴 지로에게 접근하는 것을 나름 이해한다. 샤킨은 의붓아버지에게도 몸을 맡긴 적이 있는 패륜적 여성이다. 도둑들이 모여 사는 카오스의 세계에서 윤리적 잣대를 들이대는 것은 어쩌면 불합리할 수도 있다. 샤키은 형제지간인 지로를 유혹하는 것쯤은 아무렇지도 않게 생각한다. 다로의 번민은 단순한 질투심이 아니다. 어렸을 때부터 단 하나 혈육인 다로를 따르고 형을 세심하게 생각했던 동생이다. 그런 동생이 샤킨의 유혹에 넘어간다는 것이 견딜 수 없는 것이다. 그래서 그럴 리 없다는 믿음을 가져보려 하지만 마음속에서 계속 의구심이 생겨난다. 동생이 문제가 아니라 샤킨이 문제인 것이다. 그래서 샤킨의 교태와 음란한 추파를 전면에 내세운다. 실제 샤키은 많은 남자를 파멸시킨 것으로 설정된다. 위의 인용에서 보듯이 우애가 깊었던 형제관계가 불안정해지는 데 여자가 개입되는 것이다. 그래서 우애라는 아름다운 관계가 파국에 이르게 된 다. 샤킨이 지로를 유혹하기 위해서는 다로를 죽여야만 한다. 샤킨은 다로를 죽일 계략을 꾸밀 만큼 잔혹성을 지녔다. 그러나 샤킨의 계획과 달리 두 사람은 종국에 형제애에 눈뜨고 오히려 형제에 의해 샤킨이 죽게 되는 결말이다. 이 작품에서 샤킨이라는 여성이 지닌 성적이고 유혹적인 속성이 많은 남성들을 파멸시키고 있음이 강조된다. 게다가 샤킨은 책략에 능해서 우애가 깊었던 형제를 교묘하게 조정하여 교란시켜 자기의 목적을 달성하고자 한다.

작가 아쿠타가와는 샤킨을 응징하는 쪽으로 결말을 도출함으로써 휴머니즘의 드라마로 만들었다. 여기에는 아쿠타가와가 지닌 윤리관이 다분히 작용했다고 생각된다. 이런 교훈적 결말에 대해 아쿠타가와는 싸구려 작품(安い繪草紙)[15]이 되고 말았다고 자책했으며 생전에 전집에 수록하기를 꺼렸다. 작가는 샤킨이라는 여성인물 안에 그가 흥미를 보인 팜므파탈의 모티프를 담았다. 이처럼 아쿠타가와는 여성성(女性性)속에 들어있는 위험한 요소가 남자들의 생을 위협하고 있다는 인식을 지니고 있다. 이는 그가 심취한 세기말 유럽문학에서 습득한 팜므파탈의 이미지를 계승하고 변용하여 텍스트 안에 구현한 것이라고 말할 수 있다. 앞에서 텍스트가 텍스트를 생성하는 방법이 아쿠타가와의 창작방법이라고 언급했다. 그런 점에서 이 작품도 예외는 아니다.

(2)『덤불 숲(藪の中)』의 마사고(眞砂)

『덤불숲』의 마사고(眞砂)는 아쿠타가와가 창출한 팜므파탈 유형 중에서도 단연 돋보이는 악녀의 이미지를 표상한다. 그녀는 사무라이인 남편과 함께 교토(京都)에 들렀다가 남편의 임지인 와카사(若狹)로 돌아가는 길에 다조마루(多襄丸)라는 강도에게 봉변을 당하고 남편은 죽는다. 며칠 후 게비이시(檢非違使)[16] 재판장에서 사건 당사자와

---

15)『偸盜』なんぞひどいもんだよ.安い繪草紙みたいなもんだ.(1917.3.29 마쓰오카 유즈루(松岡讓)앞으로 보낸 서간)

16) 平安시대 치안과 재판업무를 관장하던 관청. 지금의 재판관과 경찰관을 겸했으며

목격자들이 심문을 받게 된다. 각각 엇갈린 진술 속에서도 공통된 것은 마사고가 매혹적인 여성이라는 점이다. 다조마루는 사무라이의 아내인 마사고에게 한눈에 반했다. 그녀를 차지하기 위해 피비린내 나는 사건이 일어난 것이다. 마사고의 유혹적인 여성성이 남성을 파멸로 이끈 셈이다. 마사고는 생기 넘치는 팜므파탈의 역할을 수행한다. 다음은 각기 다른 시점인물에 의한 마사고에 대한 묘사들이다. 편의상 번호를 붙이기로 한다.

(1) 재판정에서 심문받는 노파의 이야기

제 딸 말입니까? 딸의 이름은 마사고 나이는 열아홉입니다. 이 애는 사내에게도 뒤지지 않을 만큼 기가 센 여자입니다.(중략) 얼굴은 가무잡잡하고 왼쪽 눈 꼬리에 점이 있는 작고 갸름한 얼굴입니다.

(検非違使に問われたる嫗の物語) 娘でございますか？娘の名は真砂、年は十九歳でございます。これは男にも劣らぬくらい、勝気の女でございます(中略)顔は色の浅黒い、左の眼尻に黒子のある、小さい瓜実顔でございます。

(2) 다조마루의 자백

그 때 바람이 불어서 찰나에 베일의 비단 천이 올라갔기 때문에 살짝 여자의 얼굴이 보였습니다. 살짝 보였다고 생각한 순간 다시 보이지 않았습니다. 한 가지는 그 때문이었겠지요 내게는 그 여인의 얼굴이 보살처럼 보였습니다. 나는 순간적으로 비록 남자를 죽여서라도 여자를

권한은 막강했다.

빼앗을 생각을 했습니다.

(多襄丸の白状)

その時風の吹いた拍子に、牟子の垂絹が上ったものですから、ちらりと女の顔が見えたのです。ちらりと、——見えたと思う瞬間には、もう見えなくなったのですが、一つにはそのためもあったのでしょう、わたしにはあの女の顔が、女菩薩のように見えたのです。わたしはその咄嗟の間に、たとい男は殺しても、女は奪おうと決心しました。

(3) 기요미즈 절에 온 여자의 참회

당신, 어차피 이렇게 된 마당에 당신과 함께 살 수는 없어요. 나는 단번에 죽을 각오입니다. 다만, — 다만 당신도 죽어야 해요. 당신은 저의 수치를 보셨어요. 나는 이대로 당신만 남겨둘 수 없습니다. (중략) 그럼 목숨을 제게 맡겨주세요. 나도 곧 따라가겠습니다. 남편은 이 말을 들었을 때 겨우 입술을 움직였습니다. 물론 입 안에는 조릿대 잎이 가득 채워져 있어서 소리는 전혀 들리지 않았습니다. 하지만 나는 그 모습을 보자 곧 그 뜻을 알아차렸습니다. 남편은 나를 경멸하면서 "죽여" 하고 외마디 말했습니다. 나는 거의 비몽사몽간에 남편의 파란 웃옷 가슴팍에 푹하고 단도를 찔러 관통시켰습니다.

(清水寺に来れる女の懺悔)

「あなた。もうこうなった上は、あなたと御一しょには居られません。わたしは一思いに死ぬ覚悟です。しかし、——しかしあなたもお死になすって下さい。あなたはわたしの恥を御覧になりました。わたしはこのままあなた一人、お残し申す訳には参りません。」(中略)「ではお命を頂かせて下さい。わたしもすぐにお供します。」夫はこの言葉を聞いた時、やっと唇を動かしました。勿論口には笹の落葉が、一ぱいにつまっていますから、声は少しも聞えません。が、わたしはそれを見ると、たちまちその言葉を覚りました。夫はわたしを蔑んだまま、「殺せ。」と一言云ったのです。わたしはほとんど、夢うつつの内に、夫の縹の水干の胸へ、ずぶりと小刀を刺し通しました。

(4) 무당의 입을 빌린 영혼의 이야기

내 아내가 되어줄 생각이 없는가? 나는 당신이 사랑스러워서 그런 엄청난 일을 벌인 것이다. — 도둑은 마침내 대담하게도 그런 말까지 꺼냈다. 도둑이 그렇게 말하자 아내는 넋을 잃고 고개를 쳐들었다. 나는 여태껏 그처럼 아름다운 아내의 모습을 본 적이 없었다. 그러나 그 아름다운 아내는 당시 묶여있는 내 앞에서 뭐라고 도둑에게 대답했는가? 나는 지금 중유(中有)를 헤매고 있어도 아내의 대답을 생각할 때마다 분노로 치를 떨지 않은 적이 없다. 아내는 분명히 이렇게 말했다. — "그럼 어디라도 데리고 가주세요." (긴 침묵)

아내의 죄는 그뿐만이 아니다. 그 뿐이라면 이처럼 어둠 속에서 지금처럼 고통스럽지는 않을 것이다. 그러나 아내는 꿈꾸듯이 도둑에게 손을 잡힌 채 덤불 숲 밖으로 나가려다 갑자기 안색을 바꾼 채 삼나무 밑동에 묶여있는 나를 가리켰다. "저 사람을 죽여주세요. 나는 저 사람이 살아있는 한 당신과 함께 할 수 없습니다. "— 아내는 미친 듯이 몇 번이고 외쳐댔습니다. "저 사람을 죽여주세요"

(巫女の口を借りたる死霊の物語)

自分の妻になる気はないか？自分はいとしいと思えばこそ、大それた真似も働いたのだ、――盗人はとうとう大胆にも、そう云う話さえ持ち出した。 盗人にこう云われると、妻はうっとりと顔を擡げた。おれはまだあの時ほど、美しい妻を見た事がない。しかしその美しい妻は、現在縛られたおれを前に、何と盗人に返事をしたか？おれは中有に迷っていても、妻の返事を思い出すごとに、嗔恚に燃えなかったためしはない。妻は確かにこう云った、――「ではどこへでもつれて行って下さい。」(長き沈黙) 妻の罪はそれだけではない。それだけならばこの闇の中に、いまほどおれも苦しみはしまい。しかし妻は夢のように、盗人に手をとられながら、藪の外へ行こうとすると、たちまち顔色を失ったなり、杉の根のおれを指さした。「あの人を殺して下さい。わたしはあの人が生きていては、あなたと一しょにはいられません。」――妻は気が狂ったように、何度もこう叫び立てた。「あの人を殺して下さい。」

위의 (1)을 진술하는 노파는 마사고의 어머니다. 딸의 용모와 성격을 말하고 있다. 이에 따르면 마사고는 젊고 야성미를 지녔음을 알 수 있다. (2)의 다조마루가 본 마사고의 얼굴은 거의 찰나적으로 본 모습이다. 그 때문에 매우 신비스러운 천상의 존재로 느껴졌다. 비단 천으로 가린 마사고의 얼굴이 바람결에 살짝 보였을 뿐인데 그 인상은 매우 강렬하여 꼭 차지하고 말겠다는 의욕을 부추겼다는 것이다. 마사고는 한눈에 남자를 끌어당기는 매력을 발산함으로 남편을 죽음에 이르게 한 치명적 여인이 된다. (3)의 마사고 자신의 진술은 남편이 보는 앞에서 외간남자에게 능욕을 당한 수치스런 여인의 고백이다. 그런데 마사고의 말은 독자가 액면그대로 받아들일 수 없을 만큼 허술하다. 아쿠타가와는 마사고 이외의 사람들의 진술에는 설득력을 부여했으나 마사고의 진술에는 거짓이라는 것을 알아차리게 한다. 이것은 여성의 말은 믿을 수 없으며, 거짓이 많다는 것을 주장하기 위함이다. 여기에 아쿠타가와의 여성관의 한 단면을 엿볼 수 있다. 여자는 이기적이며 잔혹할 뿐 아니라 연기에 능한 배우적 속성을 타고난 존재라는 것을 암시하고 있다. (4)의 무당의 입을 빌어 나오는 남편(영혼)의 진술은 아내에 대한 분노로 점철되어 있다. 자신을 겁탈한 가해자에게 사랑을 느끼고 교태를 보이는 여성으로 묘사되어 있다. 사랑에 빠진 여자는 아름답다. 남편은 함께 살면서 본적이 없는 아름다운 아내의 모습을 아이러니하게도 이때 처음 발견한다. 질투가 사랑을 발견하게 했다. 아내는 도둑과 살기 위해서 걸림돌이 되는 자신의 남편을 죽여달라고 절규하고 있다. 죽은 남편의 진술에는 일심동체라는 부부의 모습은 털끝만큼도 찾아볼 수 없다. 연적인 남자들끼리는 유대감을 보이지만 정작 아내한테는 적의와 분노를 표출한다. 아쿠타가와는 『덤불숲』에서 여성은 남자를 위험에 빠뜨리는 팜므파탈임을 마사고를 통해 조형했다.

(3) 『카르멘』의 이이나

이 작품은 관동대지진(1923.9) 이후인 1926년 작품이며. 아쿠타가와가 죽기 1년 전이다. 아쿠타가와는 여러 정황이 맞물려 심신이 지칠대로 지쳐 있었다. 아쿠타가와는 1921년 중국여행을 다녀오고 나서 건강이 급격하게 나빠졌다. 시대적인 분위기와 개인적 상황이 가세했다. 만년의 아쿠타가와는 허구를 토대로 한 창작보다는 현실에서 취재한 소재로 작품을 쓰게 한다. 『야스키치물』 『신기루』 『점귀부』 『톱니바퀴』 『주유의 말』등 주옥같은 작품들이 이때 나온다. 아쿠타가와의 『카르멘』또한 실화를 토대로 한 작품이다.

이 작품에서 작가는 러시아 가극단에 소속된 여배우 이이나가 여러 남성을 죽음으로 몰았음에도 태연하게 연기를 하는 냉혹함을 포착해 보여준다. 며칠 후 이이나는 자신이 묵는 호텔에 돌아와 접시를 벽에 던져 깨고는 그 파편을 캐스터네츠 삼아 춤을 추는데 손가락 사이로는 피가 흐르고 있었다는 이야기다.

실제 1917년 러시아 혁명 이후 '러시아 황실 오페라단'은 외국 순방 공연을 가졌다. 1919년 9월에 내일(來日)하여 제국극장에서 『아이다』 『춘희』 등의 작품들을 공연했다. 이 작품의 모델인 이이나 부르스카야는 오페라단의 단원 중에서도 인기가 있는 여배우로 카르멘으로 분장해 주기적으로 연기를 했다. 어느 날 이이나 대신 다른 여배우가 대역(代役)을 했는데, 알고 보니 다음날 러시아인 철도기사가 실연(失戀) 때문에 상심하여 음독자살을 했다는 신문기사가 나온다. 이러한 실제 있었던 사건을 토대로 아쿠타가와가 각색한 작품이 『카르멘』이다. 아쿠타가와는 메리메의 『카르멘』을 다분히 의식하고 자신의'카르멘'을 써낸 것이다. 배우 이이나는 무대에서 뿐만 아니라 현실에서도 카르멘을 연기하고 있어 그로테스크하다. 앞에서도 보았듯이 아쿠타가와는 평소 여성성에 내재한 잔혹성과 야성을 발견하고 창작욕을 불태웠다. 아쿠타가와는 자신이 지니지 못한 야성을 지닌 여성에 대해 강한 흥미를 느낀다. 같은 맥락에서 『호남의 부채』의 옥란(玉蘭)에게서도 그로테스크한 이미지가 발견된다. 아쿠타가와가 조형한 팜므파탈의 유형은 시간이 흐를수록 점점 그로테스크성을 더하고 있음을 본다.

여기에는 아쿠타가와의 암담한 현실이 가세했다고 생각된다. 가장으로서의 번잡한 책무, 히데 시게코와의 악연, 그리고 프롤레타리아 문학의 대두 등 문단의 새로운 추세 등이 맞물려 내면의 카오스가 폭발적으로 분출하고 있음을 본다.

(4)『갓파(河童)』의 암컷 갓파

『갓파』는 1927년 3월『개조』에 발표한 만년의 대표작이다. 아쿠타가와가 자살하기 5개월 전의 작품이다. 아쿠타가와가 생전에 느끼고 있던 문제의식이 총망라되어 있다. 아쿠타가와는 이 작품에 대해 "자기혐오"를 축으로 토로한 작품이라고 밝혔다. 자기혐오라는 자학행위를 통해 카타르시스를 느끼고 있는 듯이 보인다.『갓파』의 세계는 모든 것이 전도(顚倒)되어 있고 표현도 정제되지 않아 노골적이다. '갓파(河童)'라는 상상의 동물을 주인공으로 설정한 것은 표현의 자유를 얻기 위한 수단이라고 말할 수 있다. 갓파들의 세계는 인간의 세계를 패러디하고 있다. 그리고 아쿠타가와의 여성체험이 투영되어있다. 아쿠타가와의 팜므파탈은 히데 시게코다. 이 만남에 대해 아쿠타가와는 오아나 류이치(小穴隆一)[17]에게 편지에서 토로했다. "나에게 대사건은 내가 29세 때 히데(秀)부인과 과실을 범한 것이다. 나는 거기에 대해 양심의 가책을 느끼지는 않는다. 다만 상대를 신중하게 선택하지 않았던 것이다" 라며 자신의 인생을 곤혹스럽게 한 여자라고 말한다.

---

17) 小穴隆一 (1894-1966)는 아쿠타가와의 만년의 친구이자 화가로 아쿠타가와는 그의 개성넘치는 성격과 그림을 좋아했다. 아쿠타가와를 모델로 한 그림『白衣』가 있다.

에구치 칸(江口換) 은『나의 문학 반생기』에서 "아쿠타가와 만년의 운명에서 삼분의 일을 그녀가 지배했다고 단정한다."라고 말한다. 주변 사람들도 아쿠타가와가 히데 시게코로부터 받은 고통을 인정하고 있다. 아쿠타가와가 시게코에게서 느낀 혐오는 동물적 본능과 집요함이었다.

『갓파』의 세계에서는 남성이 여성에게 구애하는 것이 아니라 여성 쪽에서 남성을 향해 집요하게 쫓아다니며 구애하는 모습은 현실의 아쿠타가와와 시게코의 관계를 투영한 것이다. 갓파세계의 수컷들은 암컷을 피해 달아나기 바쁘다. 아쿠타가와의 만년의 작품인 만큼 히데 시게코의 이미지가 짙게 배어 있음을 본다. 이 작품에서 여성은 이미 유혹적인 존재를 넘어 혐오스런 존재로 변해 있다. 여성은 치장을 하고 남성을 포획하려는 끈끈이주걱이다. 다음은『갓파』6장의 첫 부분이다.

> 실제로 갓파들의 연애는 우리들 인간의 연애와는 상당히 취향이 다릅니다. 암컷 갓파는 마음에 둔 갓파를 발견하면 수컷 갓파를 포획하기 위해 어떤 수단도 가리지 않습니다. 가장 정직한 암컷 갓파는 죽자 살자 수컷 갓파를 쫓아다닙니다. 실제 나는 미친 듯이 수컷 갓파를 쫓고 있는 암컷 갓파를 보았습니다. (중략) 수컷 갓파는 비참합니다. 아무튼 무참하게 도망친 결과 운 좋게 잡히지 않은 채 끝난다 해도 두 석달 동안 앓아누워야하므로. 나는 언젠간 집에서 토크의 시집을 읽고 있었습니다. 그러자 달려 들어온 것은 라프라는 학생이었어요. 라프는 우리 집에 구르며 들어오더니 쓰러진 채 숨을 헐떡이며 말합니다. "큰 일 났다. 마침내 나는 안기고 말았다." 나는 순간 시집을 내던지고 문 입구의

자물쇠를 내렸습니다. 그러나 열쇠구멍으로 들여다보니 유황분칠을 한 키가 작은 암컷 갓파가 한 마리 문 입구에 서성이고 있는 겁니다. 라프는 그날 이후로 몇 주 동안 내 침상에서 앓아누웠습니다. 그 뿐만 아니라 라프의 부리는 완전히 썩어문드러져 버렸습니다. (6장)

実際また河童の恋愛は我々人間の恋愛とはよほど趣を異にしています。雌の河童はこれぞという雄の河童を見つけるが早いか、雄の河童をとらえるのにいかなる手段も顧みません、一番正直な雌の河童は遮二無二雄の河童を追いかけるのです。現に僕は気違いのように雄の河童を追いかけている雌の河童を見かけました。(中略) 雄の河童こそみじめです。なにしろさんざん逃げまわったあげく、運よくつかまらずにすんだとしても、二三か月は床についてしまうのですから。僕はある時僕の家にトックの詩集を読んでいました。するとそこへ駆けこんできたのはあのラップという学生です。ラップは僕の家へ転げこむと、床の上へ倒れたなり、息も切れ切れにこう言うのです。「大変だ！とうとう僕は抱きつかれてしまった！」僕はとっさに詩集を投げ出し、戸口の錠をおろしてしまいました。しかし鍵穴からのぞいてみると、硫黄の粉末を顔に塗った、背の低い雌の河童が一匹、まだ戸口にうろついているのです。ラップはその日から何週間か僕の床の上に寝ていました。のみならずいつかラップの嘴はすっかり腐って落ちてしまいました。 (『河童』6장)

다이쇼기(1912-26)가 되면 일본은 대중사회로 진입한다. 유럽의 경우 일차세계대전을 겪으면서 사람들의 가치관이 급변하고 생활양식이 변모한다. 일본사회는 관동대지진이라는 참화를 겪으면서 폐허 속에서 근대도시를 다시 세웠다. 데모크라시 풍조가 사회 각계각층에

전파된다. 다양한 여성잡지를 통해 여성해방운동이며 여성참정권 운동이 대두될 때이다. 히라쓰카 라이초(平塚らいちょう)가 주도한 『청답(靑踏)』(1911)이 발행되고 신여성(新女性)이 출현한다. 이 잡지는 "태초의 여성은 태양이었다." 라는 과감한 선언으로 출발하다. 남성의 그림자로 사는 수동적인 여성이 아니라 능동적이고 자립적인 여성이 될 것을 주창한다. 히데 시게코도 이러한 시대의 산물이라고 말할 수 있다. 히데 시게코는 1911년 일본여자대학 가정학부를 졸업하고 오타 미즈호(太田水穗)[18]에게 사사(師事)한 가인(歌人)이다. 직접 시(歌)를 쓰고 극평(劇評)을 남겼다.[19] 아쿠타가와의 작품 『가을(秋)』에 대한 조언도 했다.[20] 아쿠타가와는 이러한 신여성이 출현하는 시대를 자연스럽게 받아들이기에는 보수적이었다. 불장난으로 만난 여성이 집요하게 연애의 지속을 바라자 감당할 수 없었던 것으로 보인다. 고루한 전근대적 여성인식에 머물러 있었던 것이다. 설상가상으로 그는 대가족의 가장으로서의 책무가 무거웠고 갖가지 지병(持病)으로 만년에는 심신이 지쳐있었다.

설상가상으로 프롤레타리아문학이 새로운 가능성으로 대두되어 그가 표방하는 예술지향적 은 위기에 처했다. 그러한 현실이 『갓파』에서

---

18) 오타 미즈호(1876-1955)는 국문학자 · 가인이다. 저서로 『바쇼 하이카이의 근본 문제』가 있다. 잡지 『潮音』을 주재했다.

19) 中田睦美(2008.3) 「秀ひで子の著作」 『文學芸術文化』 19卷2號. p.15. (이 논문에 따르면 히데 시게코의 작품은 短歌 : 415首, 평론 : 1편, 短文 : 2편, 합계 : 418편으로 조사되고 있다)

20) 아쿠타가와는 『가을(秋)』의 여성인물 노부코(信子)를 무의식적인 위선자로 조형했다. 이 작품에 소재를 제공한 시게코는 노부코와 데루코의 심리상태를 심층적으로 해부해서 지식계급에 속하는 현대여성들이 겪는 인생에 대한 고충을 묘사했으면 한다고 비판했다.

는 전도된 형식으로 분출된 것이라고 볼 수 있으며 여성에 대한 묘사는 팜므파탈의 극단적 형태에 이르렀음을 본다.

작품에서 암컷 갓파는 선택되기를 거부하고 자신이 주체가 되어 수컷 갓파를 선택한다. 수컷 갓파들에게 암컷 갓파의 적극적 공세는 부담스러운 것으로 나온다. 암컷 갓파에게 붙잡혀 포옹을 당한 라프의 부리가 썩어문드러진다는 설정은 마치 성병에라도 걸린 듯한 이미지를 내포하고 있어 그로테스크하다. 여자는 남자의 반려로서 나오지 않고 적극 피해야만 하는 화근덩어리로 전도된다. 아쿠타가와는 이렇게 해서 그의 응어리를 표출시키고 카타르시스를 맛보고 있는 것이다.

4. 마무리

지금까지 아쿠타가와 문학에 나타나는 팜므파탈의 모티프에 대해 아쿠타가와의 독서체험과 시대 그리고 실생활의 체험과 관련하여 고찰해 보았다. 독서 경향은 유독 세기말 문학에 심취했다. 세기말예술과 팜므파파탈은 불간분의 관계에 있다. 한편 아쿠타가와는 1892년생으로서 19세기말에 태어났다. 세기말을 강하게 의식하면서 성장했다. 그가 심취한 세기말 예술은 '시대폐색' 이라는 암울한 시대를 견뎌내기 위한 힘이 되어주었다. 냉소와 아이러니에 찬 세기말 문학은 세상을 향해 직접행동을 할 수 없는 경색된 시대(冬の時代)에 인공적인 자족(自足)의 세계를 제공했다. 이 안에는 타이스 카르멘 · 살로메가 있었다. 이 책들은 그의 여성관 형성에 다분히 영향을 주었을 것으로 본

다. 아쿠타가와는 "인생은 예술을 모방한다." 라는 신념을 지닌 작가다. 그래서 예술이 창조해 낸 여성유형은 현실에도 적용된다고 믿었을 것이다.

아쿠타가와는 알려진 바와 같이 생모가 정신이상을 일으켜 일찍이 외삼촌의 양자로 들어가 양육되었다. 사람이 맨 처음 만나는 이성(異性)은 아버지 혹은 어머니이다. 아쿠타가와의 경우는 어머니가 부재했다. 대학시절 마음에 두었던 여성(吉田弥生)과는 집안의 반대에 부딪혀 결혼이 좌절되었다. 그의 여성관은 이미 예고되었다고 생각된다. 이후 현모양처로서 손색없는 여성과 결혼했으나 긴장된 연애감정과는 거리가 멀었다. 문단의 모임에서 우연히 알게 된 히데 시게코(秀しげ子)에게 연애감정을 느껴 교제를 했으나 곧 혐오감으로 바뀐다. 시게코는 당시 고등교육을 받은 신여성이었다. 다이쇼시대는 『청답』등의 여성잡지가 창간되어 여성해방운동을 고취시킨 시기다. 히데 시게코는 일본여성교육의 산실인 일본여자대학에서 공부한 가인(歌人)이다. 자아에 대한 각성이 있는 능동적 여성이었던 것이다. 두 사람 모두 결혼해서 가정이 있었다. 그럼에도 두 사람은 쌍방 간의 합의에 의해 만났다. 그립고 설레던 연애가 어느 새 혐오의 감정으로 바뀐 것은 아쿠타가와의 여성에 대한 인식이 시대에 뒤쳐진 것도 한 원인이다. 남성중심주의 사고를 지닌 아쿠타가와는 남성보다 더 적극성을 보이는 시게코를 감당하기 힘들었던 것 같다. 수동적이며 온순한 현모양처를 표방하는 여성에게서는 강렬한 연애감정을 느끼지 못하고 문학을 이해하는 새로운 타입의 여성에게 끌렸으나 예기치 못한 상황에 처하게 되었다. 그의 기대는 배반되었다. 아쿠타가와의 여성인식은 전근대적이며 가부장적이다. 가정이 있는 기혼자들 간의 연애에 대해 히데 시

게코는 모순을 느끼지 않았으나 아쿠타가와는 그런 시게코를 혐오하기에 이른다.

아쿠타가와의 작품에 나오는 여성인물 조형이 굴절된 이미지로 표출된 데는 모성부재의 성장환경과 유독'유럽 세기말 문학'에 편중된 독서체험, 이루지 못한 사랑과 히데 시게코와의 악연 등이 일정 부분 역할을 했다고 생각된다.

아쿠타가와의『주유의 말』에 나타난 대중표상
-대중사회 · 독자 · 여론-

1.머리말

아쿠타가와 류노스케가 작가 활동을 했던 시기는 다이쇼(大正)기에서 쇼와 2년까지다. 아쿠타가와가 지낸 쇼와기는 1년도 채 안 된다[1]. 그래서 아쿠타가와의 죽음을 두고 다이쇼 시대의 종언이라고 말하기도 한다.[2] 아쿠타가와가 살았던 다이쇼기 일본사회의 특징 중 하나는 대중사회의 도래다. 유럽의 경우 1차 세계대전을 체험하면서 사람들의 가치관이 급변하고 생활양식이 변모한다. 다양한 현대적 경향들은 모

1) 다이쇼 4년 (1914년) 제4차 「新思潮」에 「鼻」를 게재, 11월에 「羅生門」을 「帝國文學」에 발표함으로써 정식으로 문단에 등단한다. 그리고 다이쇼 천황이 12월25일에 붕어함으로써 쇼와 원년은 불과 1주일 만에 쇼와 2년으로 넘어간다.

2) "프롤레타리아 문학과 신감각파 문학의 등장은 다이쇼문학 담당자들의 활동을 정체시켰다. 우노고지(宇野浩二)의 발광, 아쿠타가와의 자살, 히로쓰가즈오(廣津和郎)의 고백은 다이쇼문학의 종언(終焉)을 알리는 소리였다." (『新潮日本文學小辭典』'大正文學' : 694)

더니즘이라는 이름으로 유행하고 일본에도 그 영향을 준다.

특히 일본은 다이쇼 말기인 1923년의 관동대지진은 유럽인이 겪은 일차대전과 유사한 경험을 일본인이 체감하도록 했다. 일본은 대지진의 참화로 인해 폐허 속에서 근대도시 도쿄를 다시 일으켜 세워야했다. 백화점[3]이 대중 속에 파고들고 사철(私鐵)이 부설되어 교외의 유원지와 동물원이 일상생활권 안에 들어온다. 달라진 생활양식은 사람들의 일상을 변모시켜버린다. 이 시기 모가(モガ) 모보(モボ)라는 말이 유행한다.[4] 한편 체제의 모순도 심각해져 이때 프롤레타리아 문학[5]이 세력을 얻게 된다.

관동대지진이라는 천재지변의 소란을 틈타 눈에 거슬리는 사회 인사들이 참살[6]되었으며, 피압박민족인 조선인과 중국인들이 군중들에 의해 무참하게 죽어갔다.[7] 위와 같은 급격한 사회변화와 기존의 가치관이 무너지는 공황상태를 겪으면서 아쿠타가와는 서재 안에서 창작

---

3) 일본의 백화점의 전신은 권공장(勸工場)이다. 권공장은 식산흥업을 목적으로 개최된 내국권업박람회의 물건을 전시 · 판매하는 상설기구였으나 1900년경의 전성기를 누리다 이후 급속히 쇠퇴한다. 이는 1905년에 미쓰코시 포목점이 미국의 디파트먼트 스토어를 연구하여 도입한데 기인한다. 이 미쓰코시 백화점은 상류층을 겨냥한 백화점으로서, 대중을 상대로 일상필수품판매를 하는 오늘날의 백화점의 기능을 하게 된 것은 관동대지진 이후이다. (하쓰다 도오루 『백화점』p.226)

4) 모던 걸, 보던 보이의 줄임말로서 서양식의 복장과 헤어스타일을 하고 새로운 유행을 추구하는 젊은이를 지칭하는 昭和초기의 造語이다.

5) 아쿠타가와의 평론에 「プロレタリア文芸の可否」가 있다.(筑摩文庫 7巻 : 56-8)

6) 오스기 사카에(大杉榮)가 조카, 부인과 함께 살해되었다. 프롤레타리아 작가를 비롯한 무정부주의자들이 이 때 탄압받거나 제거되었다.

7) 대지진 때 일본인이 저지른 만행은 조선인에 대한 일본의 야만성을 보여주는 최악의 사례로 본다. 조선인들이 우물에 독을 풀었다는 헛소문이 불길처럼 퍼져나가서 조선인들을 죽이기 위해 일본인들이 나섰다. 이 때 조선인들을 보호하기 위해 노력한 사람 중 요시노 사쿠조(吉野作造)가 있다.(이안 부르마 2004 『근대일본』 : 77)

하는 글쓰기의 시대는 끝났음을 직감한다.

아쿠타가와는 시대의 격변에 대한 체감을 글로 남기고 있는데 그중 하나가 대중(민중 · 공중)에 대한 성찰이다. 민중을 위해 살았으나 민중에 의해 살해된 오스기 사카에(大杉榮)같은 인물을 아이러니하게 응시하는가 하면 대지진 때 저지른 군중들의 행동을 의식의 표면 위로 떠올린다. 그 과정에서 민중과 역사상의 천재들 사이의 거리를 통찰한다.

본고는 아쿠타가와가 만년에 보인 관심사 중 하나인 대중에 대해 주목하고자 한다. 이대중은 관동대지진 이후의 사회 속에서 바라볼 필요가 있다. 독자(讀者)와 여론(輿論)도 대중과 밀접한 화두다. 텍스트는 『주유의 말(侏儒の言葉)』을 사용했다. 여기에 나오는 민중 · 공중 · 여론 · 독자에 대한 아쿠타가와의 단상(斷想)을 시대 상황 속에서 살펴봄으로써 대중사회 속의 예술가의 입지 및 글쓰기의 고뇌를 도출하고자 한다.

2. 다이쇼시대와 대중사회

(1) 대중의 등장 배경

이시카와 히로요시(石川弘義)는 다이쇼시대를 '대중'이라는 새로운 집단이 등장하고, 그들이 대중문화 지지자들이 되어가는 것에 주목하면서 다이쇼기를 일본근대의 원형으로 파악하고 있다.(미나미 히로시 2007 : 7) 이를 입증하듯이 아쿠타가와의 『주유의 말』에는 오늘날 대중에 해당하는 어휘인 민중, 공중이 자주 나온다. 또 다이쇼기에 유행했던 어휘 중 하나로 데모크라시를 들 수 있다.[8] 데모크라시 정신은 인류애 · 생의 긍정 등 인류보편의 이상과 통하는 것으로 후일 도래하는 민중시대에 영향을 준 정신이다.

메이지 말기부터 일본에 확산된 톨스토이의 박애주의 사상은 많은 작가들에게 영향을 주었다. 급기야'시라카바파(白樺派)'라는 일군의 작가들이 탄생하는데 기여한다. 이 사상은 다이쇼기에 들어 더욱 광범위하게 일반인에게 유포된다. 또 일차세계대전(1914-8)과 러시아 혁명(1917) 이후 일본사회는 세계사적 사건과 궤적을 같이한다. 신문, 잡지, 출판, 영화, 레코드 등 매스커뮤니케이션의 수단이 동시대의 유럽과 보조를 맞춰 나아간다. 이 모든 것이 일본의 대중시대를 출현시키는데 일조한 것으로 볼 수 있다.

특히 1918년 여름 한 달 반 동안 전국각지에서 쌀소동(米騷動)[9]이 발생한다. 이 사건은 미증유의 인민봉기로 다이쇼 데모크라시 역사상 중요한 의미를 지닌다고 마쓰오 다카요시(松尾尊兊)는 말한다. (松尾

8) 다이쇼기 민주주의적 개혁을 요구한 운동으로서 1913년 제1차 헌정옹호운동에서 시작되었다. 원로 · 귀족원 · 추밀원 · 군부 등 특권계급의 권한을 약화시키고 보통선거법제정과 의회정치, 정당정치를 확립하여 민중의 정치참여확대를 겨냥했다. 이론에서는 요시노 사쿠조의 민본주의, 미노베 다쓰키치의 천황기관설에 의거했다. 『日本史事典』大正デモクラシ)

9) 쌀가격 폭등으로 인해 생겨난 민중폭동을 말하는데, 1918년 7-9월에 걸쳐 전국적으로 폭동이 일어난다. 당시 일차대전 중의 인플레정책으로 실질임금이 저하되어 있었는데, 시베리아 출병을 기대한 쌀의 예상가와 정부의 쌀값 조정실패로 인해 1918년 여름 戰前의 4배로 쌀값이 폭등했다. 도야마현(富山縣) 주부들에 의한 쌀의 현외(縣外) 유출저지가 폭동의 발단이 되어 전국각지로 번졌다. 이 폭동으로 인해 비입헌적인 데라우치(寺內) 내각이 쓰러지고 하라(原)내각이 성립한다. 이 사건은 정치적 자유를 확대시켰으며 이후 대중운동 발전의 기초가 되었다. (『日本史事典』'米騷動')

尊兊 2001 : 190)

시위와 폭동이 발생한 지역은 광범위했으며 정부는 120곳에 9만2천명이나 되는 군대를 출동시켜 민중을 진압했다. 정치조직을 지니지 않은 민중이라는 한계 때문에 정치체제 변혁단계까지 발전하지는 못했으나 그 요구는 신문 · 잡지에 실리는 등 당시 민본주의 언론활동가에 의해 대변됨으로써 민중운동의 단초를 열었다.(松尾尊兊2001 : 190-1)

(2) 르봉 · 타르드 · 아쿠타가와 : 대중

아쿠타가와의 『주유의 말』에는 오늘날 보편적으로 쓰이는 대중(大衆)대신 민중(民衆)과 공중(公衆)이라는 단어가 나온다. 그래서 먼저 이 어휘들에 대해 살펴볼 필요가 있다. 민중에 해당하는 영어는 'people'이다. 영어 'people'의 번역어로는 민중 이외에 인민(人民)[10], 신민(臣民)[11] 황민(皇民)[12]등이 있다. 근대초기에 메이지 국가 이데올로기에 의해 천황과 국민의 관계를 부자(父子)관계로 치환하면서 '신민(臣民)'이라는 어휘가 널리 쓰였다.

---

10) 『일본초등학교수신서』 6학년용 교재 제23과 '산업을 일으켜라'를 보면 "요시무네는 항상 인민(人民)의 이익을 중시하고, 국산을 늘이려는 일을 도모했다"라고 나온다. (김순전 2005 : 250

11) 메이지 23(1890)년의 교육칙어를 보면 "우리 신민(臣民)이 충효의 도리를 다하고 억조일심(億兆一心)으로 세세(世世)에 그 미덕을 다함은 우리국체의 정화이니, 교육의 연원(淵源)도 또한 실로 여기에 있노라"라고 쓰고 있다. "(김순전외 2005 : 256)

12) 황민(皇民)은 점령지 주민을 일본화하기 위해 제창된 어휘이다. 황국신민(皇國臣民)의 준말.

아쿠타가와가 살던 다이쇼기에 이르면 신민대신 민중이 쓰이고 있다. 1913년 다이쇼정변(大正政變)[13]은 민중의 힘으로 내각을 타도한 최초의 사건이었고 그 정변을 초래한 1차호헌운동(護憲運動)은 '민중' 개념을 널리 퍼뜨린 점에서 중요했다. 계속해서 1915년 중순, 세계대전이 가져다준 호경기 덕분에 자본주의가 급속히 발달하면서 도시중간계층이나 무산대중(無産大衆)도 갑자기 늘어났다. 그와 같은 민중의 대두 속에서 1916년부터 민중예술론이 논단에 활기를 불어 넣었다. (나카미 마리 2005 : 180)

「민중(民衆)」이라는 잡지가 1917년 창간되는가 하면, 로망 · 롤랑의 영향을 받은 오스기 사카에(大杉榮) 등이 '민중에 의한 예술' '민중을 위한 예술' 등을 주창하게 된다. 1918년에는 '민중'이 문단의 중심화두가 되어 많은 이들이 설전을 벌이는데, 가토 가즈오(加藤一夫), 오스기 사카에(大杉榮), 이쿠타 쵸코(生田長江), 오가와 미메이(小川未明) 등이 민중 논의에 참가한다.[14]

평론가 혼마 히사오(本間久雄)는 평론「민중예술의 의의 및 가치」(民衆藝術の意義及び價値)에서 "민중이란 평민을 말한다. 즉 상류계급과 귀족계급을 제외한 중류계급이하 노농계급을 포함하는 일반민중 일반평민계급에 속한 사람들이다"라고 정의하며 민중예술에 대한 첫 단추를 여민 인물이다. 또 혼마(本間)는 로망 · 롤랑(Romain Rolland)의 저서『민중극장(民衆劇場)』에 대해서도 언급한다. (本間久雄 1916 :「早稻田文學」)

13) 1913년 제1차 헌정옹호운동으로 제3차 가쓰라(桂)내각이 무너진 사건을 말한다.
14) 本間久雄를 비롯한 평론가들이 논한 글.『近代文學評論大系』5 . (遠藤祐外1982)

따라서 아쿠타가와의 텍스트에 보이는 '공중'[15]과 '민중'이라는 어휘는 메이지시대부터 수신용 교과서에 사용된 어휘인 공중과 더불어 새로 유행하게 된 민중이라는 어휘를 자연스럽게 수용한 것으로 볼 수 있다. 『주유의 말』에 자주 보이는 공중(公衆)은 영어 'public'의 역어이다. 일찍이 르봉(Le Bong)[16]과 타르드(Tarde)[17]가 군중(crowd)과 공중(public)에 대해 정의를 내린 바 있는데 이들 용어에 대한 사전적 의미를 정리해보고자 한다.

공중(public)은 20세기 초 타르드(Tarde)가 군중이라는 단어와 대비하여 제시한 개념이다. 공중은 라틴어 '푸블리쿠스(publicus)'의 역어(譯語)이다. 타르드는 인간을 합리적 독립적 자율적 존재로 파악하면서 미래를 공중의 시대로 보았다.

19세기에 사용된 공중이란 어휘는 군중(群衆)과 대비되는 개념이다. 르봉이 근대사회의 인간을 비합리적이며 충동적 존재로 보고 미래사회를 군중시대로 파악한데 대해서 타르드는 인간에 대한 비전을 담은 다른 견해로서 '공중'의 개념을 제시한 것이다.

"군중은 사람들이 동일 장소에 집합함으로써 형성되는데 비해서 공중은 분산하여 존재하며 매스미디어를 통하여 전달되는 정보를 이성적으로 판단하여 자유로이 자기의견을 지닌다."라고 말한다. 그 의견

---

15) 『초등학교수신서』제20과 '공익(公益)'을 보면 "프랭클린은 살고 있던 필라델피아 시내의 사람들과 의논하여 서로 돈을 내어 도서관을 세우고 크게 공중(公衆)의 편익을 도모했다." (김순전외 : 218)

16) 귀스타브 르봉(Gutave Le Bon,1841~1931) : 프랑스의 사상가. 의학 심리학 사회학 물리학 등 다방면에 걸쳐있다. 주요저서로 『민족진화의 심리법칙』『군중의 심리』등이 있다.

17) 장 가브리엘 타르드(Jean Gabriel Tarde, 1843~1904) : 프랑스의 사회학자 범죄학자 '심리학적 사회학'주창. 저서 『여론과 군중』에서 '군중'과 '공중'을 구별한다.

들의 최대공약수가 여론(public opinion)을 형성하게 되고 이에 따른 정치는 민주적으로 행해진다고 생각했다. 그러나 지금은 이러한 공중의 이념이 현실과 맞지 않은 것으로 생각되어 '공중의 시대'에서 '대중의 시대'로 이행해 가고 있다고 말한다. 공중은 소수의 엘리트와 대다수의 대중(매스)으로 분열되었으며 매스 커뮤니케이션의 발달로 획일화되고 무기력해진'모래와 같은 대중'위에 엘리트가 군림하여 여론을 마음대로 조작하고 정치를 한다는 주장이 나온다.

위에서 말한 동일한 장소에 모인 개인들의 집합으로 통용되는'군중(群衆)'이라는 어휘는 아쿠타가와의 텍스트에는 보이지 않지만 관동대지진 때의 사람들의 행동을 묘사한 것을 보면 '군중(crowd)'의 이미지에 기반하고 있음을 알 수 있다.

르봉은 대중(군중)의 특징으로 피암시성(被暗示性)과 잔인성을 들고 있다. (르봉 2008 : 64-78) 인간의 행동양태는 무리(群)를 이루게 되면 암시에 잘 걸리고 충동적으로 잔인한 행위를 할 수 있다는 시각이다. 다시 말해서 개인일 때는 주체적이고 소신이 있다가도 다수에 속하면 열등한 속성을 보인다는 것이다. 정치가는 대중의 열등성을 이용해 선동에 성공하고 목적을 달성할 수 있다. 아쿠타가와의 텍스트에도 같은 맥락의 글이 발견된다.

> 예로부터 정치적 천재란 민중의 의지를 그 신의 의지로 만드는 자라고 생각되어왔다. 하지만 이는 정반대이다. 오히려 정치적 천재는 자신의 의지를 민중의 의지로 만드는 자를 말한다. (중략) 그래서 정치적 천재는 배우적(俳優的) 천재를 수반한다. 나폴레옹은"장엄함과 골계의 차는 겨우 한걸음 차이다."라고 말했다. 이 말은 제왕의 말이라기보다

는 명배우의 말에 어울릴 것 같다. (『侏儒の言葉』 '政治的天才' : 176)

위에서 보듯이 아쿠타가와는 정치와 대중의 관계를 예리하게 통찰하고 있다. 이는 다이쇼시대에 들어서 급격히 대두된 대중의 등장과 정치적 선동분위기와도 무관하지 않다. 이미 아쿠타가와는 그의 초기작품에 대중의 속성으로 열등성, 속악성(俗悪性)을 그려냈다. 『코(鼻)』 『두자춘(杜子春)』 『참마 죽(芋粥)』에서 전형적인 대중의 속악성을 엿볼 수 있다. 『코』의 기형의 코를 지닌 젠치 나이구(禪智内供)는 이케노오(池尾) 마을의 승속(僧俗)들의 태도에서 남모르게 상처받고 고뇌하는 인물이다. 우여곡절 끝에 코를 짧게 만드는데 성공했지만 주위사람들은 이전보다 더 조롱하고 수군댄다. 그래서 차라리 옛날로 돌아가기를 희망하는 젠치 나이구 한테서 독자는 주위의 시선 때문에 부단히 고뇌하고 갈등하는 자의식 과잉의 근대적 인간을 발견할 수 있다.

『참마 죽』의 오위(五位)또한 무수한 대중에 둘러싸여 조롱의 대상이 된다. 유일한 낙이었던 일년에 한 번 먹는 참마죽의 미각의 즐거움까지 무참하게 유린당하고 만다. 아쿠타가와는 초기작품에서 이미 대중사회 인간의 행태를 희화화(戯畵化)해서 보여주었다. 대중사회 속의 고립된 인간의 모습은 광장의 고독을 연상하게 한다.

또 다른 작품 『두자춘(杜子春)』을 보자. 두자춘의 인간들은 부귀할 때는 모여들고, 빈궁해지면 떠나는 속물들로 표상되고 있다. 이러한 대중표상은 19세기 유럽문학에서 그 전형을 발견할 수 있다. 프랑스의 보들레르(Baudelaire)는 근대 부르조아지 사회의 스노비즘을 풍자하는 『악의 꽃(悪の華)』을 발표한다. 이 시집에 수록된 시 「알바트로

스」에는 선원들에게 붙들려 온갖 수난을 겪고 있는 날개 꺾인 바다 새 알바트로스가 나온다. 그것은 후에 대중들에게 박해받고 신음하는 시인 자신의 알레고리가 된다. “폭풍 속을 넘나들며 사수(射手)의 화살 따위는 우습게 알던 창공의 왕자, 이제는 천박한 뱃사람에게 유배당한 신세가 되니 거대한 날개는 거추장스럽기만 하다.” 라고 표현하면서 신음하는 알바트로스 안에 이해받지 못하고 괴로워하는 고뇌에 찬 시인의 모습을 투영한다. (윤영애 2001 : 77)

아쿠타가와 역시 보들레르에 경도한 작가로서 보들레르에 대해 자주 언급하고 있으며 그 영향을 받았다고 말할 수 있다[18]. 마침 대중사회가 도래한 다이쇼기 근대사회를 체험한 아쿠타가와는 보들레르를 반추하며 체화된 실감으로 표현할 수 있었을 것이다. 대중의 속악성과 부화뇌동의 행동양식은 아쿠타가와의 초기작품에 이미 은유적으로 들어있다. 만년에 이르러서는 보다 직설적이며 보다 생생하게 전달하고 있는 점이 다르다.

일찍이 아쿠타가와는 인간들이 사회를 이루고 사는 집합체를 애정의 공동체라고 인식하지 않았다. 오히려 상호이해타산을 기반으로 서로를 구속하고 억압하는 관계로 파악했다. 그래서 타자에 대한 동정적인 관계는 성립하지만 대등한 인격적 관계는 존립할 수 없다고 말한다. 그렇다면 그의 대중관 역시 인간관의 연장에서 파악할 수 있겠다. 다만 대중관에 이르면 사회라는 구체적 위력을 지닌 실체를 직시

---

18) 中村眞一郎는 「フランス文學について」에서 “아쿠타가와 세대는 서구 세기말문학에 의해 성장했다.(중략)젊은 아쿠타가와에게 보들레르는 신(神)이었으며 아나톨 · 프랑스는 백부(伯父)였다.”고 말한다. (『(芥川龍之介全集』6, 月報 : 2) 『或阿保の一生』1.時代 “人生は一行のボオドレエルにも若かない.”라는 유명한 구절이 있다.

하고 있다는 점이 다르다.

(3) 『주유의 말』의 대중

아쿠타가와의 『주유의 말』에는 민중과 공중이라는 단어가 빈번히 나오는데 먼저 '민중'이라는 어휘가 사용된 문장을 인용해 본다.

> 민중은 온건한 보수주의자이다. 제도, 사상, 예술, 종교…그 어떤 것도 민중에게 사랑받기 위해서는 전 세대의 낡은 색을 띠지 않으면 안 된다. 소위 민중 예술가들이 민중에게 사랑받지 못하는 것은 반드시 그들의 죄는 아니다. (『侏儒の言葉』 '민중' : 188)

아쿠타가와의 글은 순간적 인상을 포착하거나 직관에 의존해서 쓴 것이 많다. 그만큼 생략이 많고 논리적 비약이 많아 읽는 이를 당혹스럽게 한다. 따라서 독자는 행간을 읽어냄으로써 글의 진의를 파악해야만 하는 어려움이 있다. 필자는 위에서 언급한 '민중'에서 창의적인 인물과 대척점에 있는 변화를 두려워하는 다수(多數)라는 이미지를 발견했다. 새로운 것을 받아들일 수 없는 경직된 감수성과 틀에 박힌 윤리관으로 밖에는 재단할 수 없는 낮은 감식안을 지닌 저급한 독자를 연상시킨다.

메이지 근대일본문학은 자연주의 일색이라고 해도 과언이 아닐 정도로 자연주의적 사소설(私小說)과 심경소설(心境小說)이 문단의 주류를 이루었다. 거기서 일탈한 아쿠타가와의 작품은 종종 공격의 대상이 되었다. 이후쿠베 다카테루(伊福部隆輝)[19]가 그 대표이다. 그는 아쿠타가와에 대해 "천재가 아니라 기술사(奇術師)다. 예술가가 아니라 장인(職人)이다"라며 폄하했다. 이에 응수하여 아쿠타가와는 「한 비평가에게 답한다(一批評家に答ふ)」라는 반박의 글을 쓴다. (筑摩文庫7卷 : 54-55)

자연주의 문학에 나타난 사회에 대한 직시는 차츰 프롤레타리아 문학의 계급투쟁으로 계승되어 나타나게 됨으로써 민중을 대변하게 된다. 그러나 민중들이 프롤레타리아 문학에 대해 얼마나 공감했는가에 대해서는 아쿠타가와는 의구심을 품는다.

모든 새로운 시도는 낯선 실험인 것이다. 어떠한 사상과 예술도 처음 등장했을 때는 그 안에 들어있는 낯설음 때문에 배척당하기 십상이다. 그것이 혁명적인 사상일 경우 더욱 경원시된다. 체재를 부정하는 문학에 대해 국가가 탄압하는 것은 당연한 귀결이다. 하지만 민중들을 주체로 삼고 민중의 입장을 옹호한 문학과 그 담지자들을 민중들이 외면한 것은 아이러니다. 그러나 아쿠타가와는 그에 대해 놀라거나 분노하기 보다는 당연시한다. 그가 자주 언급하는 천재시인 보들레르는 당대에는 철저히 무시당하고 야유와 조롱 속에서 일생을 불우하게 마쳤다. 현대성을 지닌 불후의 명작으로 평가되는 『악의 꽃』은 외설적 표현이 많다 하여 판매금지 처분을 당했다. 제대로 읽지도 않고 선입견으로 판단하고 외면했다. 그 대신 극소수 시인은 보들레르

---

19) 伊福部隆輝(1898~1968) : 돗토리(鳥取)縣 출신 평론가 · 종교연구가로서 時論, 作家論, 作品論을 다수 썼다. 나중에 프롤레타리아 시운동, 아방가르드 시운동에도 참여한다.

에 열광했다.[20] 부르주아 사회의 위선에 물들어 있는 대중들에게는 파격이었으나 소수의 예술가들에게는 영감의 원천이었던 것이다. 아쿠타가와는 시대보다 앞서있기 때문에 당대에 이해받을 수 없는 천재의 역설에 대해 말한다. 오스기 사카에(大杉榮)는 고토쿠 슈스이(幸德秋水)를 계승한 사회주의자로서 민중을 억압하는 국가를 고발함으로써 위험분자라는 낙인이 찍혀 제거대상이 되었다. 민중 편에 서서 민중을 옹호했으나 민중은 그를 이해하지 않았다. 그래서 당대에 인정받는 천재가 나오기 위해서는 시대적 분위기에 맞추거나, 아니면 천재를 통찰할 수 있는 안목을 지닌 유능한 대중을 필요로 한다는 것이다. 그러나 유능한 대중(독자)를 기다리기 보다는 시대분위기에 영합하는 것이 훨씬 손쉽다는 것을 아쿠타가와는 동서고금의 문헌을 통해 익히 알고 있었다.

아쿠타가와로 하여금 더욱 무력감을 느끼게 하고 불안의 극한으로 내몬 것은 관동대지진 후에 나타난 대중사회이다. 다이쇼기를 대표하는 문인 아쿠타가와는 이 때 자경단(自警团)[21]의 일원으로서 활동한 경험이 있다. 그 체험이 「주유의 말」의 '어느 자경단원의 말'과 『대진잡기(大震雜記)』5장에 투영되어 있다. 다음은 '어느 자경단원의 말'의 한 대목이다.

> 자연은 냉담하게 우리들의 고통을 바라보고 있다. 우리들은 서로 연

20) 영국 시인 스위번(C · Swinburne)은 비평도 쓰게 되는데 보들레르의 『악의 꽃』을 대상으로 찬사를 보낸다. (윤영애2001 : 280-1)
21) 자경단(自警团)은 비상사태가 발생했을 때 스스로를 지키기 위해 조직된 민간경비단체.

> 민하지 않으면 안 된다. 하물며 살육을 즐긴다는 것은. 상대를 목 졸라 죽이는 것은 논쟁에서 이기는 것보다 손쉽다. 우리는 서로 연민하지 않으면 안 된다. 쇼펜하워의 염세관이 우리에게 가르쳐주는 교훈은 이런 것은 아닐까. (「侏儒のことば」: 271)

아비규환 속에서 자행된 인간의 행동, 굶주림 속에서 저지른 행동은 인간이기를 포기한 행동들이었다. 아쿠타가와는 인간은 서로 연민해야 한다고 말한다. 증오로 사태가 수습되지 않는다는 것을 알고 있다. 자연 앞에 무력하게 허물어지는 인간이 자기네들끼리라도 동병상련하는 것이 그나마 존엄을 지키는 것이다..

『대진잡기(大震雜記)』5장에서 저널리스트인 기쿠치 간(菊池寬)과의 대화 속에서 자신이 현실의 실상을 얼마나 모르고 있는지를 깨닫고 놀라는 대목이 나온다.[22] 『대진잡기』에는 무정부주의자 오스기 사카에(大杉榮)를 암시하는 대목을 덮어씀으로써 검열을 통과한 듯 보인다. 관동대지진은 사회를 격변시켰다. 특히 도쿄라는 도시를 흔들어 놓았다. 도시의 붕괴와 더불어 무수한 사상자를 낸 혼란의 와중에서 대중들이 자행한 행위는 위에서도 말했듯이 인간이기를 포기한 극단적 행동이다.

---

22) 僕は善良なる市民である。しかし僕の所見によれば、菊池寛はこの資格に乏しい。戒嚴令の布かれた後、僕は巻煙草をくわへたまま、菊池と雑談を交換してゐた。（中略）その内に僕は大火の原因は〇〇〇〇〇〇〇さうだと云った。すると菊池は眉を挙げながら、「嘘だよ、君」と一喝した。……次手にもう一度、何でも〇〇〇〇はボルシエブイツキの手先ださうだと云った。菊池は今度も眉を挙げると「嘘さ、そんなことは」と叱りつけた。……善良なる市民と云ふものはボルシエブイツキと〇〇〇〇との陰謀の存在を信ずるものである。（岩波全集六巻『大震雜記』:176-7)

아쿠타가와는 민중의 권익을 위해 외쳤던 자유주의 사상가의 역설적인 죽음을 보았다. 아마카스 마사히코(甘粕正彦)헌병 대위가 이끄는 관헌에 의해 오스기 사카에는 부인 이토 노에(伊藤野枝), 조카 다치바나 소이치(橘宗一)와 함께 참살된다.(『日本史事典』'甘糟事件)

이와 관련한 글로 『쵸코도잡기(澄江堂雜記)』의 '채플린[23)]'에 다음과 같은 대목이 있다.

> 사회주의자라는 명칭이 붙은 자는 볼셰비키인가 아닌가를 불문하고 매우 위험시되고 있는 것 같다. 특히 이번 대지진 때 그 때문에 여러모로 화를 당한 것 같다. 사회주의자라로 말할 것 같으면 찰리 · 채플린 역시 사회주의자의 한사람이다. 만일 사회주의자를 박해한다면 채플린 또한 박해하지 않으면 안 된다. 시험적으로 某헌병대위로인해 채플린이 살해당한 것을 상상해보라. 오리걸음을 하고 있는 동안에 찔려죽는 것을 상상해보라. 적어도 한번 필름 위에 그의 모습을 본 자는 의분을 느끼지 않을 수 없을 것이다. 이 의분을 현실로 옮긴다면 아마 여러분들도 블랙리스트 속의 한사람이 될 것이 뻔하다.
>
> (岩波全集六巻『芥川龍之介』'チャプリン' : 204)

오스기(大杉)는 1923년 9월16일 대지진의 여운이 남아 있는 혼란을 틈타 제거된다. 또, 무고한 조선인과 중국인들이 유언비어 속에서

23) 찰리 채플린(Chaarles Chaplin, 1899-1977) : 영국의 희극배우, 영화감독이다. 작품으로 「황금광 시대」 「모던 타임스」 「위대한 독재자」등이 있다. 콧수염, 헐렁한 모닝코트, 뒤뚱거리는 오리걸음의 이미지가 인상적이다. 그 특유의 유머와 페이소스, 사회풍자로 세계적인 인기를 끌었다. 미국의 보수 세력한테 공산주의자로 몰려 박해를 받았다.

무수히 죽어갔다.

군중은 황야에 풀어놓은 피에 굶주린 들짐승과 흡사했다. 자연 상태의 인간이란 우리가 생각하는 존재가 아님이 드러났다. 평화 시에는 순화된 모습을 보이지만, 전쟁 등의 비상시에는 상상을 초월한 행동을 할 수 있는 것이 인간적 상황이다. 이런 인간들이 만들어 놓은 사회는 위태로울 수밖에 없으며 문명의 포장이란 허약하다는 것을 대지진은 증명했다. 아쿠타가와는 평소 자신이 견지해왔던 암울한 인간관을 재확인했을 것이다.

다음은 아쿠타가와가 사용한 '공중'이라는 단어가 나와 있는 글을 추려본 것이다.

> 공중은 추문을 사랑한다. 뱌쿠렌(白蓮)사건, 아리시마(有島)사건, 무샤노코지(武者小路)사건,— 공중은 얼마나 이들 사건에서 무상(無上)의 만족을 발견하고 있는가. 그럼 공중은 왜 추문을……특히 세상에 이름이 알려진 타인의 추문을 사랑하는 것일까? 추문조차 일으키지 못하는 속인들은 명사(名士)들의 추문 속에서 그들의 나태를 변호하기 위한 절호의 무기를 발견하는 것이다. 동시에 실제로는 있을 수 없는 그들의 우월을 수립한다. (『侏儒の言葉』 '醜聞' : 179)

위의'공중'은 매스미디어를 통해 분산된 다수라는 점에서는 타르드의 정의에 부합된다. 그러나'양식 있는 시민'이라는 타르드의 공중의 정의에는 부합되지 않는다. 위의'공중'이라는 단어에서 오늘날의 대중(mass)의 이미지를 찾아볼 수 있다. 대중은 불특정 다수에 속함으로써 그들은 안전지대를 확보한다. 개인이라면 지녔을 반성이나 책임감에서 자유롭다. 아쿠타가와가 말하는'나태'란 정신의 긴장이 없는 느슨한 상태를 말한다. 반면 명사들은 창조적 자질과 함께 치열한 정신의 소유자들이다. 그들은 내부의 진실을 추구하는 과정에서 사회가 강제하는 모럴과 자의식 사이에서 부단히 갈등하고 저항한다. 그들의 행동은 일견 상궤에서 벗어나게 보일지라도 치열한 정신의 격투 끝에 나온 결과이다. 이에 대해 대중은 안이하게 비난의 화살을 퍼붓는다. 한 사람이 비난하면 덩달아 비난한다. 즉 부화뇌동하는 것이다. 다수에 소속되어 있는 대중은 설령 반격이 있다 해도 소속된 사람들과 함께 그 충격을 나누게 되므로 두렵거나 아프지 않다. 그래서 유명인사들에 얽힌 스캔들에 대해 방관자적인 관심을 보이며 즐긴다는 것이다. 유명인사에 대한 대중의 관심에 대해 아쿠타가와는 통렬하게 해부해 보여줌으로써 모럴리스트의 자질을 발휘하고 있다.

위에서 예를 든 뱌쿠렌(白蓮)[24]은 재색을 겸비한 여류작가로서 제도의 틀을 넘어 정열적인 연애를 하는 대담성을 보여 주목을 받았다. 아리시마 다케오(有島武郎)는 시라카바파 작가들 중에서도 예리한 사회인식을 보인 작가로서 왕성한 창작활동과 평론을 발표했다. 자신이 속한 계급에 대한 죄의식으로 나중에는 홋카이도의 자기 농장을 농민들에게 나누어주는 등 박애주의를 실천으로 옮겼다. 하지만 잡지사의 여기자와 동반자살을 해 사회적으로 충격을 주었다.

그리고 무샤노코지 사네아쓰(武者小路實篤)는 톨스토이 정신에 감화되어 '새로운 마을(新しき村)' 운동을 전개, 땀 흘리며 노동하는 삶

24) 야나기하라 뱌쿠렌(柳原白蓮] : 1885-1967)은 가인(歌人)으로 백작 야나기하라 마에미쓰(柳原前光)의 차녀이다. 숱한 염문을 뿌리며 결혼을 여러 번했는데, 당시 추문사건으로서 신문지상을 떠들썩하게 했다. (『芥川龍之介事典』明治書院)

과 창작을 병행했던 시라카바파(白樺派)를 대표하는 작가이다. 그는 부인 후사코와 이혼하고 다른 여성과 재혼한다. 이들은 사회의 지도층에 속하는 인물임에도 불구하고 어떤 부분에서는 사회의 규범에서 일탈되었기 때문에 당시 대중들의 구설수에 올랐다. 이들을 재단(裁斷)하는 대중들의 심리상태에 대해 아쿠타가와는 신랄하게 해부함으로써 그들의 입장을 변호한다. 대중들이 정숙했기 때문에 스캔들이 없는 것이 아니라 그들은 용기가 없기 때문에 스캔들을 일으킬 수 없다는 논리로 반격한다. 유명인사의 스캔들과 대비시켜 마치 자신들은 도덕군자인 것처럼 포장하는 대중의 약삭빠른 행태에서 속물근성을 발견한다.

한편 아쿠타가와는 천재의 스캔들에 대해서도 깊이 파고든다. 그들에게는 위대성 못지않게 약점도 있다. 그것은 처세에 능하지 못한 기질과 데모니쉬한 정열이다. 천재란 완벽한 인물이 아니며 그들에게는 보통 사람들보다 취약한 면들이 오히려 많다는 관점을 보인다. 그래서 "천재의 일면은 추문을 일으킬 수 있는 재능이다."라고 말한다(『주유의 말』 '추문' : 180). 하지만 대중은 천재의 아킬레스건을 포착하는데 매우 기민하다. 이 기민성은 그들이 세상살이에 닳은 속물이기 때문에 터득할 수 있는 능력이다. 이처럼 아쿠타가와가 유명인사의 추문에 대해 남다른 옹호를 하는 것은 그 자신과도 관련이 있기 때문으로 보인다. 아쿠타가와는 히데 시게코(秀しげ子)라는 유부녀와 부적절한 관계를 맺어 고통을 받았다. 이 사건에 대해 아쿠타가와는 "죄를 지은 것에 대해 양심의 가책은 느끼지 않는다. 다만 상대를 잘못 선택해서 내 인생의 불리함을 초래했다"고 토로한다. (森本修 1971 : 229)

인간은 사회를 이루면서 많은 제도를 만들어왔다. 그리고 불합리한 제도는 비범한 소수(천재)에 의해 무너졌다. 인류역사의 발전이란 시행착오의 연속이다. 위에 열거한 유명인사의 스캔들은 인간이 만든 불합리한 결혼제도에 정면도전이며 천재가 지닌 비범성의 일면이다. 이런 도전은 좌고우면(左顧右眄)하지 않는 용기가 있어야 가능하다. 대중은 스캔들로 인해 생길 파장과 이목이 두려워 타산적으로 행동한다. 그들의 위선적 태도가 하루하루의 일상을 무사히 영위할 수 있게 하는 것이지 결코 그들의 도덕적 자질이 높아서가 스캔들이 없는 것이 아니다. 따라서 위의 글은 천재들의 취약한 부분을 딛고 도덕적 우위에 서려는 대중의 속물근성을 신랄하게 해부하여 보여준 글이라고 생각한다. "추문을 일으킬 수 있는 능력 또한 천재성"이라는 아쿠타가와의 말은 역설적이지만 울림이 있다.

3. 대중 시대의 글쓰기

(1) 작가와 독자

직업작가인 아쿠타가와는 쇼와 초기의 독자들을 새로운 대중으로 바라보지 않을 수 없었다. 대지진의 참화를 겪은 지 얼마 안 된 시점인 1926년과 1927년에 엔뽄(円本), 문고본(文庫本), 전집류(全集類) 책이 대량으로 읽혀졌다. 지(智)의 대중화 현상이 일어난 다. 그는 개조사(改造社) 전집의 판촉을 위해 전국을 순회하며 강연을 했다. 이러한 시대상황 속에서 아쿠타가와는 독자대중의 행동양식을 통찰하게 된다. 또 『주유의 말』'어느 자본가의 논리(或資本家の論理)'에는 "예술가가 예술작품을 파는 것이나 자본가가 게 통조림을 파는 것은 별반 다르지 않다."(『주유의 말』: 199) 라고 말하며 대중사회의 글쓰기를 자조적으로 표현하고 있다. 다음은 발신자(發信者)와 수신자(受信者)에 관해 쓴 글이다.

> 예술의 감상은 예술가 자신과 감상자와의 협력이다. 말하자면 감상자는 하나의 작품을 과제로 그 자신의 창작을 시도하는 것에 지나지 않는다. 이 때문에 어떠한 시대에도 명성을 잃지 않는 작품은 반드시 여러 가지의 감상을 가능하게 하는 특색을 갖추고 있다.
>
> (『侏儒の言葉』'鑑賞' : 166)

위의 글에서 천재와 민중의 관계는 작가와 독자의 관계로 치환되고 있다. 나아가 독자의 창조적 독해에 의해 예술이 완성되기를 기대하고 있다. 아쿠타가와는 남독가(濫讀家) · 다독가(多讀家)로 정평이 나 있으며 왕성한 독서를 통해 창작의 모티프를 얻었다. 위에서 언급한 "감상자는 하나의 작품을 과제로 그 자신의 창작을 시도한다."는 말처럼 창조적 독서행위를 통해 또 하나의 우주를 창출해낼 수 있었던 예술가이다. 아쿠타가와는 수많은 고전작품에서 얻은 영감을 토대로 원작을 환골탈태하여 자신의 소설세계를 창조했다. 그래서 그의 작품에는 다른 작가의 체취를 느낄 수 있으며 비교적 영향관계가 선명하게 드러난다. 그래서"아쿠타가와의 작품에는 다른 작가의 작품의 그림자가 들어있다"고 호리 다쓰오(堀辰雄)는 말한다.[25]

---

25) "この＜本から現実＞へは後年の彼をして芸術に依って芸術を作り出す作家の一人たらしめた. 彼は遂に彼固有の傑作を持たなかったと断言してよい彼のいか

아쿠타가와에게 영감을 준 작품들은 다양한 해석을 가능하게 한 작품들이다. 그리고 그 역시 많은 작품에 여백(餘白)을 남기고 있다. 다시 말해 '열린 텍스트'를 지향해왔다. 위의 글은 예술작품이 특정한 시간과 공간이라는 제한성에서 벗어나 불멸성을 지니기 위해서는 어떻게 해야 하는지 그 방법에 대해서 숙고했음을 보여주는 문장이다. 당대에 유능한 독자를 만나지 못하면 다음 세대에 가서라도 빛을 볼 수 있도록 여백을 남겨두어야 한다는 것이다. 현대 문학이론에서 종종 언급되는 '앰비귀어티(ambiquity)'[26]와도 통한다. 이처럼 아쿠타가와는 작품의 영원성과 독자대중과의 관계에 대해서도 예리한 통찰력을 보이고 있다.

(2) 작가와 여론

『주유의 말』에는'여론'이라는 제목 하에 다음과 같은 문장이 있다.

> 여론은 늘 사형(私刑)이며 사형은 늘 오락이다. 비록 피스톨을 사용하는 대신에 신문기사를 사용한다 할지라도.
>
> (『侏儒の言葉』 '여론' : 180)

대중들의 의견은 여론이라는 이름으로 미디어 매체에 실린다. 여론의 도마에 오른 작가는 인민재판을 받는 듯 중인환시리(衆人環視裏)

なる傑作の中にも前世紀の傑作の影が落ちているのである. "(堀辰雄(1996)「芥川龍之介論」筑摩書房 p.564)

26) 川口喬一(2000) 『文學批評用語辭典』研究社,出版, '曖昧性' 항목참조.

에 있으며 고립무원의 처지에 놓여있다. 당사자들의 기분과는 상관없이 이를 방관하는 입장에서는 흥미진진한 오락이라는 시각을 보여줌으로써 대중사회와 여론의 잔혹성을 지적한다. 여론은 진위(眞僞)를 가리는 어휘가 아니다. 여론은 수(數)의 논리이며, 사용하는 자의 의도가 개입해 조작될 수 있다. 그리고 대중은 소신으로 행동하는 존재가 아니다. 따라서 누군가 선동적인 기사를 쓰거나, 어떤 유행이 휩쓸었을 때 주체성을 잃고 부화뇌동하게 된다. 즉 대중은 르봉이 파악한 것처럼 피암시성(被暗示性)의 존재이며 그들의 행동은 천재들의 행동양식과는 대척점에 있다. 천재는 암시에 걸려들지 않고 각성된 눈으로 바라보며 표피 속에 감춰진 사물의 깊이를 꿰뚫어본다.

위의 글을 통해 아쿠타가와가 자신의 작품에 대한 독자들의 평가에 얼마만큼 마음 졸이고 전전긍긍했는가를 엿볼 수 있다. 정당한 평가를 받지 못하고 여론에 매도되었을 때의 심정을 린치를 당하는 기분이라고 비유적으로 전하고 있기 때문이다. 사람을 상처주고 다치게 하는 것은 꼭 무기를 사용해야만 가능한 것은 아니라는 것이 그것이다.

아쿠타가와가 살았던 시대는 신문과 잡지 등의 매체를 통해 비평기사가 많이 실렸다. 특히 예술파 작가들과 프롤레타리아 작가들 사이의 공방전이 극심했다는 사실을 상기할 때, 위의 글은 아쿠타가와의 체험이 반영된 것으로 보인다. 도시 노동자를 포함한 새로운 독자대중들은 새로운 장르인 프롤레타리아 문학의 주체로 떠올랐으며 아쿠타가와를 위시한 예술파 작가들의 부르주아성을 타도하는 것을 그들의 사명으로 자각한다. 프롤레타리아 문학은 '예술성'을 부르주아적인 것으로 치부하고 배척했다.

아쿠타가가와는 자신의 문학이 도도히 흘러들어오는 시대의 물결 속에서 점차 무력해 지는 것을 감지한다. 그래서 변덕스런 유행의 물결에도 살아남을 수 있는 방법은 무엇일까 숙고했음을 알 수 있다.

(3) 천재와 대중

아쿠타가와의 글에는 천재와 대중의 관계를 언급한 것이 많다. 아쿠타가와는 작가와 예술가 그리고 천재를 동일시한다. 그는 한 때 예술지상주의의 신념을 지녔다. 낭만주의 예술관에 의하면 예술가는 독창적인 세계를 창조하는 사람으로 곧 천재여야만 했다. 아쿠타가와 역시 천재에 대해 자주 말하고 있는데 여기에는 서양의 낭만주의 문학관의 영향이 투영된 것으로 본다. 이에 대해 마루야 사이이치(丸谷才一)는 에세이「한 장의 사진(一枚の寫眞 完璧なマイナ ポエット)」에서 "다이쇼기 문단은 19세기 유럽의 낭만주의적 문학관이 지배하고 있었다."라고 말한다(2002 : 99『芥川龍之介』). 이런 현상은 아쿠타가와뿐 아니라 초기의 야나기 무네요시에게서도 발견된다. "백만의 군중은 한명의 천재를 좇아 살아가고 있다." "천재의 세계와 범인의 세계는 그 질과 양에서 큰 차이가 있다."라고 말한다. (나카미 마리 : 185)

보들레르가 속물적 부루주아지에 대해 반감을 표출한 것처럼 아쿠타가와 역시 대중에 대한 경멸을 드러낸다. 대중은 선각적인 것, 첨단적인 것을 받아들일 능력이 없는 속물이라고 단정한다. 그래서 "민중의 사랑을 받기 위해서는 민중의 취향과 그릇에 부합되어야 한다."고 말한다.

다음 인용문은 민중과 천재에 대한 아쿠타가와의 의중을 파악할 수 있는 글을 발췌한 것이다. 각기 다른 데서 추려내어 나열했기 때문에 편의상 A B C를 붙이기로 한다.

A 민중도 천재를 인정하는데 인색하다고만 말할 수는 없다. 그러나 인정하는 방법은 매우 우스꽝스럽다. (「侏儒の言葉」'天才' : 216)

B 셰익스피어도 괴테도 이태백도 지카마쓰 몬자에몬(近松門左衛門)도 파멸한 것이다. 그러나 예술은 민중 안에 반드시 그 종자를 남긴다. 나는 다이쇼 12년에 "설령 옥은 깨져도 기와는 깨지지 않는다."고 쓴 일이 있다. 이 확신은 지금까지 조금도 흔들리지 않았다. (「侏儒の言葉」'民衆' : 265)

C 어떤 목소리 : 너는 시인이다. 예술가다. 너한테는 모든 것이 허용된다.

나 : 나는 시인이다. 예술가다. 하지만 사회의 한분자다. 내가 십자가를 짊어지는 것은 이상하지 않다. 아직도 너무나 가볍다.

어떤 목소리 : 너는 너의 에고를 잊고 있다. 너의 개성을 존중하고 속악한 민중을 경멸하라.

나 : 나는 네가 말해주지 않아도 나의 개성을 존중하고 있다. 그러나 민중을 경멸하지는 않는다. 나는 언젠가 이렇게 말했다. "옥은 깨져도 기와는 깨지지 않는다고"셰익스피어 괴테 치카마쓰 몬자에몽은 언제가 한번은 스러질 것이다. 그러나 그들을 나은 태(胎)는, — 거대한 민중은 사라지지 않는다. 모든 예술이 형태를 바꿀지라도 반드시 그 안에서 태어나리라. (筑摩文庫全集 8 「暗中問答」 : 421)

위의 인용을 보면 민중을 경멸하는 것처럼 표현되어있다. 그러면서 민중이야말로 예술의 태동과 불간분의 관계에 있는 위력을 지닌 존재라고 말한다. 아쿠타가와는 다이쇼 12년 11월 「중앙공론(中央公論)」에 「망문망답(妄問妄答)」이란 글을 게재하는데, 위의 인용 B의 "다이쇼 12년에 옥은 깨져도 기와는 깨지지 않는다."라는 문장은 「망문망답」의 글을 말한다.

창조적인 예술가가 당대 민중의 사랑을 받기 어렵다는 것은 그의 선견성 때문이다. 당대 사람들의 위선과 매너리즘에 대해 저항하는 천재들은 저항만큼 쇠진하여 망가진다. 아쿠타가와는 창조적 예술가와 민중 사이에 놓인 메울 수 없는 심연을 통찰한다. 하지만 천재가 남긴 예술은 민중 속에 희미한 불씨가 되어 다음 세대에 비로소 빛을 발한다고 말한다. 천재는 죽어 사라져도 그들이 심어놓은 불씨가 남아서 민중 속에 훨훨 타오를 것이기 때문에 모순된 것 같지만 천재는 민중을 필요로 한다는 것이다. 천재는 명예를 지키기 위해 목숨을 버릴 수 있지만 속인대중은 현실과 타협하여 몸의 안전을 도모한다는 뜻을 지닌 '옥쇄(玉碎)'와 '와전(瓦全)'이라는 중국의 고사성어(故事成語)를 아쿠타가와 특유의 방식으로 변용하여 말한다[27]. 천재는 예민한 신경으로 부서지기 쉬우나 대중은 돌처럼 기와처럼 견고한 세력이라는 것이다.

이처럼 민중과 천재는 동시대에서는 서로 화합하지 못하는 것 같지만 천재가 죽은 후 민중 속에서 부활한다. 이것은 늘 그래왔던 역사의

27) 원래 '玉碎瓦全' 고사(故事)는 北齊書(元景安傳)에 말하기를 "大丈夫寧可玉碎, 不能瓦全"이라고 하여, 명예와 충의를 위해 깨끗하게 죽는 편이 몸의 안전을 도모하는 것 보다 훨씬 낫다는 뜻을 지녔다.

아이러니다. 그래서 천재는 역설적이며 모순에 찬 존재이다. 다음 세대라는 것은 인류가 진화할 수 있는 시간적 거리이기도 하거니와 동시대의 질시(嫉視)가 개입될 수 없는 희석될 수 있는 시간적 거리로 해석해 볼 수 있다. 그리고 아쿠타가와는 창조적 예술가들의 남달리 여린 신경에 대해 주목한다. 상처받기 쉬운 여린 감성은 자신을 만신창이로 만들었으나 이것이야말로 천재성의 일면이라는 것을 말한다. 보들레르가 예술을 이해하지 못하는 무지한 대중을 경멸했듯이 아쿠타가와 또한 대중에 대해 절망했으나 이 대중이야말로 예술을 잉태하는 토양이라고 말함으로써 새롭게 대두하는 시민계급에게서 비전을 보고 있다.

4. 마무리

지금까지 아쿠타가와의 텍스트에 나타난 대중에 대한 표상을 다이쇼기와 쇼와 초기의 일본의 시대상황 속에서 살펴보았다. 특히 『주유의 말』은 관동대지진 이후 도래한 대중사회의 모습과 대중들에 대해 관찰한 아쿠타가와의 소회가 많이 들어있다.

다이쇼기는 개인주의적 경향이 농후한 시기였던 한편 일차대전 후 세계사적인 흐름 속에서 퍼져나간 모더니즘과 프롤레타리아 운동이 일본에서 세력을 얻어가던 시기이다. 문학에서는 프롤레타리아 문학이 또 하나의 가능성을 지니고 대두되었다. 관동대지진 이후 도시는 변모되고 사람들의 삶의 양식도 변했다. 백화점을 위시한 자본주의의 소비를 연상시키는 근대도시의 풍경이 펼쳐진다. 그의 문학은 저변이 넓어가는 대중사회에 발맞추어 기민하게 변하지 못했다. 심신은 점점 쇠약해지고 스토리텔러로서의 그의 소질을 발휘하기가 힘들어졌다. 그는 완강히 버티어왔던 '사소설 금기(私小說禁忌)'를 깨고 결국 자신의 이야기를 쓰게 되는데[28], 시대와 개인적 상황이 그렇게 만든 것이다.

초기의 아쿠타가와의 작품이 가상공간에서 인간의 에고이즘을 해부하는데 집착했다고 한다면 만년의 아쿠타가와의 작품은 자기가 목격한 대중사회 속에서의 인간행동을 관찰한다. 아쿠타가와의 대중관은 그의 인간관의 연장선에 있으나 다이쇼기라는 대중시대를 체감하면서 보다 사회적인 시야를 지니게 된 것으로 볼 수 있다.

특히 다이쇼기 말에서 쇼와초기의 시대상황은 출판 붐으로 인해 저널리즘이 왕성했으며 직업비평가가 등장하는 등 지(智)가 대중화 된 시기라는 것을 고려할 때. 이런 특수 상황 속에서 그의 인간관은 독자대중을 향한다. 그래서 민중(독자대중)과 천재(작가)의 관계가 자주 언급되었다고 보았다. 그는 대중은 같은 노선을 지향하다가도 순식간에 등을 돌려버리는 부화뇌동의 존재라고 인식한다. 이를 통찰했을 때 그 모순을 수용하기는 쉽지 않다. 그래서 천재는 비극적 존재가 되기 쉬우며 늘 대상의 변덕을 대비해야 하므로 고뇌에 찬 존재라고 인식한다. 그리고 천재의 작품은 민중이라는 토양 속에서 나오고 다시 민중 속에 그 뿌리를 내리게 된다고 함으로써 민중에 대한 복잡한 인식을 보여준다. 그래서 그의 만년의 텍스트에는 민중을 향한 시선이 차갑지만은 않다.

---

28) 「私の出遇った事」라는 제목을 단 「蜜柑」 「沼地」가 있다. 「蜜柑」은 매너리즘에서 탈피하려고 애쓴 전환기 작품으로 알려져 있다.

참/고/문/헌

1. 도쿠토미 로카의 「모반론」

- 손동주외(2010)『흑조』부경대학교출판부, p.9
- 일본사학회(2011)『아틀라스일본사』사계절, pp.162-3
- 임태균외(2007)『일본문학사』pp.163-4
- 하종문(2014)『일본사여행』 역사비평사, pp.371-3
- 尾西康充(2010)「徳富蘆花「謀叛論」矢野龍溪「新社會」からの影響他」
  ________________『民主文學』pp.95-105
- 國際啄木學會編(2001)『石川啄木事典』おうふう,pp.57-76
- 關口安義(2010)「恒藤恭と芥川龍之介-「謀叛論」を介在して-」
  ________________『大阪市立大學紀要』3, pp.40-55
- 瀬沼茂樹(1993)『夏目漱石』東京大學出版會, pp.176-7
- 德富蘆花(1976)「謀叛論」『現代日本文學大系』筑摩書房, pp.261-6
  _________(2005)『自然と人生』岩波文庫, pp.122-3
  _________(2005)『みみずのたわごと』『現代日本文學大系』pp.226-8
  _________(1987)『日本近代文學大系』9.pp.24-40
- 山口昌男(2001)『天皇制の文化人類學』岩波文庫
- 山口りか(1992)「「謀叛論」を讀む」『文學と教育』159. pp.29-38

2. 도쿠토미 로카 『흑조(黑潮)』 고찰

- 김난희 (2014)「도쿠토미 로카 『자연과 인생』고찰-서구 낭만주

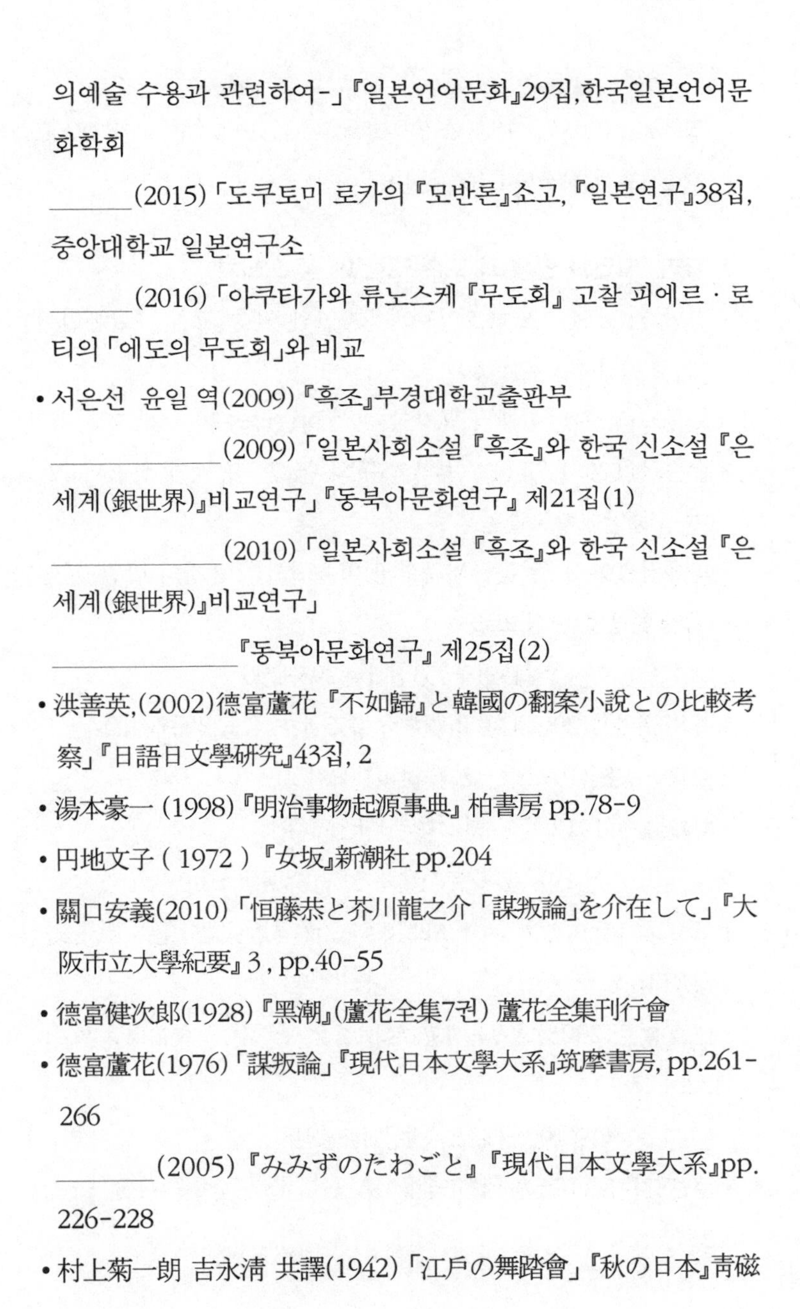

의예술 수용과 관련하여-」『일본언어문화』29집,한국일본언어문화학회

______(2015)「도쿠토미 로카의『모반론』소고,『일본연구』38집, 중앙대학교 일본연구소

______(2016)「아쿠타가와 류노스케『무도회』고찰 피에르 · 로티의「에도의 무도회」와 비교

- 서은선 윤일 역(2009)『흑조』부경대학교출판부

__________(2009)「일본사회소설『흑조』와 한국 신소설『은세계(銀世界)』비교연구」『동북아문화연구』 제21집(1)

__________(2010)「일본사회소설『흑조』와 한국 신소설『은세계(銀世界)』비교연구」

__________『동북아문화연구』 제25집(2)

- 洪善英,(2002)德富蘆花『不如歸』と韓國の翻案小說との比較考察」『日語日文學硏究』43집, 2
- 湯本豪一 (1998)『明治事物起源事典』柏書房 pp.78-9
- 円地文子 (1972)『女坂』新潮社 pp.204
- 關口安義(2010)「恒藤恭と芥川龍之介「謀叛論」を介在して」『大阪市立大學紀要』3 , pp.40-55
- 德富健次郎(1928)『黑潮』(蘆花全集7권) 蘆花全集刊行會
- 德富蘆花(1976)「謀叛論」『現代日本文學大系』筑摩書房, pp.261-266

______(2005)『みみずのたわごと』『現代日本文學大系』pp.226-228

- 村上菊一朗 吉永清 共譯(1942)「江戸の舞踏會」『秋の日本』青磁

社. p.63

- 細見典子(2015)「德富蘆花の初期作品考察-自然三部作の成立背景と作品世界を中心に-」p.14

3. 로카 『자연과 인생』과 도손 『치쿠마 강 스케치』

- 김난희(2014)「도쿠토미로카『자연과 인생』고찰」『일본언어문화』제29집. pp. 484-497
- 브루노(1999)『천재와 광기』동문선 pp. 42-47
- 손순옥(1998)『正岡子規의 詩歌와 繪畵 -寫生의 성립과 그 의미-』 중앙대학교출판부
- 최유정(1912)「일본근대문학과 미술에서의 풍경의 발견-사생과 사의 논쟁을 중심으로-」

  _____________『일본연구』33집 .pp.295-296.
- 芥川龍之介(2001)『芥川龍之介集』5권,ちくま書房,p.420
- 伊東一夫編(1972)『島崎藤村事典』p.150
- 島崎藤村(1912)『千曲川スケッチ』新潮社

  _________(1919)『櫻の實の熟する時』新潮社, p.49
- ジョン・ラスキン 內藤史郎譯 (2002)『近代畵家論・風景編 法藏館 (pp. ⅰ - ⅴ)
- 德富蘆花(2005)『みみずのたわごと』『現代日本文學大系』pp. 226-228

  _________(1988)『自然と人生』岩波書店
- 德富健次郎(1929)『蘆花全集 第三卷 』蘆花全集刊行會, pp.21-25

- 中野好夫(1984)『蘆花德富健次郎』筑摩書房
- フリ 百科事典『ウィキペディア (Wikipedia)』

4. 도손의『버찌가 익을 무렵』고찰

- 김길훈(2007)「샤를 페기의 이교적 영혼에 관한 연구」『프랑스학 연구』40집, 프랑스 학회, pp.22-23
- 이형식 외(1993)『프루스트 · 토마스만 · 조이스』서울대학교출판부, p.28
- 임태균(2003)「『버찌가 익을 무렵』에 나타난 성장에 관한 연구」『일본문화학보』19, pp.187-203
- 임태균(2006)「『버찌가 익을 무렵』(櫻の實の熟する時)론 -'동정'의 고뇌를 중심으로-」『일본문화학보』67, pp.241-252
- 伊東一夫(1972)『島崎藤村事典』明治書院,p.189
- 井上達三編(1972)『藤村全集』6,筑摩書房,pp.497-500
- 井上達三編(1972)『藤村全集』7,筑摩書房,pp.40-187
- 下山孃子(2004)『島崎藤村 人と文學 』勉誠出版,p.132
- 下山孃子(2008)『近代の作家 島崎藤村』明治書院,pp.281-305
- 島崎藤村(1991)『千曲川のスケッチ』新潮社,pp.167-173
- 島崎藤村(1971)『藤村詩集 日本文學大系』15,角川書店, p.444
- 瀨沼茂樹(1984)「島崎藤村 その生涯と作品 」『近代作家研究叢書』26,日本図書センタ
- 中島國彦(1975)「『櫻の實の熟する時』の構造 その作品の底を流れるもの 」『國文學研究』早稻田文學國文學會,p.42
- 吉田精一著作集6(1988)『島崎藤村』櫻楓社,p.132

5. 소세키의 『도련님』론

- 日本文學研究資料叢書(2000)「夏目漱石」Ⅰ Ⅱ Ⅲ, 有精堂
- 夏目漱石 (2001)「坊っちゃん」新潮文庫
- 江藤淳 (1990)「漱石とその時代」第一部 新潮選書
- 三好行雄(1987)「日本の近代文學」新書
- 柄谷行人 (2001)「日本近代文學の起源」文芸文庫
- 三谷榮一編(1987)「日本文學史事典」有精堂
- 實方淸 編著(1985)「夏目漱石文芸辭典」淸水弘文堂

6. 나쓰메 소세키 텍스트의 기호상징

- 김희보 편저, 『世界文藝思潮史』, 종로서적, 1989.
- 프로이트(홍성표 옮김), 『꿈의 해석』, 홍신문화사, 1996.
- 崔旼洪 외, 『哲學大事典』徽文出版社, 1986.
- 아서 코트렐(도서출판까치 편집부 옮김), 『세계신화사전』, 까치, 1995.
- M · H아브람스(최상규 옮김), 『문학용어사전』, 보성출판사, 1997.
- 데이비드 스텟(정태연 옮김), 『심리학용어사전』, 이끌리오, 2000.
- アト · ド · フリ ス『イメ ジ · シンボル事典』, 大修館書店, 2000
- 川口喬一 外 編, 『文學批評用語辭典』, 研究社出版, 2000.
- 『夏目漱石全集』(全10卷), ちくま文庫, 2000.
- 磯田光一, 『漱石文芸論集』, 岩波書店, 1986.
- 江藤淳, 『漱石とその時代』, Ⅰ.Ⅱ. 新潮社, 1980.
- 『夏目漱石』, 講談社, 1979,

- 越智治雄,『漱石私論』, 角川書店, 1978.
- 『漱石と文明』, 砂子屋書店, 1987.
- 柄谷行人,『探究』I II, 講談社學術文庫, 2000.
- 『漱石論集成』, 第三文明社, 1992.
- 『畏怖する人間』, 講談社文芸文庫, 2001.
- 坂口曜子,『夏目漱石』, 沖積社, 1988.
- 佐藤泰正,『シンポジウム日本文學』14巻, 學生社, 1975.
- 夏目漱石,『文學論』, 新潮社, 1990.
- 『漱石論集』, 新潮社, 1994.
- 日本文學研究資料刊行會,『夏目漱石』, I.II.III, 有精堂, 1985.
- 林田茂雄,『漱石の悲劇』, 白石書店, 1988.
- 平川祐弘,『夏目漱石-非西洋の苦闘』, 新潮社, 1976.
- 三好行雄 編『漱石文明論集』, 岩波書店, 1988.
- 森田草平,『夏目漱石』, 勁草書房, 1979.
- 吉田六郎,『吾輩は猫である論』, 勁草書房, 1983.
- 『漱石文學の心理的探究』, 勁草書房, 1983.

7. 소세키의 『유리문 안』의 세계

- 베르그송 (2012) 『물질과 기억』, 그린비. pp.200-207

  ________(2012) 『도덕과 종교의 두 원천』서광사, pp.64-74
- 윌리엄 제임스 · 김혜련 역(2018) 『다원주의자의 우주』아카넷, pp.185-217
- 윌리엄 제임스 · 정양은 역(2012) 『심리학의 원리』 아카넷 pp.431-436

• 夏目漱石 (2000) 『夏目漱石全集』 10권, 筑摩文庫 pp.189-290

________(2000) 『夏目漱石全集』 8권, 筑摩文庫 p.556

________(2000) 『夏目漱石全集』 7권, 筑摩文庫 p.571-574

________(1997) 『硝子戸の中』岩波書店,, pp. 125-131

• R · シエママ編((2001) 『精神分析事典』, 弘文堂, pp.17-18

• 川口喬 (2000) 『文學批評用語辭典』研究出版社, p. 88

• 菊地廣(2001) 『芥川龍之介事典』明治書院.pp.51-52

• 佐藤深雪(2014) 「夏目漱石とプラグマテイイズム」『Hirosima Journal of International Studies』 (20) p.54

• 三好行雄 (1997) 『夏目漱石事典』學燈社, p.200, pp.250-251

8. 소세키의 『만한여행』과 아쿠타가와의 『중국기행』

• 박유하 (2011) 『내셔널 아이덴티티와 젠더』문학동네

• 에드워드 사이드(1999) 『오리엔탈리즘』교보문고

• 한국브리테니커 세계 대백과사전 (2009)

• 芥川龍之介(2000) 『支那游記』ちくま文庫

• 柄谷行人 (1994) 『漱石を讀む』岩波書店

• 菊地弘(2000) 『芥川龍之介事典』

• 國際芥川龍之介學會 (2008) 『芥川龍之介研究』第2号

• 關口安義(1997) 『特派員 芥川龍之介』朝日新聞社

• 田中敏彦 (2006) 「なぜ夏目漱石は 『滿韓ところどころ』を中斷したのか?」『日本語文學』34집

• 夏目漱石(2002) 『滿韓ところどころ』

• 平凡社編輯委(1991) 『日本史事典』

• 三好行雄 (1999)『夏目漱石事典』學燈社
• 吉田精一(1942)『芥川龍之介』三省堂
• 米田利昭 (1972. 9)「漱石の滿韓旅行」『文學』岩波書店

9. 소세키와 아쿠타가와의 상호텍스트성

• 柄谷行人(2001)『畏怖する人間』講談社文芸文庫
• 川口喬一 外 編(2000)『文學批評用語辭典』, 硏究社出版
• 『夏目漱石全集』(2000)ちくま文庫
• 『芥川龍之介全集』(2000)ちくま文庫
• 三好行雄編(1999)『夏目漱石事典』學燈社
• 日本文學硏究資料刊行會(1985)『夏目漱石』, Ⅰ.Ⅱ.Ⅲ, 有精堂
• 吉田六郎(1983)『吾輩は猫である論』, 勁草書房, 1983
________(1983)『漱石文學の心理的探究』, 勁草書房, 1983
• 『一冊の講座芥川龍之介』(1982)有精堂
• 『現代思想』(1996)(特輯=クリステウァ)
• 김욱동(2009)『포스트모더니즘』연세대학교출판부
• 김정숙(2004)『나쓰메 소세키 소설선』을유문화사
• 김도남(2003)『상호텍스트성과 텍스트 이해 교육』 도서출판 박이정
• 김인환(2003)『줄리아 크리스테바의 문학탐색』이화여대출판부
• 김난희(2003)『아쿠타가와 류노스케문학의 이해』(주)학술정보
• 유상희(1996)「夏目漱石硏究」중앙대학교 박사학위논문

10. 아쿠타가와의『무도회』와 피에르 · 로티의「에도의 무도회」

- 김인환(2003)『줄리아 크리스테바의 문학탐색』이화여대출판부
- 도쿠토미 로카/손동주 · 윤일역 (2010)『흑조』부경대학교 출판부
- 한국브리태니커(2012)『한국브리태니커 백과사전(전자사전)』
- 芥川龍之介(2001)『芥川龍之介全集(3巻)』ちくま文庫, pp.297-306

  ________(2001)芥川龍之介全集(7巻)』ちくま文庫, p.173 p.246
- 芥川龍之介『續野人生計事』「三 ピエル ロテイの死」青空文庫
- 平凡社編輯會(1981)『日本史事典』平凡社 p.145
- 冉小嬌(2002)「三島由起夫『鹿鳴館』論」早稻田大學院紀要別冊(19-2) pp.29-40
- 川口喬一 外 編(2000)『文學批評用語辭典』研究社出版. pp.28-9/p.62.
- 德富健次郎(1929)『蘆花全集第七卷(黑潮)』蘆花文學刊行會
- 菊地弘(2001)『芥川龍之介事典』明治書院. pp.415-416
- 堀辰雄『堀辰雄全集(第四卷)』(1994)筑摩書房 pp.559-609.
- 村上菊一朗 吉永清 共譯(1942)「江戸の舞踏會」『秋の日本』青磁社. pp.55-80

11. 아쿠타가와 문학 속의 팜므파탈

- 柄谷行人(2001)『畏怖する人間』講談社文芸文庫
- 川口喬一 外 編(2000)『文學批評用語辭典』, 研究社出版
- 『夏目漱石全集』(2000)ちくま文庫

- 『芥川龍之介全集』(2000)ちくま文庫
- 三好行雄編(1999)『夏目漱石事典』學燈社
- 菊地弘 외 編(2000)『芥川龍之介』明治事典書院,
- 森本修,『新考 · 芥川龍之介伝』北澤,1977
- 世田谷文學館 編(996) と女人芸術』世田谷文學館
- 三好行雄 外(1972) 大正の文學』有斐閣選書
- 요하힘 나겔(2012)『팜파탈』예경

12. 아쿠타가와『주유의 말』에 나타난 대중표상

- 르봉 (2008)『군중심리』, 이레미디어
- 김난희(2008)『아쿠타가와 류노스케 문학의 이해』, 한국학술정보
- 미나미 히로시 (2007)『다이쇼 문화-일본대중사회의 기원-』, 제이앤씨
- 김순전외(2005)『일본초등학교수신서(1904)』, 제이앤씨
- 나카미 마리(2005)『야나기 무네요시평전』, 효형출판
- 이안 부르마(2004)『근대일본』, 을유문화사
- 하쓰다 도오루 (2003)『백화점-도시문화의 근대-』, 논형
- 가라타니 고진 외(송태욱 옮김 : 2002)『근대일본의 비평』, 소명
  ________________(송태욱 옮김 : 2002)『현대일본의 비평』, 소명
- 윤영애(2001)『지상의 낯선 자 보들레르』, 민음사
- 동아출판사백과사전부 편저 (1987)『동아원색세계대백과사전』, 동아출판사
- 松尾尊兊(2001)『大正デモクラシ 』, 岩波書店
- 關口安義外(2002)『芥川龍之介』,新潮社

• 菊地弘外編(2000)『芥川龍之介辭典』,明治書院
• 川口喬一(2000)『文學批評用語辭典』,研究社,出版
• 芥川龍之介(2000)『芥川龍之介全集』,筑摩書房
＿＿＿＿＿(1987)『芥川龍之介全集』,岩波書店
• 堀辰生(1996)『堀辰生全集』「芥川龍之介論」,筑摩書房
• 平凡社編輯部(1991)『日本史事典』,平凡社
• 遠藤祐外(1982)『近代文學評論大系-「民衆藝術の意義及び價値」-』,角川書房
• 森本修 (1971)『新考 · 芥川龍之介』,北澤

찾/아/보/기

김 난 희

- 제주대학교 일본어과 졸업
- 한국중앙대학교 (박사)
- 제주대학교 일어일문학과 교수 (일본근대문학)
- 히로시마대학 객원연구원 역임

〈저서 〉

『아쿠타가와 류노스케 문학의 이해』 (2008) 한국학술정보

『20세기 일본문학의 풍경』 (2013) 제이앤씨, 공저

『고등학교 관광일본어』(2014) 한국검인정교과서, 공저

〈역서〉

『아쿠타가와 류노스케 전집』 (1권~8권) 제이앤씨 (공역)

〈논문〉

「아쿠타가와 류노스케와 비평담론」

「나쓰메 소세키 문학에 나타난 근대비판」

「도쿠토미 로카의『자연과 인생』고찰」 외 다수

일본 근대작가 · 작품론

초판 인쇄 | 2019년 2월 27일
초판 발행 | 2019년 2월 27일

지 은 이 김난희

책 임 편 집 윤수경

발 행 처 도서출판 지식과교양
등 록 번 호 제2010-19호
주 소 서울시 도봉구 삼양로142길 7-6(쌍문동) 백상 102호
전 화 (02) 900-4520 (대표) / 편집부 (02) 996-0041
팩 스 (02) 996-0043
전 자 우 편 kncbook@hanmail.net

ISBN 978-89-6764-140-5 93730 **정가** 20,000원